마르크스주의와 정당

국립중앙도서관 출판시도서목록(CIP)

마르크스주의와 정당 / 존 몰리뉴 지음 ; 최일붕, 이수현 옮김.
— [서울] : 책갈피, 2013
   p. ;   cm

원표제: Marxism and the party
원저자명: John Molyneux
영어 원작을 한국어로 번역
ISBN 978-89-7966-097-5 03300 : ₩13000

마르크스 주의[--主義]

340.25-KDC5
320.532-DDC21   CIP2013002388

MARXISM AND THE PARTY
마르크스주의와 정당

존 몰리뉴 지음 | 최일붕·이수현 옮김

책갈피

Marxism and the Party by John Molyneux
First published in 1978 by Pluto Press Limited
New Edition published in 1986 by Bookmarks Publications
Copyright ⓒ Bookmarks Publications

Korean translation edition ⓒ 2013 by Chaekgalpi Publishing Co.
Bookmarks와 협약에 따라 이 책의 한국어 판권은 책갈피 출판사에 있습니다.

마르크스주의와 정당

지은이_ 존 몰리뉴
옮긴이_ 최일붕·이수현
펴낸곳_ 도서출판 책갈피

등록 | 1992년 2월 14일(제18-29호)
주소 | 서울 중구 필동2가 106-6 2층
전화 | 02)2265-6354
팩스 | 02)2265-6395

이메일 | bookmarx@naver.com
홈페이지 | http://chaekgalpi.com

첫 번째 찍은 날 2013년 4월 15일

값 13,000원
ISBN 978-89-7966-097-5 03300
잘못된 책은 바꿔 드립니다.

감사의 말

귀중한 비판과 제안을 많이 해 주고 편집 일을 맡아 준 토니 클리프, 초고의 대부분을 타이핑해 준 애니타 브럼리, 휴가를 대부분 망쳤는데도 참고 견뎌 준 질, 세라, 잭에게 특별히 감사한다.

차례

2013년 한국어판 머리말　　9

1장 카를 마르크스: 계급과 당　　19
1. 계급적 기초　　20
2. 공산주의자와 프롤레타리아　　26
3. 공산주의자동맹　　30
4. 혁명의 퇴조기　　35
5. 제1인터내셔널: 실천과 이론　　38
6. 개혁주의 문제와 사회민주주의　　46

2장 레닌과 볼셰비즘의 탄생　　53
1. 볼셰비즘의 배경　　55
2. '경제주의' 비판　　61
3. 외부에서 도입되는 사회주의?　　68
4. 볼셰비키와 멘셰비키의 분열　　74

3장 레닌: 러시아 볼셰비키당에서 국제공산당으로　　81
1. 1905년의 영향　　84
2. 반동기의 단련　　92
3. 제2인터내셔널의 가장 혁명적인 지부　　95
4. 사회민주주의와의 결별　　100
5. 혁명기의 당　　111
6. 단일 세계 정당　　119
7. 레닌주의의 정수　　130

4장 로자 룩셈부르크의 대안   133

1. 레닌에 대한 반박: 대중의 자발성   134
2. 당의 구실   143
3. 룩셈부르크 견해의 배경   148
4. 룩셈부르크 견해의 강점과 약점   152
5. 오류의 이론적 근원   157
6. 마르크스, 레닌, 룩셈부르크   161

5장 트로츠키의 두 가지 유산   163

레닌주의를 지켜 내다   165
1. 당내 민주주의   166
2. 각국 공산당의 전략   175

제4인터내셔널   177
1. 제4인터내셔널을 위한 투쟁   178
2. 제4인터내셔널의 이론적 기초   182
3. 제4인터내셔널의 변질   190

6장 그람시의 '현대 군주'   195

1. 실천철학   197
2. 이탈리아의 경험: 혁명과 패배   203
3. '현대 군주'와 이중의 관점   206
4. 자발성과 지도   214
5. 잠정적 평가   221

7장 오늘날의 혁명적 정당   225

후주   236
찾아보기   260

일러두기

1. 이 책은 John Molyneux, *Marxism and the Party* (Bookmarks, 1986)를 번역한 것이다. 영어 원문은 인터넷 웹사이트 http://www.marxists.org/history/etol/writers/molyneux/1978/party/index.htm에서 볼 수 있다.
2. 1~3장과 7장은 이수현이 번역하고 4~6장은 최일붕이 번역한 다음 서로 원고를 돌려 보며 용어를 통일하고 표현을 다듬었다.
3. 인명과 지명 등의 외래어는 되도록 외래어 표기법에 맞춰 표기했다.
4. 《 》부호는 책과 잡지를 나타내고, 〈 〉부호는 신문과 주간지를 나타낸다. 논문은 " "로 나타냈다.
5. 본문에서 [ ]는 옮긴이가 독자의 이해를 돕거나 문맥을 매끄럽게 하려고 덧붙인 것이고, 지은이가 덧붙인 것은 [— 몰리뉴] 식으로 지은이의 이름을 넣어 표기했다.
6. 본문의 각주는 옮긴이가 덧붙인 설명이다.
7. 원문에서 이탤릭체로 강조한 부분은 고딕체로 나타냈다

2013년 한국어판 머리말

지은이로서 초판 발행 후 35년이 지나서도 다시 책을 출간하는 영예를 누리게 해 준 책갈피 출판사에 매우 감사한다. 그리고 한국의 투쟁에 약소하게나마 기여할 수 있는 것도 늘 영광이라고 생각한다.

나의 첫 책인 《마르크스주의와 정당》은 특정한 역사적 경험, 즉 노동계급 투쟁이 크게 분출한 1968~74년 영국에서 혁명적 정당을 건설하려고 애쓴 경험을 바탕으로 썼다(크리스 하먼의 《세계를 뒤흔든 1968》은 당시의 상황을 탁월하게 분석한 책이다).

그때 이후 엄청나게 많은 일들이 있었는데, 그것을 여기서 일일이 다 설명할 수는 없다. 그러나 아주 개괄적으로 말하면, 1968~74년은 국제적으로 투쟁의 고양기였고, 그 후 1980년대(레이건과 대처의 집권기)는 확실히, 그리고 1990년대는 대체로 국제적 투쟁의 침체기였다고 할 수 있다. 중요한 예외, 즉 1989~91년에 동유럽과 소련에서 '공산주의'를 무너뜨리고 민주주의를 크게 신장시킨 운동이 있었지만, 대다수 대중과 대다수 좌파는 이것을 일보 전진으로 여기지 않았다. 모종의 사회주의가 몰락했다고 생각했지 국가자본주의가 무너졌다고 생각하지는 않았던 것이다. 1999년에 유명한 시애틀 시위가 벌어지고 국제 '반자본주의' 운동이 탄생해서 국제 반전운동으로 발전한 후에야 세계의 흐름은 바뀌기 시작했다. 그때 이후 10여 년 동안 더 중요한 상황이 많이 전개됐다.

여기서 당연히 두 가지 물음이 제기된다. 첫째, 35년도 더 전에 쓴 책에서 여전히 내가 고수하는 부분은 얼마나 되는가? 둘째, 이 책과 이 책의 주요 주장들은 오늘날의 상황에서 얼마나 적절한가?

첫째 물음에 대한 답은 거의 전부라는 것이다. 모름지기 사람은 지나간 과거에서 교훈을 끌어내 배우고 싶어하므로 내가 오늘날 이 책을 다시 쓴다면 당연히 더 낫게 고쳐 쓰려고 할 것이다. 그러나 내 정치는 기본적으로 변하지 않았고, 나는 혁명적 정당의 성격과 구실에 관한 위대한 마르크스주의자들의 사상을 꽤나 정확히 설명했다고 생각한다. 이 점에서 중요한 예외가 있다면, 오로지 그람시와 트로츠키를 다룬 부분뿐이다. 그래서 나는 2003년판 머리말에서 다음과 같이 썼다.

내가 그람시에 관한 장章을 쓴 것은 유러코뮤니즘과 그 지적 옹호자들이 개혁주의와 계급 협력이라는 목적을 위해 그람시의 사상을 대거 수용했음을 깨닫기 전이었다. 《옥중 수고》에 정식화된 그람시의 사상은 모호한 구석이 많고 나는 그렇게 미심쩍은 부분을 그에게 유리한 쪽으로 해석하는 경향이 있었지만, 그의 아류亞流들은 그런 부분을 이용해 그람시의 유산을 심각하게 왜곡했다. 지금 내가 글을 다시 쓴다면 이 점을 고려할 것이고, 그람시를 진정한 혁명가로 옹호하면서도 더 비판적인 평가를 내릴 것이다.

트로츠키에 관해서는 1986년판 머리말의 다음과 같은 구절을 인용할 수 있겠다.

또, 나는 1928~37년에 트로츠키가 전략을 다룬 저작들에서 구체화한 '당과 계급' 관觀에도 더 많은 지면을 할애할 것이다. 다시 말해, 히틀러를 앞에 두고 노동계급을 분열시킨 스탈린의 '제3기' 초좌파주의 노선에 대한 비판이나 그 후 민중전선 시기의 기회주의 노선에 대한 비판을 더 자세히 살펴볼 것이다.

당시 내가 이렇게 쓴 이유는 1970년대 후반 영국에서 나치 정당인 국민전선NF의 성장에 맞서 (성공적으로) 투쟁하던 우리에게 트로츠키의 저작들이 매우 유용했기 때문이다. 여기서 이런 이야기를 되풀이하는 이유는 지금도 여전히 파시즘에 맞선 투쟁은 특히 그리스에서(뿐만 아니라 유럽 전역과 그 밖의 지역에서도) 결정적으로 중요하기 때문이다.

적절성 문제에 관해서는 오늘날의 전반적 정치 상황을 조금 얘기해야겠다.

첫째, 우리는 1930년대 대불황 이후 가장 심각하고 광범한 경제 위기의 시대에 살고 있다. 이 점은 모든 경향의 마르크스주의자들, 특히 국제사회주의IS 전통의 마르크스주의자들(크리스 하먼, 알렉스 캘리니코스, 조셉 추나라 등)이 폭넓게 분석했으므로 여기서는 핵심 사항들만 강조하겠다. 지금의 위기는 단지 금융 위기 정도가 아니라 이윤율 저하 경향에서 비롯한 근본적 체제 위기이고, 위기가 4년 넘게 지속되는데도 끝날 기미가 전혀 보이지 않고, 이 때문에 위기의 대가를 누가 치를 것인가, 저들 계급인가 우리 계급인가 하는 문제가 오늘날 국제적으로 핵심 문제가 됐다.

둘째, 저항의 물결이 높아지고 있다. 대략 2010년 말 이후 엄청난 반란 물결이 전 세계를 휩쓸었다. 2011년 초의 튀니지 혁명과 이집트 혁명, 그 직후 리비아와 바레인에서 시작된 민중 항쟁, 시리아 혁명, 스페인의 인디그나도스[분노한 사람들] 운동, 그리스 노동계급의 기나긴 저항, 미국을 비롯한 세계 곳곳의 '점거하라' 운동, 캐나다와 칠레의 대규모 학생운동, 중국과 인도에서 확산되는 노동자 투쟁, 아프리카의 수많은 반란과 파업(특히 마리카나 광원들의 투쟁)은 모두 이 엄청난 상황 전개의 서로 다른 계기들이다. 전체적으로 보면, 1960년대 말과 1970년대 초 이후 가장 큰 반란 물결이다. 우리의 지배자들은 수단과 방법을 가리지 않고 반격할 것이므로 이 일반적 운동은, (이집트에서 무바라크를 제거하는 데 성공한 것처럼) 눈부신 승리도 거두겠지만, (리비아와 바레인에서 그랬듯이) 후퇴와 패배도 겪을 것이다. 그렇지만 전반적 흐름은 계속되고 있고, 그 덕분에 마르크스주의 사상에 귀를 기울이는 새로운 경청자들이 더 광범하게 형성되고 있다. 무엇보다 마르크스주의 문헌 출판이 엄청나게 증가한 것이 그 증거다.

셋째, 기후변화 문제가 있다. 지난 몇 년 동안 기후변화 문제는 대다수 좌파의 의식에서 뒷전으로 밀려나 있었다는 사실, 그래서 (대다수 나라에서) 그동안 만만찮은 규모의 대중 동원을 해내지 못했다는 사실을 회피할 수 없다. 이런 내 생각이 틀렸기를 바라지만, 내가 보기에는 이런 상태가 한동안 지속될 듯하다. 그 이유는 대다수 노동 대중에게 기후변화 문제는 여전히 추상적 문제이지 구체적 문제가 아니기 때문이기도 하고, 대다수 나라 정부들이 받아들일 만한 요구들로는 기후변화를 막을 수 없기 때문이기도 하다.

그러나 기후변화가 대다수 과학자들의 예상보다 훨씬 더 빠르게 진행되고 있는 것이 사실이고, 2012년과 2013년 초에 기후변화로 말미암은 극심한 기상이변이 확산된 것도 사실이다. 미국에서 여름 기온이 기록적으로 치솟고, 가뭄이 약 40개 주를 덮치고, 산불이 확산되고, 초대형 허리케인 샌디가 뉴욕 지방을 강타하고, 엄청난 토네이도가 남부 지역을 휩쓴 것 등은 이런 기상이변의 한 사례일 뿐이다. 이 글을 쓰는 지금도 호주에서는 기록적인 혹서가 맹위를 떨치고, 북극에서는 빙하가 빠르게 녹아내리고 있어 10년이 채 안 돼 북극은 빙하 없는 여름을 맞게 될 것이라고 한다. 그래서 세계는 엄청난 기후변화를 거의 막지 못하게 되는 한계점에 더 가까워졌다.

더욱이 기후변화는 경제 위기와 상호작용하고 있다. 위기에 빠진 자본주의는 이윤율 회복과 경제성장에 집착하느라 기후변화 문제에 전혀 대처하지 못하고 있다는 것이 입증되고 있다. 물론 자본주의는 자연재해 증가와 그 필연적 결과인 이재민·난민 문제에 인종차별, 전쟁, 야만적 파시즘 따위로 냉혹하게 대처할 수는 있을 것이다.

이런 사실들을 모두 감안할 때, 국제 사회주의 혁명과 그 혁명을 확실히 승리로 이끌 혁명적 정당 건설은 그 어느 때보다 중요한 문제다. 그러나 여기서 우리는 모종의 역설에 직면한다. 즉, 엄청난 위기에도 불구하고 좌파의 전반적 정서는 많은 점에서 당 건설 프로젝트에 적대적이라는 것이다.

이 책이 처음 쓰였을 때를 떠올려 보면 이 점은 더 분명해진다. 당시에도 아나키즘과 자발성주의가 어느 정도 영향력이 있었던 게 사실이지만, 극좌파의 주된 논쟁은 적어도 말로는 레닌주의를 지지한다고 자처하는 다양한 정치 경향들 사이에서 벌어졌다. 전통적 공산주의(즉, 스탈린주의), 마오쩌둥주의, 카스트로주의, 각양각색의 트로츠키주의 등등 사이에서 논쟁이 오갔던 것이다. 따라서 이 책을 쓴 목적 가운데 하나는 레닌주의에 대한 국제사회주의 전통의 해석이 올바르고 특히 스탈린주의나 이른바 '정설' 트로츠키주의의 해석이 틀렸음을 입증하려는 것이었다. 그래서 나는 살아 있는 현실의 노동계급과 당 사이의 역동적 상호작용 관계(즉, 변증법적 관계)를 특히 강조했다.

오늘날의 상황은 사뭇 다르다. 지금은 '당에 반대하는' 태도가 거의 합의처럼 널리 퍼져 있다. 특히 새롭게 급진화하는 청년들 사이에서 그렇다. 스페인에서 대중이 도심 광장을 점거하고 '지금 당장 진정한 민주주의'를 요구한 인디그나도스 운동의 출발점도 모든 정당과 노동조합에 반대한다는 것이었다. 마드리드와 바르셀로나에서 혁명적 투사들은 오직 개인으로서만 광장에 들어갈 수 있었고 조직의 일원으로서 깃발을 들거나 신문을 판매하는 것은 허용되지 않았다. 미국, 런던, 아일랜드 등지에서 벌어진 '점거하라' 운동과 (비록 정도는 덜했지만) 이집트의 타흐리르 광장과 카이로 거리에서도 사정은 비슷했다.

'당에 반대하는' 이런 합의를 두고 아나키즘이나 자율주의라는 딱지를 붙이고 싶지는 않다(아나키스트와 자율주의자들이 그런 견해를 이용한다는 것은 확실하지만 말이다). 왜냐하면 내가 보기에 그런 견해는 바쿠닌이나 크로포트킨 또는 하트와 네그리의 영향에서 비롯한 것이 아니라 지난 수십 년 동안 청년들의 의식에 매우 강력한 영향을 미친 신자유주의적 개인주의의 급진적 버전에서 비롯한 것이기 때문이다. 그러나 어디서 비롯했든 간에 '당에 반대하는' 이런 분위기가 널리 퍼져 있는 것은 사실이다. 그렇다면 혁명적 정당이라는 사상은 한물갔다는 흔한 주장은 과연 사실인가? 그렇지 않다는 것이 내 생각이지만, 이 주장은 이 책에서 다룬 것보다 '훨씬 더 거슬러 올라가서', 즉 정당 자체의 필요성을 옹호하는 데서부터 다뤄야 할 듯하다. 나는 최근에 다음과 같이 썼다.

정당 자체에 뭔가 문제가 있다는 생각으로 말하자면, 대다수 사람들이 경험하는 거의 모든 정당의 뚜렷한 행태를 볼 때 우리는 그런 반응[정당 자체가 문제라는 생각]이 충분히 이해할 수 있는 것임을 인정해야 한다.¹ 그러나 계급사회가 실제로 존재한다는 사실과 노동계급은 이 사회에서 도망쳐 다른 곳에 유토피아를 건설할 수 없고 이 사회 안에서 그리고 이 사회라는 기반 위에서 자신의 해방을 위해 투쟁해야 한다는 사실을 감안한다면, 정당들의 존재 자체는 일정한 성과이고 민주주의(제한적이나마)의 필요조건이라는 것도 사실이다.

첫째, 역사적으로 정당은 19세기에 (부르주아) 민주주의가 발전하고 노동 대중의 선거권이 확대되는 것과 함께 나란히 발전했다. 그 전에는 정당이 존재하지 않았고 '명사들', 즉 귀족과 주요 부르주아지의 느슨한 단체들만이 존재했다. 대중이 투표권을 획득한 후에야 상층계급과 중간계급과 노동자들 자신이 정당을 결성해서 득표 경쟁을 할 수 있었다. 둘째, 현대 사회에서 복수 정당이 허용되지 않는 경우는 군사독재, 파시스트 독재, 스탈린주의 독재 정권이 무력으로 정당을 탄압하는, 즉 민주주의가 아예 존재하지 않는 사회들뿐이다.

또, 자본주의 사회에서 모든 정당이 탄압받지 않고도 스스로 해산한다고, 그래서 국회의원이나 지방의원 같은 사람들이 모두 무소속 개인일 수 있다고(물론 그럴 수는 없을 것이다) 상상해 보라. 그러면 과연 노동계급과 다수의 국민에게 이로울까? 결코 그렇지 않을 것이다. 오히려 그런 상황에서는 부유한 자들, 즉 부르주아지가 엄청난 이득을 볼 것이다. 왜냐하면 그들은 개인 재산과 온갖 유리한 지위(연줄, 문화 자본 등)를 이용해 지금보다 훨씬 더 강력하게 정치를 지배할 것이기 때문이다. 노동 대중은 오직 집단적 조직(노동조합이든 정당이든)을 통해서만 자본의 권력과 부르주아지의 지배에 저항할 수 있다.[2]

그러나 모종의 정당이 필요하다고 인정하는 좌파 사회주의자들 사이에서도 명확한 혁명적 조직, 즉 레닌주의 조직이 아니라 '범좌파' 정당을 선호하는 경향이 널리 퍼져 있다. 주요 사례로는 그리스에서 시리자가 의회 다수당이 될 수 있음이 확실해진 순간부터 거의 무비판적으로 시리자를 지지하는 열광적 정서가 국제적으로 분출한 것을 들 수 있다. 다른 사례로는 프랑스에서 좌파전선이 상대적 성공(자타가 공인하는 혁명적 조직인 반자본주의신당[NPA]과 비교해서)을 거둔 것, 포르투갈의 좌파블록과 독일의 디링케와 덴마크의 적녹동맹이 선거에서 높은 득표를 한 것, 영국에서도 그런 정당이 건설되기를 바라는 염원이 흔하다는 것(영국에서는 그런 정당을 건설할 수 있는 사람들이 노동당에서 떨어져 나오지 않았기 때문에 범좌파 정당이 건설되지 못했다) 등을 들 수 있다.

물론 그렇게 광범한 급진 좌파 정당들이 출현하고 성장한 것은 노동계급이 좌경화하고 있다는 징후이자 표현이라는 점에서 환영할 만한 일이다. 그러나 그런 정당과 혁명적 정당 건설을 대립시키면서 범좌파 정당이야말로 성공으로 가는 지름길이라고 떠받드는 사람들은 좌파 개혁주의 정부들의 비극적 역사를 무시하는 셈이다. 그런 비극의 가장 두드러진 사례로는 1970~73년 칠레에서 살바도르 아옌데가 이끌던 민중연합 정부가 피노체트의 야만적 군사 쿠데타로 막을 내린 것, 그리고 1936년에 집권한 스페인의 민중전선 정부가 결국 프랑코와 파시즘에 굴복한 것을 들 수 있다. 좌파 개혁주의의 역사적 경험 전체(러시아의 멘셰비즘, 독일의 카우츠키주의, 1918~21년의 이탈리아 사회당, 그 밖의 다른 많은 사례)가 그런 비극으로 점철돼 있다.

좌파 개혁주의의 근본적 약점은, 레닌이 《국가와 혁명》에서 강조했듯이, 자본주의 국가를 인수할 것이 아니라 분쇄해야 한다는 사실을 얼버무린다는 점이다. 그 때문에 좌파 개혁주의 정부들은 자본주의 국가의 포로가 되거나 아니면 자본주의 국가에게 분쇄당한다.

혁명이 성공하려면 혁명가들의 독자적 조직이 필요하다는 사실(볼셰비즘의 특징이자 이 책의 주요 논지)은 힘들게 얻은 교훈이다. 룩셈부르크나 트로츠키 같은 위대한 혁명가들도 제1차세계대전과 러시아 혁명을 모두 경험한 후에야 비로소 이 교훈을 온전히 깨달았다. 사실, 룩셈부르크는 이 점을 더 일찍 깨닫지 못한 탓에 목숨을 잃었다고도 할 수 있다. 트로츠키는 1917년 10월에는 [러시아에서] 혁명이 성공하고 1923년에는 독일에서 혁명이 실패한 역사적 경험의 주된 교훈이 바로 그 점이라고 생각했다. 그는 1924년에 쓴 《10월의 교훈》에서 다음과 같이 강조했다.

> 당이 없으면, 당과 분리돼서는, 당을 무시해서는, 당의 대체물로는 프롤레타리아 혁명이 승리할 수 없다. 그것이 지난 10년 동안 배운 주된 교훈이다. … 프롤레타리아 혁명에서 당이 하는 구실과 그 중요성에 관한 이 결론을 얻으려고 우리는 너무 많은 대가를 치렀다. 따라서 당을 가볍게 일축해서도 안 되고 그 중요성을 축소해서도 안 된다.[3]

분명히 이 견해에 동의하며 나는 이 책을 썼다. 문제는 그동안 일어난 수많은 변화 때문에 이 주장이 틀렸음이 입증됐는가 하는 점이다. 내가 보기에는 결코 그렇지 않다. 그리고 널리 퍼진 '분위기'나 정서가 무엇이든 간에 나는 앞으로 벌어질 투쟁들에서 이 주장의 올바름이 확인될 것이라고 생각한다. 따라서 인류가 직면한 엄청난 위기를 감안할 때, 혁명적 노동자들의 대중정당 건설이라는 난제를 붙잡고 계속 씨름하는 것은 극히 중요하다.

2013년 1월 22일
존 몰리뉴

01

카를 마르크스: 계급과 당

1. 계급적 기초

마르크스주의 정당 이론은 모두 마르크스의 계급투쟁 이론에 바탕을 두고 있다. 마르크스주의자들은 다양한 정당이 존재하고 서로 경쟁하는 이유를 사회의 경제구조를 바탕으로 설명한다. 정당은 무엇보다 계급 이익의 대변자로 생겨나 지지를 얻고 계속 그런 구실을 한다.

물론 이런 생각은 많은 마르크스주의 원리와 마찬가지로 어설프게 교리적으로 이해하면 터무니없는 소리가 되고 말 것이다. 정당이 계급 이익을 대변한다는 주장은 정당과 계급이 단순한 일대일 관계라는 뜻이 아니다. 즉, 언제나 한 정당은 한 계급의 이익을 대변한다거나, 역사적 의미에서 한 계급의 이익을 직접적인 경제적 이익으로 단순화할 수 있다거나, 모든 정당의 행동을 그 정당의 기반이 되는 계급과 관련해서만 설명할 수 있다는 뜻이 아니다. 실제 역사를 보면 당과 계급의 결합 방식은 다양했다. 처음에는 한 계급의 이익을 대변했지만 마침내 다른 계급의 이익에 기여하게 되는 정당도 있고, 한꺼번에 두 계급, 심지어 세 계급의 이익에 기여하려는 정당도 있으며, 한 계급 전체의 이익을 거슬러 계급 일부의 이익에 기여하는 정당도 있고, 두세 개의 군소 정당이 같은 계급의 확실한 대변자가 되려고 경쟁하는 경우도 있다.

그러면 오늘날 영국의 세 주요 정당을 살펴보자.

첫째, 보수당. 주로 대자본가의 정당이지만 많은 노동자도 보수당에 투표하고 다수의 프티부르주아지도 적극 지지한다.

둘째, 노동당. 노동계급의 조직에 기반을 두고 선거에서도 주로 노동자들에게 의존하지만, 자본주의 체제 유지를 받아들이는 중간계급 지도부 때문에 노동계급의 이익을 거슬러 행동하는 경우가 많다.

셋째, 자유당. 기본적으로 프티부르주아 정당이지만 소수 대자본가의 지지를 받고 노동계급 일부도 자유당에 투표한다.

이 예들 가운데 어느 것도 마르크스주의의 주장을 논박하지 못한다. 오히려 마르크스주의의 주장이 옳음을 보여 준다. 왜냐하면 정당을 분석하려면 정치 일반을 분석할 때와 마찬가지로 사회의 계급 구조에서 출발해야 한다는 것이 마르크스주의의 주장이기 때문이다. 앞에서 말한 다양성은 사회의 계급들이 단지 나란히 존재하는 것이 아니라 한 계급이 다른 계급 위에 군림하며 상시적·역동적 갈등 상태에 있다는 사실과 그런 갈등에서 정당이 중요한 구실을 한다는 사실에서 비롯한다. 여러 정당의 특정한 배치 상태는 다양한 계급의 상대적 발전 단계와 한 계급이 다른 계급들에 대해 얼마나 헤게모니를 쥐고 있는지를 반영한다. 따라서 마르크스주의 당 이론을 다룰 때, 특히 마르크스 자신의 당 이론을 다룰 때는, 협소한 별개의 조직 이론이 아니라 언제나 당과 계급의 관계를 다루게 된다. 정당은 계급 발전의 계기인 것이다.

마르크스는 역사의 발전을 촉진하고자 역사의 추진력을 밝혀내려 했다. 따라서 마르크스가 볼 때 계급은 단순한 정태적 실체가 아니라 역사 과정에서 형성돼 다양한 성장과 성숙 단계를 거치는 사회집단이다. 무엇보다 계급은 투쟁을 통해 자신을 규정한다. "개인들은 다른 계급에 맞선 공동 투쟁에 참여해야만 하나의 계급을 형성한다."[1] 투쟁 과정에서 계급은 응집력·조직·자신감·의식을 획득한다(또는 잃는다). 정당은 계급투쟁의 무기다.

마르크스는 자본주의를 분석하면서 "사회 전체가 서로 적대하는 양대 진영, 직접 대립하는 양대 계급, 즉 부르주아지와 프롤레타리아로 점차 분열하고 있다"고 했다.[2] 그러나 마르크스는 자본주의 사회의 모든 사람을 부르주아나 프롤레타리아로 분류할 수 있다고는 결코 생각하지 않았다. 마르크스가 1847년의 경험적 사실을 주장했다고 하더라도 그것은 터무니없는 얘기일 것이다. 오히려 그가 주장한 요점은 부르주아지와 프롤레타리아의 투쟁이 자본주의 체제에 내재한 근본 특징이라는 것이었다. 자본주의에서 생산은 임금노동의 착취를 바탕으로 이뤄진다. 따라서 상시적 이해관계 대립이 자본주의 경제의 심장부에 자리 잡고 있고, 이 기본적 대립이 사회생활의 모든 측면을 좌우한다는 것이다. 마르크스는 《자본론》에서 다음과 썼다.

우리는 항상 생산 조건 소유자와 직접생산자 사이의 직접적 관계에서 … 지배와 예속의 정치 유형(요컨대 특정한 정부 형태)을 포함한 전체 사회구조의 결정적 비밀, 숨겨진 토대를 발견하게 된다.[3]

따지고 보면, 그 밖의 다양한 계급이나 사회계층은 양대 계급이 형성해 놓은 틀 안에서만 행동할 수 있다. 그들은 결국 양대 계급 가운데 어느 한 계급 편에 서야 한다. 따라서 마르크스주의 관점에서 보면, 정당을 평가하는 근본 기준은 단지 그 당의 계급 기반이 아니라 부르주아지와 프롤레타리아의 계급투쟁에서 어느 편에 서느냐 하는 것이다.

그러나 마르크스의 당 이론을 논할 때 진정한 주제는 정당 일반이 아니라 자본주의 전복을 목표로 하는 혁명적 정당이다. 특히 마르크스의 프롤레타리아 정당 개념이다. 왜냐하면 마르크스는 다음과 같이 생각했기 때문이다. "프롤레타리아만이 진정한 혁명적 계급이고 … 다른 계급들은 현대 산업이 발전하면 결국 사라지고 말 것이다. 프롤레타리아는 현대 산업의 특수하고도 본질적인 산물이다."[4] 소상인, 장인, 소농, 농민 등은 모두 자본주의가 성장할수록 감소하지만, 프롤레타리아는 증가한다. "부르주아지, 즉 자본이 성장할수록 프롤레타리아, 즉 현대 노동계급도 발전한다."[5] 생산 규모가 증대하면서 노동자들은 점점 더 큰 단위로 모이게 된다. "산업 발전과 함께 프롤레타리아는 수가 늘어날 뿐 아니라 점점 더 대규모로 집중돼 그 힘도 세지고 스스로 그 힘을 깨닫게 된다." 따라서 프롤레타리아는 경제구조의 핵심부에 있다. 프롤레타리아는 잠재적으로 역사상 가장 강력한 피착취 계급이다. 이렇게 강력하므로 프롤레타리아에게는 자기 해방 능력이 있는 것이고, 이 능력이야말로 마르크스 혁명 이론의 결정적 요소다.[6] 프롤레타리아에 대한 마르크스의 평가에서 마찬가지로 중요한 둘째 요소는 프롤레타리아는 혁명에서 승리하면 새로운 형태의 계급사회를 만들지 않고 계급 없는 사회를 이룩할 수 있는 최초의 계급이라는 견해다. 이 견해는 프롤레타리아 투쟁의 특징, 즉 프롤레타리아는 집단으로 투쟁할 수밖에 없다는 사실에 바탕을 두고 있다. 예외적 경우가 아니면, 노동자 개인이 고용주에게 가서 임금 인상을 요구해 봐야 들어주지 않는다. 즉, 노동자는 동료들과 단결해야만 한다. 노동자는 생산수단을 소유하고 있지 않으며, 개인별로 생산수단을 획득할 수도 없다. 왜냐하면 현대 산업은 수많은 조각으로 분리하거나 쪼갤 수 없기 때문이다. 노동계급이 생산수단을 장악하려면 사회적 소유를 통해 집단적으로 장악해야 한다.

프롤레타리아만이 유일한 혁명적 계급이라는 마르크스의 주장과 논거는, 혁명적 계급이라고 부를 만한 가장 유력한 사회 세력인 농민에 대한 그의 태도를 봐도 잘 알 수 있다. 마르크스 시대에는 대다수 유럽 나라에서 농민이 압도 다수였고 적어도 프롤레타리아만큼 가난하고 천대받았다. 더구나 격렬한 농민 반란이라는 오랜 전통이 있었다. 그러나 마르크스가 이런 사실을 모두 무시한 이유는 농민의 생활 방식이 개별적이고 고립 분산적이었기 때문이다.

소농은 거대한 덩어리를 이룬 채 비슷한 조건에서 살면서도 서로 다양한 관계를 맺지 못하고 있다. 그들의 생산방식 때문에 소농은 서로 교류하지 못하고 고립돼 있다. … 이런 식으로 마치 자루 속에 들어 있는 감자들이 감자 한 자루를 이루듯이 프랑스 국민이라는 거대한 덩어리는 동질적인 다수를 단순히 합쳐서 이뤄진다. 수많은 가구가 경제적 생존 조건 때문에 생활양식과 이해관계와 문화가 다른 계급들과 분리되고 다른 계급들과 적대하는 처지에 놓인다면 그들은 하나의 계급을 형성한다. 그러나 이 소농들 사이에 지역적 연계만 있고 그들의 이해관계의 동일성이 공동체, 전국적 연대, 정치조직을 전혀 만들어 내지 못한다면 소농은 하나의 계급을 형성하지 못한다. 따라서 그들은 의회를 통해서든 헌법을 통해서든 자신의 이름으로 자신의 계급적 이익을 관철할 수 없다. 소농은 스스로 대표할 수 없고 다른 누군가가 대변해 줘야 한다.[7]

농민과 달리 프롤레타리아는 스스로 대표하고 따라서 자신을 해방할 능력이 있는데, 이 능력은 혁명적 계급이라는 지위와 혁명적 정당 건설 능력에 결정적으로 중요하다.

그러나 프롤레타리아가 정당을 건설할 잠재력과 실제 경험을 혼동해서는 안 된다. 마르크스는 즉자적卽自的 계급으로서 프롤레타리아와 대자적對自的 계급으로서 프롤레타리아의 차이,[8] 그리고 이 둘 사이에 놓인 오랜 투쟁 과정을 알고 있었다. 또, 경쟁을 강요하는 부르주아 사회가 노동계급의 조직과 단결을 약화시킨다는 점도 간과하지 않았다.

경쟁은 개인들을 한데 모으기도 하지만 서로 분리하기도 한다. 부르주아도 그렇지만 노동자들은 더 그렇다. 따라서 이 개인들이 단결할 수 있으려면 오랜 시간이 걸린다. … 따라서 이런 고립을 날마다 재생산하는 관계 속에서 사는 이 고립된 개인들을 지배하고 억압하는 체계적 힘을 모두 극복하려면 오랜 투쟁이 필요하다.[9]

마르크스는 부르주아 이데올로기의 힘도 인식하고 있었다.

물질적 생산수단을 가진 계급이 정신적 생산수단도 지배한다. 그러므로 정신적 생산수단을 갖지 못한 사람들의 사상은 대체로 정신적 생산수단 소유자들의 사상에 종속되기 마련이다.[10]

따라서 노동자 정당 건설은 이 강력한 분리 경향과 싸우고 프롤레타리아의 계급적 독립성을 확립하는 데 필수적이다. 실제로 마르크스는 노동자들이 스스로 정당을 건설하기 전에는 진정한 의미에서 하나의 계급으로 볼 수 없다고 자주 말했다. 그래서 《공산당 선언》에서 "프롤레타리아가 하나의 계급으로 조직되는 것, 즉 정당으로 조직되는 것은 노동자들 자신의 경쟁 때문에 끊임없이 방해받고 있다"고 했고,[11] 제1인터내셔널 런던 대회(1871년)의 결정문에서는 "프롤레타리아는 스스로 정당을 만들 수 있어야만 하나의 계급으로 행동할 수 있다"고 했다.[12] 이런 기본 생각은 1840년대 중반부터 죽을 때까지 마르크스와 엥겔스의 이론과 실천에서 중심이었다.

2. 공산주의자와 프롤레타리아

여기서 마르크스주의 당 이론의 기본 문제가 제기된다. 마르크스주의자는 계급투쟁이 역사의 원동력이고 "노동계급의 해방은 노동계급 스스로 쟁취해야 한다"고 믿는다.[13] 동시에, 노동계급 전체의 역사적 이익을 대변할 정당을 건설하려 한다. 그러면 이런 정당과 노동계급 대중의 관계는 어떠해야 하는가? 마르크스는 《공산당 선언》의 "프롤레타리아와 공산주의자"라는 절節에서 이 문제를 다뤘다.

공산주의자는 프롤레타리아 전체와 어떤 관계인가?
공산주의자는 다른 노동계급 정당들과 대립하는 당을 따로 결성하지 않는다.
공산주의자는 프롤레타리아 전체와 동떨어진 이해관계가 있지 않다.
공산주의자는 자신들만의 종파적 원칙을 세우고 이 원칙에 따라 프롤레타리아 운동을 짜 맞추려 하지 않는다.
공산주의자는 오로지 다음과 같은 점에서만 다른 노동계급 정당들과 구별된다.
(1) 각국 프롤레타리아의 국내 투쟁에서 공산주의자는 국적에 관계없이 프롤레타리아 전체의 공동 이익을 제시하고 그것을 전면에 내세운다. (2) 부르주아지에 맞선 노동계급의 투쟁이 거쳐야 하는 다양한 발전 단계에서 공산주의자는 언제 어디서나 운동 전체의 이익을 대변한다.
따라서 공산주의자는 실천에서 모든 나라의 노동계급 정당 가운데 가장 선진적이고 단호한 부분이며, 다른 모든 부분을 전진시키는 부분이다. 이론에서 공산주의자는 프롤레타리아 운동의 진행 경로와 조건, 그 궁극적·일반적 결과를 대다수 프롤레타리아보다 더 분명하게 이해한다는 강점이 있다.[14]

몇 줄 안 되지만 매우 압축적이고 뛰어난 이 구절에는 당과 계급의 관계 문제에 대한 해답의 실마리와 오늘날까지 마르크스주의 운동의 실천에 중대한 영향을 미친 광범한 가이드라인들이 모두 들어 있다. 우선, 당은 계급을 대리해서, 그리고 계급과 동떨어져 행동하는 소수 모험가 집단이라는 음모적 당 개념을 완전히 배제했다. 당이 위에서 명령하면 본질적으로 수동적인 대중은 이에 복종한다는 권위주의적 당 개념은 물론이고 세상 사람을 모두 설득할 때까지 강령을 선전하기만 하는 선전 종파식 개념도 배제했다. 마르크스는 계급투쟁에서 노동계급에 기여하는 실천을 바탕으로 지도력을 획득한다는 개념과, 노동자들의 일상적 경제투쟁과 정치투쟁 속에서 운동의 전체 목표를 세운다는 원칙을 확고하게 세웠다. 이런 태도는 나중에 나타날 마르크스주의 공동전선 전술들,[15] 노동조합운동의 한계를 염두에 두면서도 노동조합 안에서 활동하기, 부르주아 민주주의를 넘어서려 노력하면서도 민주적 권리들을 옹호하기 등을 미리 보여 준다.

그러나 마르크스의 정식定式은 매우 중요하지만 한계와 허점도 분명하다. 높은 일반론 수준에서 작성된 마르크스의 정식은 특별히 공산주의자가 취해야 할 조직 형태는 전혀 다루지 않는다. 실제로 마르크스는 당이 의미하는 바를 명확히 지적하지 않는다. 앞에서 인용한 구절 중 "공산주의자는 다른 노동계급 정당과 대립하는 당을 따로 결성하지 않는다"는 명제에 바로 이런 원천적 모호함이 담겨 있다. 이 주장은 결국 나중의 사건들 때문에 틀렸음이 드러났다. 이 명제를 "공산주의자는 프롤레타리아 전체와 동떨어진 이해관계가 따로 있지 않다"는 말과 같은 뜻으로 받아들인다면 일반 원리로서 의미가 있다. 이렇게 모호하게 '당'이라는 말을 사용한 것은 《공산당 선언》만이 아니었다. 여러 저작에서 마르크스는 당이라는 말을 아주 다양하게 사용하는데, 매우 광범하고 느슨했던 차티스트운동부터 자신의 동료와 지지자들로 이뤄진 소그룹이나 혁명적 조직 일반까지 서로 다른 여러 현상을 모두 당이라고 지칭했다(몬티 존스턴은 적어도 다섯 개의 주요 '모델'이 있다고 했다[16]). 그래서 프라일리그라트에게 보낸 편지에 다음과 같이 썼다. "[공산주의자 — 몰리뉴]동맹은 파리의 계절회*나 그 밖의 수많은 결사들과 마찬가지로 현대 사회의 토양에서 자발적으로 성장하는 정당의 역사에서 하나의 에피소드였을 뿐입니다. … '당'이라는 용어를 쓸 때 나는 위대한 역사적 의미에서 그 말을 이해합니다."[17] 그리고 쿠겔만에게는 파리코뮌이 "[1848년 — 몰리뉴] 파리의 6월 봉기 이래 우리 당의 가장 영광스러운 행동"이었다고 썼다.[18]

이 문제에서 마르크스가 모호하므로 위의 인용문들을 이용해 단일한 또는 체계적인 당 이론을 구성하거나 재구성하는 것은 불가능하다. 유일한 방법은 마르크스의 정치 활동이 실제로 어떻게 발전했는지를 살펴보고 당 문제에 관한 그의 다양한 논평을 역사적 맥락 속에서 해석하는 것이다.[19] 이때 한 가지 중요한 사실을 항상 명심해야 한다. 즉, 마르크스가 정당을 명확하게 정의하지 못한 것은 우연도 아니고 게으른 탓도 아니라는 점이다. 오히려 그것은 마르크스가 살던 시대에는 대체로 부르주아 정당이든 프롤레타리아 정당이든 현대적 의미의 정당이 아직 존재하지 않았다는 사실을 반영한다. 당원 자격을 명확히 정하고 조직 체계와 규약을 갖춘 현대식 대중정당은 근래 현상이다. 현대식 대중정당은 주로 보통선거와 성숙한 부르주아 민주주의의 요구에 맞게 생겨난 것이며, 상당한

---

* 프랑스 혁명가 블랑키가 만든 비밀결사.

의사소통 체계와 대중매체, 낮은 문맹률을 전제로 한다. 그 전까지 정치체제가 상대적으로 원시적이었을 때는 현대식 정당이 필요하지 않았다. 현대식 정당 이전에 필요했던 것은 지역 유지들(주로 지주)의 네트워크에 기초한 느슨한 비공식 결사나 영향력 있는 지식인들의 모임(클럽과 살롱)이었다. 마르크스 시대의 경험을 넘어서는 개념들을 마르크스에게 기대하는 것은 부당하다. 일반적 경제·사회 발전의 분야보다 구체적 조직 형태 분야의 미래를 내다보는 일이 훨씬 더 어렵다는 점에서 특히 그렇다.

마르크스의 당 개념이 어떻게 발전했는지 살펴보기 위해 그의 정치 활동을 편의상 네 개의 주요 시기로 나누겠다. 제1기는 1847~50년 공산주의자동맹 시기. 제2기는 1850~64년 계급투쟁이 퇴조한 오랜 막간기. 제3기는 1864~72년 국제노동자협회(제1인터내셔널) 시기. 제4기는 1873년 이후 대중적 사회민주주의가 시작된 시기.

3. 공산주의자동맹

1846년 마르크스와 엥겔스는 공산주의자통신위원회를 설립했다. 이 조직은 브뤼셀에 본부를 두고 영국, 프랑스, 독일과 연락하고 있었다. 마르크스와 엥겔스가 주로 독일 숙련공들로 이뤄진 국제 비밀결사인 의인동맹과 접촉한 것도 이 위원회를 통해서였다. 1847년까지 마르크스와 엥겔스는 의인동맹 지도자들을 설득했고 의인동맹은 마르크스와 엥겔스에게 가입을 요청했다. 마르크스와 엥겔스는 기존의 음모적 조직 형태를 해체하면 의인동맹에 가입하겠다고 했다. 그래서 의인동맹은 이름을 공산주의자동맹으로 바꾸고, 마르크스와 엥겔스도 참여한 재창립 대회를 열었다. 대회의 주요 안건은 "선거로 뽑히고 언제든 해임할 수 있는 지도부 등 … 철저한 민주적" 구조를 수립하고 "음모를 열망하는 모든 경향"과 투쟁하는 것이었다.[20] 마르크스와 엥겔스는 노동계급 내에서 공산주의 사상을 공개적으로 선전하는 정책으로 전환하고자 노력했다. 그 결과 1847년 무렵에는 마르크스주의 당 이론의 핵심 사상들이 등장했다. 첫째, 가능하다면 어디서나 프롤레타리아의 국제 조직을 건설해야 한다. 둘째, 계급투쟁과 프롤레타리아의 자기 해방을, 내부 구조가 민주적이고 자신의 목표를 공개적으로 선언하는 조직의 필요성과 연결시켜야 한다.

공산주의자동맹은 국제 조직을 자처하기도 하고 '독일 공산당'을 자처하기도 했다. 그러나 실제로는 너무 미약해서 제1인터내셔널의 전신이나 진정한 독일 공산당이라고 할 수 없었다. 동맹의 회원 수는 200~300명에 불과했고[21] 그것도 몇 나라에 흩어져 있어서 차라리 정당의 맹아나 1968년 파리에서 유행한 말로 표현하면 '소그룹' 수준이었다. 처음에 채택한 전략은 공산주의자들이 여러 나라의 기존 운동 안에서 최대한 활동한다는 것이었다. 그래서 영국에서는 어니스트 존스가 차티스트운동 안에서 활동했고, 프랑스에서는 동맹 회원들이 르드뤼롤랭과 루이 블랑의 '사회민주주의자'들과 합세했다. 동맹의 약점은 1848년 유럽 전역에서 격변이 시작되자 곧바로 드러났다. 엥겔스는 "공산주의자동맹 회원 수백 명은 갑자기 운동에 뛰어든 엄청난 대중 속으로 사라져 버렸다"고 말했다.[22] 이것은 동맹 회원들이 아무 일도 안 했다는 말이 아니다. 오히려 그들은 개인적으로는 혁명의 발전에서 중요한 구실을 했다. 슈테펜 보른은 마르크스에게 다음과 같이 주장했다. "동맹은 없어졌지만 아직 모든 곳에 존재합니다."[23]

기반이 탄탄한 조직도 없고 노동계급도 아직 소규모인 데다 정치적으로 미숙한 상태에서 엄청난 혁명 상황이 닥치자 마르크스는 《공산당 선언》에서 제시했던 계획을 그대로 실행할 수 없었다. 그는 프롤레타리아 혁명의 분명한 옹호자이자 독자적 노동계급 정당의 대변자로 나서지 못하고, 〈신라인 신문〉을 통해 급진적 민주주의의 극좌파로 활동하면서, 부르주아 혁명의 모순이 완전히 드러나도록 혁명을 끝까지 밀어붙이는 수밖에 없었다.

마르크스는 자신의 입장에 내포된 문제점을 깨닫고 1849년 4월 독일의 부르주아 급진주의가 혁명을 진전시킬 수 없음이 드러나자, 자신의 동료 볼프, 샤퍼, 베커와 함께 민주주의연합 라인란트 지역위원회를 그만뒀다. 그들은 다음과 같이 주장했다. "민주주의연합의 현재 조직 형태에는 이질적 요소가 너무 많아서 목표를 달성하는 데 유용한 활동을 전혀 할 수 없다. 노동자 조직들의 연합을 강화하는 것이 더 유용할 것이다. 왜냐하면 노동자 조직들은 더 동질적인 요소로 이뤄져 있기 때문이다."[24] 노동계급의 독자적 정치조직을 위한 투쟁이 마르크스주의 이론과 실천에서 중심이 된 것은 바로 이때부터였다.

독일 혁명의 급속한 붕괴 때문에 이런 전망이 당장 실현될 수는 없었지만, 마르크스는 런던 망명 중인 1849년 가을 공산주의자동맹의 중앙위원회를 재구성하고 독일에서도 재건 작업을 시작했는데, 이때는 불가피하게 비밀스러운 중앙집중적 당을 만들 수밖에 없었다. 1850년 3월 "공산주의자동맹 중앙위원회 연설"(보통 "3월 연설"로 알려져 있다)에서

마르크스는 이 시기의 경험과 거기서 얻은 조직적 교훈을 다음과 같이
요약했다.

> 이와 함께 과거 견고했던 동맹의 조직은 상당히 느슨해졌습니다. 혁명운동에 직접 참가한 회원들은 대부분 이제 비밀결사의 시대는 지나갔고 공개 활동만으로도 충분하다고 생각했습니다. 개별 서클들과 공동체들은 중앙위원회와 연결이 느슨해지고 점차 활동을 중단했습니다. 결국 독일에서 프티부르주아 정당인 민주주의 정당은 자신을 잘 조직한 반면, 노동자 정당은 유일한 발판을 잃고 기껏해야 지역적 목표를 추구하는 고립된 지역 조직으로 전락했고, 그래서 전체 운동 안에서 프티부르주아 민주주의자들의 철저한 지도와 지배를 받게 됐습니다. 이런 상황을 끝내고 노동자들의 독자성을 회복해야 합니다. …
>
> 오직 중앙위원회의 밀사만이 이런 재편을 할 수 있습니다. 중앙위원회는 새로운 혁명이 임박한 이 순간에, 따라서 노동자 정당이 최대한 잘 조직되고 최대한 단결하고 최대한 독자적으로 행동해야 하는 바로 이 순간에, 1848년처럼 다시 부르주아지에게 이용당하거나 끌려다니지 않으려면, 밀사를 파견하는 일이 가장 중요하다고 생각합니다.[25]

어찌 보면 이 "3월 연설"에서 마르크스는 레닌의 전위당 개념에 가장 가깝게 접근했다(물론 여전히 중요한 차이는 있다). 이 조직적 제안은 마르크스가 혁명적 행동에 직접 참여해서 얻은 결론이고 "새로운 혁명이 임박한" 듯한 상황에서 행동 지침으로 작성됐다는 점에서 중요하다. 동맹의 조직을 견고히 하고 그 독자성을 강화하려는 계획은 [혁명적 전망과

동떨어진] 별개의 조직 방식이 아니라, 노동계급이 민주주의 혁명을 이끌어서 사회주의 혁명으로 나아가는 역동적인 혁명적 전망의 일부인 것이다.

새로운 공식 정부와 나란히 노동자들은 자치 위원회와 자치 평의회 형태로, 또는 노동자 클럽이나 노동자 위원회 형태로 노동자 정부를 세워야 합니다. … 무기와 탄약은 어떤 이유로도 포기해서는 안 됩니다. 노동자들의 무장을 해제하려는 시도는 필요하면 무력을 써서라도 막아야 합니다. 노동자들에 대한 부르주아 민주주의자들의 영향력을 분쇄하고, 노동자들의 독자적 무장 조직을 즉시 건설하고, 한동안 불가피한 부르주아 민주주의의 지배를 최대한 곤란하고 위태롭게 하는 상황을 만들어야 합니다. 이것은 임박한 무장봉기 때와 그 후에 프롤레타리아와 공산주의자동맹이 취해야 할 주요 조처들입니다.[26]

따라서 이 당시 마르크스의 당 개념은 50여 년 뒤 레닌의 당 개념과 비슷한 면이 있는데, 그것은 주로 그들이 처한 상황이 비슷했기 때문이다. 트로츠키가 바로 이 "3월 연설"에서 연속혁명론을 도출하고, 레닌이 두 차례 러시아 혁명에서 볼셰비키 전술을 뒷받침하는 전거典據로 이 시기의 마르크스와 엥겔스 저작을 가장 자주 인용한 것은 결코 우연의 일치가 아니다.

그러나 마르크스는 결코 특정 조직 형태나 당을 맹목적으로 숭배하지는 않았다. 상황이 변하자 그의 태도도 변했다. 그래서 1850년 여름 "3월 연설"의 조직 계획이 잘못된 전망에 바탕을 두고 있고 혁명이 곧 일어나지도 않을 것이라는 점이 분명해지자 마르크스는 급히 자신의 제안을 철회했다. 그 결과 동맹의 중앙위원회 내에서 혁명이 퇴조기에 접어들었다고 생각한 사람들과 현실을 직시하지 않으려는 사람들 사이에 분열이 거의 불가피해졌다. 빌리히와 샤퍼가 지도한 후자의 분파는 혁명을 인위적으로 일으키려 했고, 해외 망명가들이 독일을 무력 침공하는 계획 따위의 온갖 모험주의적 책략을 짰다. 이 분열 때문에 공산주의자동맹은 중요한 조직으로서 의미를 상실하게 됐고, 중앙위원회를 쾰른으로 옮겨 동맹을 수습해 보려는 시도도 있었지만, 곧 마르크스가 사임했고 그 직후 동맹 자체도 해산하고 말았다.

4. 혁명의 퇴조기

이때부터 마르크스는 생계 문제는 제쳐 놓고 거의 완전히 경제학 연구에 전념하기 시작했다. 그는 1850년 11월 《신라인 평론》 마지막 호에서 다가올 시기의 전망을 다음과 같이 요약했다.

현재 한창 진행 중인 전반적 변영 덕분에 부르주아 사회의 생산력이 부르주아 사회의 틀 안에서 최대한 급속하게 발전하고 있으므로 실제로 혁명이 일어날 가능성은 없다. … 새로운 혁명은 오직 새로운 경제 위기가 닥쳐야만 일어날 수 있을 것이다. 그러나 경제 위기의 도래가 확실한 만큼 혁명도 확실히 일어날 것이다.[27]

망명가 집단에서는 사소한 언쟁, 추문과 내분이 끊이지 않았으므로 마르크스는 온전한 정신으로 이론적 작업을 완성하려면 심신을 피곤하게 만드는 이 환경에서 벗어나야 했다.

마르크스와 엥겔스는 이런 당내 분란에서 벗어난 것을 기뻐하며 깊은 안도의 한숨을 내쉬었다. 마르크스는 엥겔스에게 보낸 편지에서 다음과 같이 말했다. "나는 자네와 나 우리 두 사람이 공적인 일에서 완전히 벗어나 우리의 본업에 집중할 수 있게 돼 매우 기쁘다네. 이것은 우리의 견해와 원칙에 딱 맞는 일이네."[28] 답장에서 엥겔스는 "마침내 우리는 다시 (정말 오랜만에) 어느 나라, 어느 당의 도움도 필요 없고 우리의 견해가 그 따위 쓰레기와 전혀 무관하다는 것을 보여 줄 수 있게 됐네" 하고 썼다.[29] 프란츠 메링은 이렇게 대수롭지 않은 사적 대화를 지나치게 심각하게 받아들여서는 안 된다고 경고했지만,[30] 특히 버트럼 D 울프[31]와 슐로모 아비네리[32] 같은 사람들은 이것이 마르크스의 '진짜' 당 이론임을 증명하려고 노력했다. 그러나 이런 노력은 마르크스와 엥겔스가 처해 있던 전반적인 역사적 상황과 글의 직접적 맥락(즉, 가까운 친구끼리 주고받은 사적인 편지 내용)을 무시한 채 짜증 섞인 표현만을 끄집어내,[33] 훨씬 더 중요하게 평가되는 공식 문서의 진술과 대비시키게 된다. 문자 그대로 받아들이면 마르크스와 엥겔스의 이런저런 말은 일체의 정치 활동을 반대한 것으로 해석될 수 있지만, 이것은 터무니없는 결론이다. 마르크스는 《자본론》에 깊이 몰두해 있던 1850년대와 1860년대 초에도 결코 정치 생활에서 완전히 물러나지는 않았으며, 차티스트 신문에 계속 기고했고, 어니스트 존스*를 유심히 지켜보다가 1857년에 그에게 "당을

---

* 차티스트운동의 지도자.

만들어야 하며 그러려면 공장 지대로 가야 합니다" 하고 말했다.[34]

그러면 마르크스가 12년 동안 정당 활동을 하지 않은 주된 원인은 무엇이었을까? 첫째, 이미 지적했듯이 그는 부르주아 사회가 안정과 성장이 지속되는 시기에 접어들었다고 봤다. 둘째, 그는 자신의 이론적 연구에 큰 의미를 부여했다. 뉴욕에서 어떤 독일인 망명가가 공산주의자동맹을 부활시키자고 제안해 왔을 때 마르크스는 "나 자신의 이론적 작업이 한물간 조직 활동에 참가하는 것보다 노동계급에게 훨씬 더 이롭다고 굳게 확신합니다" 하며 거절했다.[35] 셋째, 혁명운동에 대한 마르크스의 생각과 당시 대다수 혁명가들의 생각 사이에는 커다란 차이가 있었다.

마르크스에게 역사의 원동력은 계급투쟁이었고 그의 목표는 노동계급의 자기 해방이었으므로 당의 임무는 프롤레타리아 투쟁을 지도하고 그에 기여하는 것이었지, "어떤 종파적 원칙을 세우고 이 원칙에 따라 프롤레타리아 운동을 짜 맞추려"는 것이 아니었다. 그러나 19세기 중반의 혁명운동은 완전히 이상한 견해와 전통이 득세하고 있었다. 당시의 유력한 경향은 프랑스 대혁명의 음모적 자코뱅 전통이나, 계몽적 이상향을 건설해서 자본과 노동을 화해시킬 수 있다고 믿은 프티부르주아적·공상적 사회주의의 유물이었다. 이 둘은 모두 노동계급에 대해 엘리트주의 태도를 취했는데, 전자는 노동계급 몰래 계급을 대리해서 행동하려 했고, 후자는 노동계급에게 우호적인 사람을 모두 이성의 힘으로 설득할 때까지 계급은 수동적으로 기다려야 한다고 주장했다. 오래전부터 이런 견해들을 거부했던 마르크스는 생동하는 노동계급 운동 안에서 그들과 논쟁할 태세가 돼 있었고, 노동계급 운동 밖에 있는 작고 하찮은 클럽이나 사교 모임에서 그들과 관계를 맺는 것은 시간 낭비일 뿐이라고 생각했다.

5. 제1인터내셔널: 실천과 이론

마르크스가 스스로 선택한 고립을 최종 청산한 것은 1864년 9월 26일 세인트마틴 홀에서 열린 국제노동자협회(제1인터내셔널) 창립 대회에 초청받았을 때였다. 인터내셔널은 마르크스가 창설한 것도 아니고 마르크스주의자의 발상으로 만들어진 것도 아니었다. 오히려 그것은 유럽 노동계급의 경제투쟁이 전반적으로 성장하고, 미국 남북전쟁에서 북군에 대한 지원, 폴란드 독립, 이탈리아 통일 같은 국제 문제에 노동계급의 관심이 높아지면서 생겨난 것이었다. 그리고 인터내셔널의 가장 중요한 실천 활동 가운데 하나는 이주 노동자를 동원한 파업 파괴를 저지하는 것이었다. 세인트마틴 홀의 집회를 직접 발의한 것은 런던과 파리의 노동조합 운동가들이었다. 그러나 바로 이 확실한 계급 기반과 자발성이 마르크스의 관심을 끌었다. 마르크스는 엥겔스에게 보낸 편지에 다음과 같이 썼다. "나는 이번에 런던과 파리에서 '정말로 중요한 사람들'이 참석한다는 것을 알게 됐네. 그래서 그런 초청을 일절 거절해 온 평소의 규칙을 철회하기로 결심했지. ⋯ 이제 노동계급은 확실히 부활하고 있네."[36]

그러나 이 긍정적 특징에는 불가피하게 이론적·정치적 이질성과 혼란이라는 부정적 측면도 있었다. 인터내셔널의 참가자들 중에는 근본적으로 이탈리아의 민족주의자 마치니 추종자들, 자본과 노동의 화해를 원하는 프랑스의 프루동주의자들, 파업을 반대한 웨스턴 등의 영국 오언주의자들,[37] 미국 필라델피아 지부처럼 겉으로는 프리메이슨 조직의 형태를 띤 비밀결사들도 있었다.[38] 마르크스는 이런 무정형의 단체와 함께 일하면서 자신이 원하는 방향으로 그들을 이끌고자 매우 요령껏 활동하고 적지 않은 책략도 부려야 했다. 마르크스는 인터내셔널 규약을 직접 작성하고 자신의 "개회사"도 교묘하게 끼워 넣었는데,[39] 그 과정에서 다른 참가자들의 반발을 피하려고 상당히 타협해야 했다.

우리의 견해가 현재 노동운동의 관점에서 받아들여지도록 판을 짜는 것은 매우 어려운 일이었네. 몇 주 뒤에 똑같은 사람들이 브라이트, 코브던*과 함께 참정권 요구 집회에 참가할 것이네. 부활한 운동이 예전과 같은 대담한 언어를 허용하기까지는 시간이 걸리겠지. 외유내강이 필요할 거야.[40]

마르크스는 혁명의 목적과 방법을 구체적으로 거론하지 않은 채 운동의 계급적·국제주의적 성격과 당시 유행하던 주제인 자기 해방을 강조하는 방법을 사용했다.[41] 그래서 규약의 규정도 다음과 같이 됐다. "노동계급의 해방은 노동계급 자신의 힘으로 이뤄야 한다. … 따라서 모든 정치 운동은 노동계급의 경제적 해방이라는 위대한 목표를 이룰 수단이 돼야 한다. … 노동계급의 해방은 한 지역이나 한 나라의 문제

---

* 존 브라이트와 리처드 코브던은 영국 자유당 정치인들이었다.

가 아니라 현대 사회가 존재하는 모든 나라의 사회문제다."⁴² 그러나 규약은 프루동주의자의 신경을 건드릴 수 있는 생산수단의 집단화나 영국의 노동조합 운동가들을 놀라게 할 혁명에 관해서는 언급하지 않았다. 이런 전략은 매우 잘 먹혀들었다. 메링의 표현을 빌리면, 인터내셔널은 "머리는 크고 몸은 작은" 가분수꼴이 되는 것을 피했다.⁴³ 그러면서도 동시에 마르크스는 운동에 대한 탁월한 식견 덕분에 총평의회에서 점차 사상적 헤게모니를 확립해 갔다. 특히 1866~67년의 경제 위기로 촉발된 파업 투쟁 물결에 힘입어 인터내셔널의 세력이 커지자, 마르크스는 잇따라 열린 인터내셔널 대회에서 점차 더 사회주의적인 정책을 채택하자고 설득했다. 로잔 대회(1867년)에서는 "노동계급의 사회적 해방과 정치적 해방은 분리할 수 없다"는 결의안이 통과됐다.⁴⁴ 브뤼셀 대회(1868년)에서는 토지, 철도, 광산, 삼림의 집단 소유를 놓고 프루동주의자와 논쟁해서 승리했다. 런던 협의회(1871년)에서는 규약에 다음과 같은 내용을 추가하기로 결정했다.

> 소유 계급의 집단적 권력에 맞선 투쟁에서 프롤레타리아는 오직 소유 계급이 만든 모든 당에 대항하는 독립적 정당을 건설해야만 하나의 계급으로서 행동할 수 있다.
> 이 프롤레타리아 정당 건설은 사회혁명의 승리와 그 최종 목표인 계급 폐지를 달성하는 데 꼭 필요하다.⁴⁵

그러나 이렇게 진보했지만 인터내셔널은 여전히 너무 다양한 경향이 섞여 있어서 국제공산당이 되지 못했고, 마르크스도 인터내셔널을 국제공산당으로 규정하려 하지 않았다. 오히려 그는 인터내셔널이 여러 나라 노동자 조직이나 당의 광범한 연합체일 뿐이고 "각 지부는 자신들의 이론적 강령을 자유롭게 만들 수 있어야" 한다는 점을 인정했다.[46]

이런 느슨함은 인터내셔널의 강점이었다. 마르크스는 이런 느슨함을 이용해 다양한 분파를 단결시키는 동시에 전체적으로 지도할 수 있었다. 그러나 다른 한편으로 느슨함은 인터내셔널의 약점이기도 했다. 1868년 미하일 바쿠닌과 그의 아나키즘을 지지하는 국제형제단은 이런 느슨함을 이용해 국제사회민주주의동맹이라는 외피를 쓰고 손쉽게 인터내셔널에 침투할 수 있었는데, 이것이 그 후 인터내셔널 붕괴에 주된 요인으로 작용했다. 바쿠닌은 이론가라기보다는 낭만적 모험가이자 음모가였다. 그가 제시한 강령은 순진하면서도 혼란스러웠다. 그는 운동의 주요 요구로 '계급 평등'과 국가의 즉각 철폐, 상속권 폐지를 주장했고 무엇보다 정치에 전혀 관여하지 말아야 한다고 주장했다. 마르크스는 이런 바쿠닌의 사상을 "좌파와 우파한테서 피상적으로 긁어모은 범벅 … 어린애 같은 유치함 … 프루동과 생시몽 등의 찌꺼기로 만든 잡탕"이라며 경멸했지만[47] 아나키스트들도 인터내셔널에서 자신들의 견해를 주장할 권리가 있다는 것을 부정하지 않았다. 마르크스와 바쿠닌이 심각한 갈등을 겪은 핵심 원인은 이론적 이견이 아니라 인터내셔널의 조직에 대한 이견이었다. 바쿠닌은 인터내셔널 내부의 무수한 긴장과 분열을 이용해, 총평의회의 '권위주의'에 반대하는 운동을 벌여 다양한 비주류파를 결집하려 했다. 그러나 바쿠닌은 이렇게 겉으로는 '반권위주의'를 내세우면서도 속으로는 자신을 따르는 비밀결사들과 음모가들의 선출되지 않는 "집단적이고 보이지 않는 독재"를 실현하려 했다.[48] 몬티 존스턴이 말했듯이 진정한 문제는 "인터내셔널을 대회에서 결의한 규율과 정책을 따르는 공개적인 민주적 조직으로 운영할 것인가 아니면 바쿠닌의 '음모 때문에 인터내셔널의 활동이 마비'되도록 놔둔 채 여러 연맹과 지부가 대회의 결의 사항에 동의하지 않으면 그것을 거부하도록 허용할 것인가?" 하는 것이었다.[49]

바쿠닌의 활동은 인터내셔널 붕괴의 또 다른 주요 원인이 된 파리코뮌과도 밀접히 연관돼 있었으므로 중요했다. 마르크스는 《프랑스 내전》에서 파리코뮌을 열렬히 옹호했고 이 때문에 인터내셔널은 코뮌과 동일시되기에 이르렀다. 그 결과 유럽 전역에서 대대적인 '빨갱이' 마녀사냥과 인터내셔널 탄압이 뒤따랐다. 이렇게 사회혁명이 현실로 등장하면서 혁명적 정치 문제가 선명하게 제기되자 인터내셔널의 허약한 단결 기반은 산산조각 나고 말았다.

이런 상황에 대처하려고 마르크스는 런던 협의회에서 총평의회의 권한 강화를 요구해 관철시켰지만, 이 때문에 총평의회의 '간섭'에 분개한 사람들이 바쿠닌의 '반권위주의' 진영으로 돌아서고 말았다. 1872년 마르크스는 인터내셔널의 전성기가 끝났다고 단정했음이 분명하다(그렇게 공공연히 말하지는 않았지만 말이다). 이때쯤 마르크스는 무의미한 모험적 행동으로 인터내셔널의 긍정적 성과들을 손상시키는 음모가들인 바쿠닌파와 블랑키파가 인터내셔널을 장악하도록 놔둬서는 안 된다고 결심했다. 마르크스는 헤이그 대회에서 (다소 불분명한 근거로) 바쿠닌을 제명하고[50] 미국으로 본부를 옮김으로써 그 목적을 이뤘다. 그곳에서 인터내셔널은 1876년에 조용히 해산했다.

국제노동자협회는 분명히 마르크스의 생애에서 가장 중요한 실천적 정치 활동이었다. 인터내셔널은 모든 곳에서 운동의 발전에 중대한 영향을 미쳤다. 인터내셔널 덕분에 적어도 마르크스의 기본 원칙들이 과거 어느 때보다 더 널리 알려졌다. 무엇보다 인터내셔널은 노동계급 사회주의 운동의 핵심에 국제주의와 국제 조직의 전통을 세웠다. 이 모든 것은 위대한 성과였지만, 동시에 인터내셔널이 그 창립 기반 자체에 붕괴의 씨앗이 있었다는 것도 분명하다. 그러므로 마르크스의 당 개념을 평가하려면 이 시기 그의 활동 근저에 있던 이론의 강점과 약점을 검토해야 한다.

마르크스는 항상 당을 노동계급과 관련지어 생각했고 노동계급의 상태는 기본적으로 경제 상황에 따라 달라진다고 봤으므로 가장 중요한 이론적 문제는 경제와 정치의 관계, 특히 노동계급의 경제투쟁과 그들의 정치의식·조직 발전의 관계를 규명하는 것이었다. 당시의 여러 자료를 보면, 근본적으로 마르크스는 노동계급의 정치의식이 경제 상황과 투쟁의 자연 발생적 결과라고 생각했음을 알 수 있다. 1869년 독일 노동조합 활동가 대표들에게 한 연설에서 마르크스는 다음과 같이 말했다.

> 노동조합은 사회주의의 학교입니다. 노동자들이 보는 앞에서 매일 자본가와의 투쟁이 일어나므로 노동자들은 노동조합에서 스스로 교육하고 사회주의자가 됩니다. … 거대한 노동자 대중은 자신이 어떤 정당 소속이든 간에, 결국 자신들의 물질적 조건을 개선해야 한다는 것을 깨달아 왔습니다. 그런데 일단 물질적 조건을 개선하고 나면 노동자는 자녀 교육에 전념할 수 있게

됩니다. 또, 아내와 자녀들이 공장에 일하러 가지 않아도 됩니다. 노동자 자신도 더 교양을 쌓을 수 있고 건강을 더 잘 돌볼 수 있게 되며, 자기도 모르는 사이에 사회주의자가 됩니다.[51]

이보다 더 심한 진술들을 문자 그대로 받아들일 필요는 없겠지만, 마르크스는 1871년 F 볼테에게 보낸 편지의 중요한 구절에서도 근본적으로 똑같은 이론적 개념을 되풀이해 말했다.

노동계급 정치 운동의 궁극 목표는 당연히 노동계급이 정치권력을 장악하는 것입니다. 그러려면 당연히, 경제투쟁에서 생겨나 어느 정도 발전한 노동계급 조직이 미리 존재해야 합니다.
그러나 다른 한편으로 노동계급이 지배계급에 대항해 하나의 계급으로서 행동하며 외부에서 압력을 가해 지배계급을 굴복시키려 하는 운동은 모두 정치적 운동입니다. 예를 들어, 개별 공장이나 개별 업종에서 파업 등을 통해 개별 자본가에게 노동시간 단축을 강요하려는 노력은 순전한 경제적 운동입니다. 반면에 8시간 노동제 등을 **법률**로 강요하려는 운동은 **정치적** 운동입니다. 이런 식으로 노동자들의 개별적인 경제적 운동에서 **정치적** 운동, 즉 사회적 강제력이 있는 일반적 형태로 노동계급의 이익을 달성하려는 계급 운동이 어디서나 성장하는 법입니다.[강조는 원문 그대로 — 몰리뉴][52]

마르크스 사상의 강점은 유물론, 즉 경험과 투쟁에서 배우기를 강조한다는 점이다. 약점은 경제결정론과 낙관적 진화론이다. 역사는 마르크스가 일반적으로 말한 발전 과정을 보여 줬지만, 또한 노동조합 의식이 사회주의 의식으로 발전하는 것을 가로막는 다양한 요인이 있다는 것도 보여 줬다. 특히 경제적 이득은 심지어 투쟁으로 쟁취한 것이라도 자극제가 아니라 완화제 구실을 할 수 있고, 프롤레타리아에게 미치는 부르주아 이데올로기의 엄청난 영향력은 운동을 분열시키고 파편화시킬 수 있는데, 마르크스는 이 두 가지를 과소평가했다. 1890년 엥겔스는 다음과 같이 이야기했다. "때때로 청년들이 경제적 측면을 지나치게 강조하는 것은 마르크스와 나에게도 어느 정도 책임이 있습니다. 우리는 가장 중요한 원리를 부정하는 반대파에 맞서 그런 원리를 강조해야 했고, 그러다 보니 상호작용에 포함된 다른 요인들을 정당하게 평가할 시간과 공간, 즉 기회가 충분하지 않았습니다."[53] 사회주의 의식의 발전 문제는 마르크스가 "가장 중요한 원리"를 지나치게 강조하다가 "상호작용에 포함된 다른 요인들"을 놓친 가장 두드러진 경우라 할 수 있다.

마르크스의 조직관과 인터내셔널 활동은 이처럼 노동계급이 '즉자적 계급'에서 '대자적 계급'으로 전환하는 과정을 지나치게 단순하고 낙관적으로 보는 견해에 바탕을 두고 있었다. 마르크스에게 주된 문제는 계급투쟁 사상을 바탕으로 광범한 노동자층을 포괄하는 정치조직의 건설이었다. 이것이 이뤄지면 조직은 저절로 혁명적 방향으로 발전해 갈 것이라고 생각했다.

따라서 당 건설에 관한 마르크스의 태도에는 숙명론의 요소가 강하게 존재한다. 노동계급 운동 내부의 여러 사상과 경향 사이의 투쟁은 노동자들의 계급성이 확실해지면 저절로 해결되리라는 것이다. 근본적 문제는 노동계급의 정치적 개혁주의(즉, 우리가 지금 사회민주주의나 노동당 노선이라고 부르는 것)가 때가 되면 스스로 바뀌거나 혁명적 행동에

길을 내주지 않고 오히려 혁명의 주요 장애물이 될 만큼 운동에 강력한 영향을 미칠 수 있음을 마르크스가 간파하지 못했다는 점이다. 그런 위험을 보지 못했으므로 마르크스는 그 위험에 대항해 싸울 수단(비교적 소수의 훈련된 전위당 건설)의 필요성도 깨닫지 못한 것이다.

6. 개혁주의 문제와 사회민주주의

1872년 이후 마르크스와 엥겔스는 다시 어떤 조직이나 당에 직접 관여하거나 그 회원이 된 적이 한번도 없었다. 그래도 그들은 스스로 "국제 사회주의의 대표자로서 특별한 위치"에 있다고 자부했고[54] 그런 자격으로 전 세계 사회주의자들에게 많은 조언을 했다. 마르크스는 건강이 나빠진 데다가 연구에 전념했으므로 그런 활동은 주로 엥겔스의 몫이었다. 그러나 적어도 그 분야에서는, 엥겔스의 견해는 대체로 마르크스의 견해를 대변한다고 보는 것이 타당할 것이다.

이 시기의 가장 중요한 현상은 특히 독일을 비롯한 여러 나라에서 사회민주주의 노동자 정당이 등장했다는 점이다. 이 조직들은 공공연히 사회주의 강령을 내걸었고 노동자 대중의 지지를 받았다. 인터내셔널의 경험과 함께 이런 발전 과정을 살펴보면 마르크스와 엥겔스의 견해가 어느 정도 바뀌었거나 적어도 강조점이 바뀌었음을 느낄 수 있다. 1873년에 엥겔스는 베벨에게 "'단결'을 외치는 구호에 속지 마십시오. … 당은 **분열함**으로써 그리고 그 분열을 감내할 수 있어야 승리할 수 있습니다" 하고 경고했고,[55] 1874년에는 조르게에게 "다음번 인터내셔널은 (마르크스의 저술이 한동안 영향을 미친 뒤에) 곧바로 공산주의적 인터내셔널이 될 것이며 정확히 우리의 원칙들을 선언할 것입니다" 하고 예견했다.[56]

마르크스와 엥겔스는 매우 강력한 노동계급이 정치적으로는 지배계급 정당들에 종속돼 있고 사회주의 조류도 매우 취약한 영국과 미국에서는 노동자 정당의 강령이나 이론적 기초를 고민하기보다는 먼저 광범한 독자적 노동자 정당부터 결성해야 한다는 자신들의 과거 노선을 견지했다. 이를 위해 엥겔스는 1881년 〈더 레이버 스탠더드〉에 기고한 글에서 [영국에서] 노동당 결성을 기대하면서 "특정 업종들의 노동조합 옆이나 위에서 총 노동조합, 즉 노동계급 전체의 정치조직이 생겨나야 한다"고 주장했다.[57] 1893년에는 모든 사회주의자들에게 독립노동당ILP에 가입할 것을 촉구했다. 엥겔스는 미국에 대해서는 다음과 같이 주장했다.

> 중요한 것은 노동계급이 하나의 계급으로 움직이는 것입니다. 그러기 시작하면 노동자들은 곧 올바른 방향을 찾을 것입니다. … 미국 노동자들이 더 오래된 공업국들에서 성립된 이론을 완전히 이해한 채 출발하기를 기대하는 것은 불가능한 것을 기대하는 것과 마찬가지입니다. … 오는 11월에 노동자 100만~200만 명이 진정한 노동자 정당에 투표하는 것이, 이론상 완벽한 강령에 10만 명이 투표하는 것보다 지금 시점에는 훨씬 더 가치 있습니다. … 그러나 노동자 정당의 전국적 통합을 지연시키거나 방해할 수 있는 것은 모두 (심지어 강령상의 이견이라도) 큰 오류라고 생각합니다.[58]

그러나 운동이 훨씬 더 발전한 프랑스와 독일에 대한 마르크스와 엥겔스의 태도는 매우 달랐다. 여기서 그들은 처음으로 프랑스 노동자당 POF과 독일 사회민주주의노동자당SDAP의 형태로 진정한 마르크스주의 정당이 창립될 수 있다고 봤다. 그 가능성을 실현하려고 그들은 특별히 이론과 강령 문제에 주의를 기울였다. 그래서 1882년 프랑스 노동자당이 게드와 라파르그가 이끄는 마르크스주의자들과 말롱과 브루스(아나키스트였다가 나중에 개혁주의자가 됐다)가 이끄는 '현실주의파possibilists'로 분열했을 때, 엥겔스는 이를 "불가피"하고 "잘된 일"이라고 환영하며 다음과 같이 말했다. "가짜 생테티엔 당[현실주의파 — 몰리뉴]은 노동자 정당이 아닐뿐더러 사실상 강령도 없으므로 당이라고 할 수도 없습니다."[59] "큰 나라의 노동자 정당은 모두 일반적으로 변증법적 발전의 법칙을 따르는 내부 투쟁을 통해서만 발전할 수 있는 듯합니다."[60] 그러나 마르크스와 엥겔스가 최고의 이론적 엄격성을 주장한 것은 무엇보다 독일 사회민주주의를 언급할 때였다.

1875년 독일 사회민주주의노동자당과 라살레파의 전독일노동자협회ADAV가 독일 사회주의노동자당SAPD(나중에 사회민주당SPD이 된다)으로 통합했을 때 마르크스와 엥겔스는 이 통합이 "우리에게는 느닷없는 일"이고 이론적 양보라며 반대했다.[61] 마르크스는 즉시 통합 강령을 강력하게 비판하면서,[62] 라살레파가 정식화한 '임금철칙설'이나 '온전한 노동 소득에 대한 평등한 권리', '국가 지원에 의한 생산자 협동조합' 등

---

* 생테티엔에서 열린 노동자당 대회에서 두 세력이 분열했고 '현실주의파'는 생테티엔 대회 다수파를 자처했다.

의 반동적 함의를 폭로하고, "자유로운 인민 국가" 요구에 반대해 국가의 계급적 성격 문제를 전면적으로 제기하며, 통합 강령에는 국제주의가 없다고 비난하고, "강령의 정치적 요구에는 보통선거나 직접 입법, 민중의 권리, 민중의 군대 등 이미 널리 알려져 있는 민주주의 장광설 말고는 아무것도 없다"고 불만을 토로했다.[63] 1877년 엥겔스는 독일 운동에서 마르크스주의의 헤게모니를 지키려고 방대한 《반뒤링론》을 쓰기 시작했다. 1879년 마르크스와 엥겔스는 당 지도자들에게 회람문을 보내 비非프롤레타리아 경향이 당내에 출현해 계급투쟁과 당의 계급적 성격을 부정하고 "노동자들은 너무 무식하므로 스스로 해방할 수 없고 자애로운 대부르주아와 프티부르주아가 위로부터 해방해 줘야 한다고 공공연히 떠들어 대는 것"에 강력히 항의했다.[64] 또, 1879년에는 비스마르크의 사회주의자단속법에 직면해서 "리프크네히트가 제국의회에서 보인 시기상 적절하지 않은 나약한 태도"와[65] 사회주의노동자당 의원단이 비스마르크의 보호관세 정책을 기회주의적으로 지지한 것에 반대했다. 마르크스는 이에 대해 "그들은 어리석은 의회주의에 이미 너무 많이 물들어 있어서 자신들이 비판의 성역에 있다고 생각합니다" 하고 말했다.[66]

그러나 이 계속된 비판을 오해해서는 안 된다. 그것은 독일 사회민주주의에 대한 적의를 나타낸 것이 아니라 마르크스와 엥겔스가 몇 번이나 "우리 당"이라고 부른 조직에 대한 특별한 관심과 걱정을 표현한 것이다. 마르크스와 엥겔스는 개혁주의와 부르주아 민주주의에 대한 환상이 공식적으로 표명될 때마다 신속히 비판했지만, 여전히 독일 사회민주당에 "연대감"과[67] 애착을 느끼고 있었다. 그래서 마르크스와 엥겔스의 지지와 승인을 받으면서 독일 사회민주당은 전 세계 마르크스주의 정당의 모범이 됐다. 마르크스와 엥겔스가 파악하지 못한 것은, 주된 위험이 당이 하는 말 속에 도사리고 있는 것이 아니라 당이 하는 행동, 즉 당의 본질에 있다는 사실이었다. 이 문제는 몇 년 뒤 베른슈타인이 공공연히 개혁주의적 태도를 취할 것을 당에 요구했을 때 벌어진 이른바 '수정주의 논쟁'에서 두드러지게 나타났다. 바이에른의 사회주의자 이그나츠 아우어는 베른슈타인에게 보낸 편지에서 매우 명료하게 다음과 같이 말했다. "친애하는 에드[베른슈타인을 가리킴], 사람들은 당신이 요구하는 것을 공식 결정으로 채택하거나 굳이 말하지 않고 그냥 실천합니다. 고약한 사회주의자단속법 아래서조차 우리의 활동은 모두 사회민주주의 개혁 정당의 활동이었습니다. 대중을 중시하는 당은 결코 달리 활동할 수 없습니다."[68] 문제의 근원은 마르크스와 엥겔스가 한번도 분명하게 정리한 적이 없는 당과 노동계급의 관계, 즉 압도 다수를 포괄할 때까지 더 많은 프롤레타리아를 조직하면서 끊임없이 순조롭게 성장하는 광범한 당이라는 개념에 있었다.

크리스 하먼의 말대로 "사회민주주의자들의 핵심 사상은 당이 계급의 **표본이 된다**는 것이다."[69] 당이 계급의 표본이라면, 당에는 계급 안에 존재하는 다양한 경향이 포함되기 마련이다. 마르크스와 엥겔스는 마르크스주의가 우세해지도록 투쟁하면서도 이런 생각을 받아들였다. 그래서 엥겔스는 1890년에 다음과 같이 썼다. "당은 너무 커서 내부에 토론의 절대적 자유가 꼭 필요합니다. … 내부의 다양한 의견이 온전히 표현되지 않으면 지상에서 가장 위대한 당이 존재할 수 없습니다."[70] 노동계급 대중이 개혁주의 경향을 띠는 자본주의 성장·안정기에 당이 계급을 표상한다면, 그 당은 비록 공식적으로는 인정하지 않더라도 개혁주의적일 수밖에 없다. 그러나 개혁주의 노동자와 개혁주의 정치 지도자는 결코 똑같지 않다. 보통 노동자의 의식은 흔히 모순되는 많은 요소의 복합물이기 때문에 자신의 물질적 필요, 투쟁에 직접 참여한 경험, 정치 상황의 극적 변화 등과 같은 조건에서는 그 의식이 매우 빨리 변할 수 있다. 그러나 지도자의 의식은 훨씬 더 확고하고 일관성이 있다(그래서 그들이 지도자가 된 것이다). 따라서 지도자는 변하기가 훨씬 더 어렵다. 더욱이 지도자는 노동자와 동일한 물질적 압력을 받는 것이 아니라 스스로 특권적 지위(예를 들면, 국회의원이나 노동조합 지도자)를 구축한다. 그 결과 개혁적 시기에는 노동계급을 표상하던 관계가 혁명기에는 노동계급을 반대하고 배신하는 관계로 돌변하게 된다. 혁명적 상황에서 노동계급과 함께하려면 당은 혁명적 상황 전부터 계급의 약간 앞에 있어야 한다. 당은 항상 계급 전체의 이익을 대변하지만, 그러려면 개별적·부분적·국민적·즉각적 이익보다 계급 전체의 이익을 우선시하는 사람들인 혁명가로 당원 자격을 제한해야 한다.

마르크스는 이런 생각, 즉 **혁명적 정당 이론**의 진정한 근본적 출발점을 결코 완전히 발전시키거나 분명히 표현하지 않았다. 이것은 노동계급의 정치의식이 대체로 자본주의의 발전을 따라 비교적 순조롭고 평탄하게 발전한다고 본, 앞서 말한 마르크스의 낙관적 진화론 때문이다. 그러나 마르크스가 이런 견해를 넘어서지 못했다고 해서 놀라거나 그를 비난할 이유는 조금도 없다. 왜냐하면 마르크스의 생애 내내 개혁주의 문제는 어떤 식으로든 주요 위협으로 등장한 적이 없었기 때문이다. 주요 과제는 프랑스 혁명에서 유래한 혁명 조직들의 프티부르주아적이고 종파적이며 음모적이고 공상적인 사회주의 전통을 극복하고 프롤레타리아의 정치적 독립성을 확립하는 것이었다. 마르크스는 대다수 유럽 나라들에서 프롤레타리아가 이 과제들을 달성하는 데 엄청난 기여를 했다. 비록 투쟁 과정에서 그가 경제결정론 쪽으로 '막대를 구부렸다'고 하더라도 이것은 충분히 이해할 수 있는 일이다. 그러나 당 이론과 관련해 마르크스가 남긴 유산에는, 그 긍정적 측면이 무엇이든, 마르크스주의 운동이 자본주의를 전복하려면 언젠가 극복해야 할 약점이 있었다는 것도 이해해야 한다.

---

* 레닌의 전술 개념으로, 현실의 노동자 운동에 결정적으로 중요한 요소나 측면임에도 빠져 있거나 부족한 요소·측면을 집중적으로 강조하는 것을 말한다.

02

레닌과 볼셰비즘의 탄생

그람시가 말했듯이 마르크스주의는 '실천철학'이므로 대체로 숙명론에 반대하지만, 앞에서 살펴봤듯이, 마르크스 자신은 당시의 전반적 상황 때문에, 또 종파주의를 피하려는 생각 때문에 정치조직에 대한 숙명론적 개념에서 결코 완전히 벗어나지는 못했다. 마르크스는 프롤레타리아 정당이 노동계급의 광범한 투쟁을 통해 자발적·점진적으로 나타날 것이라고 봤다. 이런 숙명론적 경향은 사회민주주의 운동의 조직 분야에서 철저히 강화됐고, 자본주의 발전 이론과 프롤레타리아 혁명, 인간 행동의 본질로까지 확대됐다. 이런 숙명론과 결별함으로써 사회민주주의뿐 아니라 마르크스와 관련해서도 마르크스주의 이론의 일대 진보를 이룩한 것이 바로 볼셰비즘의 실천과 레닌의 조직관이었다. 노동계급을 표상하거나 노동계급 자체인 광범한 당이라는 개념을 노동계급의 전위인 '소수' 정당(혁명 이전 시기에) 개념으로, 즉 노동계급의 사회주의적 미래를 조직을 통해 구현함으로써 온갖 형태의 기회주의를 물리치고 그것에 맞서 투쟁하는 당 개념으로 바꾼 사람은 오로지 레닌뿐이었다.

1. 볼셰비즘의 배경

볼셰비즘은 파도 속에서 성숙한 모습으로 태어난 비너스 같은 것이 아니었다. 즉, 볼셰비즘은 수많은 당내외 투쟁을 거치면서 발전하고 성장했다. 또, 볼셰비즘을 단순히 조직에 대한 레닌의 천재성의 산물로 볼 수도 없다. 마르크스주의자들이 흔히 레닌을 이상화理想化하는 일반적 현상과 함께, 러시아 혁명사를 마치 레닌과 러시아 민중이라는 두 주역만이 존재했던 것처럼(다른 수많은 개인들은 존재하지 않았고) 서술한 스탈린주의 이론가들의 경향 때문에, 와트가 증기기관을 발명했듯이 레닌이 볼셰비즘을 발명했다는 이미지가 만들어졌다. 사실, 조직 문제에서 점진주의와의 결별은 첨예하고 의식적인 수많은 투쟁의 결과였지만 그 과정은 점진적이었고 반쯤만 의식적인 것이었다. 레닌주의는 구체적 상황에 대한 혁명적 대응을 끊임없이 발전시킨 결과로 생겨난 것이다. 그런 혁명적 대응을 이해하려면 그것을 가능하게 한 상황의 요인들을 살펴봐야 한다.

흔히들 볼셰비즘의 근원으로 가장 먼저 떠올리는 요인은 토니 클리프가 "러시아 혁명운동의 대리주의 전통"이라고 부른 것이다.[1] 이 전통은 실제로 매우 강력했다. 1860년대와 1870년대에는 때때로 수십, 수백 명의 영웅적·이상주의적 지식인들이 제정帝政에 맞서, '민중 속으로 들어가' 민중을 계몽하고 교육하거나 '민중을 대리해서' 대담한 테러를 감행했다. 그래서 이들 나로드니키는 레닌을 비롯한 러시아 혁명가들의 끊임없는 존경과 찬탄을 받았다. 특히 레닌은 그들의 "헌신적 투지와 열정"을 여러 번 언급했다.[2] 흔히 이런 주장[볼셰비즘의 근원이 대러주의라는]을 뒷받침하려고 레닌의 생애에 나타난 여러 증거, 즉 체르니셰프스키와 트카초프[3]처럼 근본적으로 엘리트주의적인 저술가들이 레닌의 사상 형성에 끼친 영향과 테러 활동을 하다가 사형당한 그의 형에게서 받은 영향을 든다.

그러나 이런 주장은 겉보기에는 그럴듯하지만, 비판적으로 살펴보면 잘못된 것이다. 이런 주장은 레닌이 나로드주의에 맞서 투쟁하며 자신의 이론을 발전시켰다는 사실, 평생 동안 개인적 테러리즘에 반대했다는 사실, 1917년에 볼셰비키가 소비에트에서 다수를 차지할 때까지 권력 장악을 지지하지 않았다는 사실, 1921년 공산주의 인터내셔널 3차 대회에서 소수의 봉기와 모든 형태의 쿠데타 시도에 반대해 매우 격렬하게 투쟁했다는 사실을 무시한다.

레닌 사상의 발전에서 중요한 요인은 테러리즘이 아니라 테러리즘을 낳은 상황이었다. 레닌은 테러리스트들의 낭만적·공상적 이론과 결정적으로 결별하고 사회혁명의 지렛대인 계급투쟁 이론을 철저히 고수할 수 있었지만, 제정의 경찰 탄압이라는 현실과는 결별할 수 없었다. 제정 치하에서는 정치적 탄압이 거의 절대적이어서 노동조합과 파업 행동이 일절 금지됐다.

이런 상황에서 노동계급 전체를 표상하는 사회민주주의식 광범한 대중정당은 도저히 불가능했다. "구제 불능의 이상주의자만이 제정 치하에서 … 광범한 노동자 조직을 건설하고 싶어 한다."[4] 실제로 차르 경찰에 맞서 투쟁을 벌일 때는 조직이 작을수록 더 좋았다. 조직의 규모와 보안 문제는 효율성이나 엄격한 규율의 필요성과 떼려야 뗄 수 없이 연관돼 있었다. 《무엇을 할 것인가?》에서 거듭거듭 강조하는 효율성의 필요는 당시 혁명 활동의 성공을 좌우하는 중요한 객관적 요인이었다. 그래서 레닌은 혁명적 조직의 기초로서 직업혁명가라는 개념을 고안해 냈다. 레닌은 이 문제에 관한 자신의 견해를 다음과 같이 요약했다.

> 독재국가에서는 혁명적 조직의 가입 자격을 혁명 활동에 전문적으로 종사하는 사람, 정치경찰과 싸우는 기술을 전문적으로 훈련해 온 사람들로 제한할수록 조직이 [경찰 탄압에] 덜 노출될 것이다.[5]

이렇게 보안, 훈련, 직업혁명가 조직을 강조하는 견해는 분명히 탁월한 현실성이 있었다. 그러나 레닌의 조직론에서 이런 순전한 현실성 또는 필요성의 요소를 너무 과장해서는 안 된다. 당장의 방편에서 비롯한 것으로만 보면, "레닌의 개념은 노동계급 전체의 역사적 임무라는 마르크스의 개념보다 '나로드나야 볼랴'의 음모적 사상에 더 가까울 것"이라는 레너드 샤피로(와 그 밖의 많은 논평가)의 이야기가 맞는 셈이다.[6] 사실은 그렇지 않았다. 즉, 직업혁명가들로 이뤄진 견고한 핵심 자체는 목적이 아니라 수단이었던 것이다. 레닌은 당의 핵심이 견고할수록 "노동계급과 그 밖의 사회 계급들에서 운동에 참여해 적극적으로 활동하려는

---

* 민중의 의지 또는 민중의 자유라는 뜻으로, 1881년 알렉산드르 2세를 암살한 것으로 유명한 나로드니키 테러 조직.

02 레닌과 볼셰비즘의 탄생

사람들이 더 많아질 것"이라고 강조했다.[7] 레닌의 견해는 언제나 제정에 맞선 대중적 계급 운동을 전위 정당이 지도해야 한다는 것이었다. "우리는 한 계급의 당이다. 따라서 계급의 거의 전부(그리고 [계급] 전쟁의 시기, 즉 내전의 시기에는 계급 전체)가 우리 당의 지도 아래 행동해야 한다."[8] 더구나 레닌의 사상을 결정한 것이 단지 실천적 필요뿐이었다면, 그의 사상은 지역적·일시적 의미밖에 없을 것이다. 그랬다면 볼셰비즘은 거대한 국제 운동과 전통의 기초가 되지 못하고 오히려 일반적 상황에서 벗어난 예외이자 러시아만의 특수한 현상으로 입증됐을 것이다. 레닌의 개념에서 음모적 요소들은 다만 역사적으로 한정된 것이었을 뿐이다. 레닌은 이 점을 잘 알고 있었다.

> 정치적 자유가 보장되는 상황이라면 우리 당은 완전한 선출 원칙에 따라 건설될 것이다. 그러나 제정 치하에서 노동자 당원 수천 명이 집단적으로 선거를 치를 수는 없다.[9]

탄압이 강력하다 보니 서구식 광범한 정당은 불가능했지만, 러시아 특유의 사회·정치 상황은 레닌에게 새로운 이론적 통찰의 자극이 됐고 그 덕분에 레닌은 사회민주주의 모델에서 음모로 후퇴하기보다는 오히려 한발 더 전진할 수 있었다. 따라서 우리는 이런 상황을 검토해야 한다.

서유럽과 러시아 혁명운동의 과제 사이의 중요한 차이는, 서유럽에서는 자본주의가 굳게 확립됐지만 러시아에서는 자본주의가 아직 미숙하고 부르주아 혁명이 성취되지 못했다는 점이다. 그래서 서유럽에서는 마르크스주의가 프롤레타리아의 자본주의 전복의 이론으로 곧바로 등장했지만, 러시아에서는 마르크스주의가 많은 사람들에게 자본주의 발전의 불가피성을 옹호하는 이론으로 나타났다. 처음에 제정 당국은 테러리스트를 주요 위험으로 여겼고, 또 테러리스트들이 러시아에서는 임박한 혁명이 일어나면 자본주의를 피할 수 있다고 주장했기 때문에, 테러리즘을 비판하고 자본주의의 불가피성을 강조하는 마르크스주의는 한동안 환영받거나 적어도 훨씬 덜 나쁜 것으로 여겨졌다. 이런 사정으로 말미암아 이른바 '합법 마르크스주의'가 출현했고 마르크스주의가 꽤 유행했다.

> 마르크스주의 잡지와 신문이 발간됐고, 거의 모든 사람이 마르크스주의자가 됐고, 마르크스주의자들은 우쭐해지고 칭찬을 들었으며, 마르크스주의 문헌이 엄청나게 팔려 나가 출판업자들은 즐거운 비명을 질렀다.[10]

이런 상황에서는 "명백히 이질적인 요소들이 뒤섞이는 현상"이 나타나기 마련이었다.[11] 특히 마르크스주의자를 자처한 사람들 중에는 자본주의를 불가피한 진보로 보면서도 자본주의에 맞서 투쟁하고 그것을 전복하려는 사람들도 있었지만, 실제로 자본주의를 지지하면서 사회주의는 아련하고 머나먼 미래의 막연한 미사여구일 뿐이라고 생각하는 자들도 있었다(후자에 속하는 대표적 인물은 표트르 스트루베였다. 그는 원래 레닌과 플레하노프와 협력했으나, 1905년 부르주아 민주주의 정당인 카데츠당*을 세웠다). 따라서 레닌은 처음부터 말만 과격한 수

---

* Kadets Party, 입헌민주당.

많은 사람들 중에 진정으로 투쟁하기를 원하는 사람들을 매우 엄격하게 가려내야 한다는 사실을 깨달았다. 이것이 레닌의 이론적 비타협성에, 특히 사람들의 말과 실제 행동을 구별해야 한다는 그의 주장에 영향을 미친 주요 요인이었다. 말과 행동을 구별하는 이런 능력은 레닌이 매우 날카롭게 발전시켰고 그의 모든 저작에서 가장 두드러진 특징 가운데 하나로서, 볼셰비즘을 독자 정당으로 발전시키는 데서 막대한 구실을 했다.

자본주의를 진보적인 것으로 보면서도 자본주의에 맞선 투쟁에서 프롤레타리아의 독자성을 철저히 유지하는 문제에 대한 혁명적 마르크스주의의 해답은 부르주아 혁명에서 프롤레타리아가 헤게모니를 쥔다는 이론에 있었다. 플레하노프("러시아 혁명은 노동자 혁명으로 성공할 것입니다. 그러지 않으면 성공하지 못할 것입니다"[12])에서 시작해, 나중에 플레하노프가 포기했음에도 레닌이 채택하고 잘 다듬은 이 이론(부르주아 혁명에서 프롤레타리아의 헤게모니 이론)은 1917년 이전까지 볼셰비즘의 주요 특성이었다. 이 이론의 핵심은 부르주아지가 세계 수준에서 더는 혁명적 세력이 아니게 된 훨씬 뒤에야 러시아 부르주아지가 등장했다는 것이다. 따라서 제정에 맞선 혁명을 지도할 임무는 비록 숫자가 적지만 대규모 근대 공업에서 급속히 성장하고 있었고 농민 반란이라는 무서운 힘과 동맹할 수 있는 프롤레타리아가 맡게 된다.[13] 이 과제를 달성하려면 프롤레타리아는 가장 중요한 첫째 요구로 차르 체제 전복을 채택해야 하고, 민주주의와 정치적 자유를 위한 모든 투쟁에서 전위가 돼야 한다는 것이다.

2. '경제주의' 비판

이런 이론을 바탕으로 레닌은 자신이 '경제주의'라는 말로 뭉뚱그린 여러 경향과 투쟁하게 된다. 당시 '경제주의'를 대표한 것은 주로 1897~1902년에 페테르부르크에서 발행된 신문인 〈라보차야 미슬〉(노동자의 사상)과 1899~1903년에 '해외 러시아 사회민주주의자 연맹'의 기관지인 〈라보체예 델로〉(노동자의 과제)였다. 이 중 후자는 더 엄밀하게 말하면 '반#경제주의'라고 할 만한 견해를 보이고 있었다. '경제주의자'의 기본 주장은 사회민주주의가 제정에 맞선 정치투쟁이 아니라 노동자들의 경제투쟁에 힘쓰고 경제투쟁을 발전시키는 데 집중해야 한다는 것이었다. 바로 이 '경제주의'와 논쟁하면서 볼셰비즘의 기본 사상들이 나타났다. 따라서 볼셰비즘의 사상을 이해하고 평가하려면 이 논쟁을 좀 더 자세히 살펴봐야 한다. 그러나 그보다 먼저 이 논쟁이 일어난 전후 사정을 살펴보고 이 논쟁이 왜 그렇게 중요했는가 하는 단순한 물음을 던질 필요가 있다.

레닌은 '경제주의자'들의 주장대로 하면 정치 활동은 부르주아지가 맡고 노동자들은 노동조합 투쟁만 하는 분업이 이뤄져서 다가오는 민주주의 혁명에서 프롤레타리아의 헤게모니를 포기하게 된다고 봤다. 이것이 논쟁의 근본 이유였다. 실제로 '해외 러시아 사회민주주의자 연맹'의 Y D 쿠스코바는 "크레도(신조)"라는 문서에서 이런 분업을 공개적으로 옹호하고 나섰다. 이에 자극받아 레닌은 1899년 8월 "러시아 사회민주주의자들의 항의"라는 글을 써서 경제주의를 강력히 반대했다.[14] "크레도"에서 쿠스코바는 다음과 같이 주장했다. "러시아 마르크스주의자가 나아갈 길은 하나

밖에 없다. 즉, 프롤레타리아의 경제투쟁에 참여하고 지원하며 자유주의 저항운동에 참여하는 것이다."[15]

레닌은 그런 노선을 혁명에 대한 배신이라고 여겼다. 왜냐하면 "자유주의 저항운동"(즉, 부르주아지)은 제정에 일관되게 반대하는 혁명적 활동을 결코 할 수 없었기 때문이다. 레닌은 프롤레타리아와 사회민주주의 운동의 임무를 축소하려는 시도는 모두 부르주아지에게 이로울 뿐이라고 주장하고 '경제주의' 경향은 모두 그런 방향으로 나아갈 것이라고 생각했다. 이런 식으로 '경제주의' 논쟁은 그 뒤 17년 동안 러시아 마르크스주의자들에게 핵심 쟁점(혁명에서 프롤레타리아와 부르주아지가 하는 상대적 구실과 임무)이 됐다. 초기의 '경제주의'와, 부르주아지가 혁명에서 지도적 구실을 해야 한다는 후기의 멘셰비즘 사이에는 근본적 연속성이 존재한다.

이런 점을 고려하면 레닌이 '경제주의'를 사회민주주의 내부의 개혁주의나 수정주의라는 국제적 흐름과 관련지은 것도 옳았음을 알 수 있다. 그는 《무엇을 할 것인가?》의 서두에서 그런 관련성을 지적한다. 경제주의자들은 경제와 정치가 사실상 분리된다고 생각했으며, 베른슈타인과 마찬가지로 '최종 목표'(사회주의, 러시아의 경우에는 차르 체제 전복)가 아니라 '운동'(당면 요구)이 중요하다고 주장했다.

레닌은 격렬한 논쟁을 할 때면 언제나 쟁점이 된 문제를 끝까지 물고 늘어져 자신과 반대파의 논리를 뿌리까지 파고들었다. 따라서 이 논쟁은 구체적 문제들에서 비롯했지만 어느 정도 보편적 의미가 있다.[16] '경제주의자'에 맞선 투쟁의 산물이 바로 《무엇을 할 것인가?》다. 이 책은 당연히 전 세계 마르크스주의자들의 이론과 실천에 지대한 영향을 미쳤다.

그러나 이 책은 마르크스주의 당 이론에 관한 유일한 표준 교재인 양 오해되기도 했다. 따라서 마르크스주의 당 이론을 비판적으로 연구하려면 이 책을 매우 주의 깊게 살펴봐야 한다.

《무엇을 할 것인가?》는 '경제주의'를 비판하는 레닌의 주장, 직업혁명가 간부층과 전국적 정치 신문을 바탕으로 러시아 전체를 포괄하는 혁명적 조직을 건설하자는 그의 주장을 요약하고 있다. 이와 같이 이 책은 앞서 말한 실천적 논점들도 제기하지만, 그 중심 주제는 혁명운동의 발전에서 자발성과 의식은 어떤 관계인가 하는 것이다. '경제주의자'들은 "정치는 항상 경제를 따르기 마련"이므로,[17] 정치의식은 경제투쟁에서 유기적으로 발전해 나올 것이라고 봤다. 그래서 경제투쟁을 지원하는 것이 마르크스주의자의 주요 임무이며 레닌과 〈이스크라〉파가 "자발적 요소를 과소평가"하고 "의식을 과대평가"한다고 주장했다. 그러나 레닌이 보기에는 문제를 이런 식으로 제기하는 것 자체가 완전히 잘못됐다. 노동자들의 자발적 투쟁이 중요하지 않다는 것이 아니라(오히려 그것은 아주 중요했다), 자발적 투쟁은 바로 의식과 조직을 요구한다는 점에서 중요하다는 것이 문제였다.

〈라보체예 델로〉의 강령에는 다음과 같은 부분이 있었다.

우리는 최근 몇 년 동안 일어난 노동계급 대중의 운동이 러시아인의 생활에서 가장 중요한 현상이며 그것이 본 연맹의 출판 활동의 성격과 과제를 주로 결정할 것이라고 생각한다.

레닌은 다음과 같이 논평한다.

대중운동이 가장 중요한 현상이라는 점은 이론의 여지가 없다. 그러나 문제의 요점은 노동계급 대중의 운동이 "과제를 결정"할 것이라는 말을 어떻게 이해하는가다. 이 말은 다음 둘 중 하나로 해석할 수 있다. 이 운동의 자발성에 굴종하는 것, 즉 사회민주주의의 임무는 노동계급 운동에 그저 굴종하는 것뿐이라고 해석하거나, 아니면 대중운동이 성장하기 전이었다면 우리가 만족했을지도 모르는 과제들보다 훨씬 더 복잡한 이론적·정치적·조직적 과제들이 새로 우리 앞에 놓여 있다고 해석하는 것이다.[18]

자발성과 의식의 관계, 대중운동과 당의 관계에 관한 이런 변증법적 개념은 마르크스주의 이론의 엄청난 발전이며, 이 문제에 관한 이전의 어떤 공헌(마르크스 자신과 특히 독일 사회민주당의 공헌)보다도 발전한 것이다. 근본적으로 이런 개념은 **숙명론**과 철저하게 결별하는 것이므로 진정으로 혁명적인 당 이론의 출발점일 수밖에 없다.[19] "반대로 우리 혁명적 사회민주주의자들은 이런 자발성 숭배, 즉 '지금 이 순간' 존재하는 것을 숭배하는 데 만족할 수 없다."[강조는 몰리뉴][20]

레닌은 계급투쟁의 발전 자체, 심지어 경제투쟁의 발전 자체도 자발성에서 의식성으로 발전하는 과정이라고 여겼다.

파업은 러시아에서 '자발적' 기계 파괴 등을 수반하며 1860년대와 1870년대에도(심지어 19세기 전반기에도) 일어났다. 이런 '반란'과 비교하면 1890년대의 파업은 '의식적'이었다고까지 할 수 있다. 그 정도로 당시 노동계급 운동은 엄청나게 진보했던 것이다. 이것은 '자발적 요소가 근본적으로 맹아적 형태의 의식이라는 사실을 보여 준다.[21]

따라서 레닌은 의식적 요소를 돕고 자발성을 극복하려고 노력하는 것이 혁명가들의 의무라고 봤다.

그러나 레닌은 단지 조직이 없으니 조직을 건설하자고 주장한 것이 아니라 '경제주의자'들의 '계급 꽁무니 좇기(추수주의追隨主義)'를 비판하며 지도력을 주장했다. 레닌의 '경제주의자' 비판과 당의 임무에 관한 견해의 핵심은 프롤레타리아의 계급의식이 경제투쟁의 축적 위에서 점진적으로 발전할 수 있다는 생각을 거부한 것이다.

루카치는 다음과 같이 썼다.

자본주의에서 사회주의로 경제적 진화가 불가능하다는 것은 베른슈타인 논쟁에서 명확하게 입증됐다. 그런데도 그와 비슷한 이데올로기가 유럽의 많은 정직한 혁명가들 머릿속에 고스란히 남아 있었고, 게다가 문제나 위험으로 인식되지도 않았다.[22]

이 문제에 대한 레닌의 태도는 극단적이고 비타협적이었다.

노동자들이 모든 종류의 폭정, 억압, 폭력, 학대 — 어느 계급이 당했건 간에 — 에 대응하는 훈련을 받지 않는다면, 더욱이 사회민주주의 관점으로 대응하는 훈련을 받지 않는다면 노동계급의 의식은 진정한 정치의식이 될 수 없다. 노동자들이 구체적 사실과 사건, 특히 시사적이고 정치적인 사실과 사건을 통해 다른 모든 사회 계급의 지적·윤리적·정치적 생활의 모든 현상에서 그 계급들을 관찰하는 법을 배우지 않는다면, 모든 계급과 계층과 집단의 생활과 활동의 모든 측면을 유물론적으로 평가하고 유물론적으로

분석하는 법을 배우지 않는다면, 노동자 대중의 의식은 진정한 계급의식이 될 수 없다.[23]

따라서,

계급의 정치의식은 오직 외부에서만, 즉 경제투쟁의 외부에서만, 다시 말해 노동자와 사용자의 관계라는 영역 밖에서만 노동자들에게 도입될 수 있다.[24]

실천에서 이것이 뜻하는 바는 사회민주주의자들이 단지 "노동자들 속으로 들어가는" 데서 그치는 것이 아니라 "모든 계급 속으로 들어가"야 한다는 것이었다. "사회민주주의자들은 자기 군대의 분견대를 모든 방면으로 파견해야 한다"는 것이다.[25] 노동자들은 종교적 소수파와 학생 등을 비롯해 제정 치하에서 고통받는 모든 사람을 지원하는 일에 나서야 한다. "사회민주주의자의 이상은 노동조합 서기가 아니라 민중의 호민관이어야 한다. … 그는 아무리 사소한 사건이라도 모든 사건을 활용해 모든 사람 앞에서 자신의 사회주의적 확신과 민주적 요구를 설명할 수 있어야 한다."[26] 이런 전략에서 가장 중요한 것은 러시아의 정치·사회 생활의 모든 측면에 주의를 기울이고 전국적 정치 폭로를 할 수 있는 전국적 신문이었다. "오늘날 유럽에서 정치 기관지 없이는 명실상부한 정치 운동을 생각할 수 없다."[27]

물론 레닌은 이렇게 힘을 다각화하는 것이 곧 당의 계급 기반을 수정하거나 타협하는 것은 아니라고 생각했다는 점을 명심해야 한다. 오히려 그것은 노동계급 속에서 주로 경제주의적인 선동을 오랫동안 수행한 기초 위에서만 가능했다. "우리는 실제로 초기에는 놀랄 만큼 세력이 작았다. 그래서 당시에는 노동자들 속에서 활동하는 데 전념했고 그런 활동에서 벗어나는 어떤 행동도 심하게 비난했는데, 그것은 아주 당연하고 정당했다. 당시 우리의 과제는 오로지 노동계급 속에서 우리의 입지를 굳히는 것이었다."[28] 어쨌든 전략의 목적 자체는 제정 반대 투쟁에서 프롤레타리아의 헤게모니를 확립하는 것이었다.

이 문제에서 사회민주주의나 제2인터내셔널의 방법과 구별되는 레닌주의의 독창성과 특징은 마르크스주의자들이 개혁과 민주적 권리를 위해 투쟁해야 한다고 주장했다는 점이 아니다. 그 정도야 독일 사회민주당도 마찬가지였고, 그들의 제2의 천성이었다. 그러나 사회민주주의자들이 개혁을 위해 투쟁한 이유는 개혁이 '진보'이며 자본주의를 사회주의로 발전시키는 것이었기 때문이다. 즉, 사회민주주의자들은 **개혁주의자로서** 개혁을 위해 투쟁했다. 반면 레닌은 개혁을 위한 투쟁 과정 전체를 통해 프롤레타리아가 모든 사회 계급이나 집단의 상호작용과 관계를 파악할 수 있고 권력 장악에 적합하게 될 수 있다는 점에서, 개혁을 위한 투쟁을 프롤레타리아의 계급의식을 위한 투쟁의 일부로 봤다. 따라서 사회민주주의자들에게는 최소강령과 최대강령(당면 요구와 최종 목표) 사이에 깊은 간극이 있었다. 반면 레닌은 전면적 정치 선동으로 이런 간극을 메우고 결국 **혁명적 목표**의 우위를 확보할 수 있다고 봤다.

3. 외부에서 도입되는 사회주의?

지금까지 마르크스한테서 나타나고 러시아 '경제주의'에서(어느 정도는 유럽 사회민주주의에서도) 더 교리적 형태로 득세한 당 이론을 넘어서서 《무엇을 할 것인가?》가 이룬 중요한 이론적 진전을 압축적으로 살펴봤다. 그러나 레닌의 주장 가운데 우리가 다루지 않은 중요한 측면 하나가 남아 있다(레닌 자신의 이론과 실천에서 중심적이기 때문이 아니라, 그 후 많은 추종자에게 미친 영향 때문에 중요하다). 그것은 '정치의식'이 '외부에서'만 노동계급 운동으로 도입될 수 있다는 명제다. 이 명제는 자발성주의를 비판하는 주장에 이론적 정당성을 부여하려고 제기된 것이다. 이 명제는 《무엇을 할 것인가?》에 두 가지 형태로 나타난다. 하나는 앞에서 이미 인용한 것으로 다음과 같다.

> 계급의 정치의식은 **오직 외부에서만**, 즉 경제투쟁의 외부에서만, 다시 말해 노동자와 사용자의 관계라는 영역 밖에서만 노동자들에게 도입될 수 있다.

다른 하나는 다음과 같다.

> 우리는 노동자들에게 사회민주주의 의식이 **존재할 수 없었다**고 말했다. 사회민주주의 의식은 외부에서 노동자들에게 도입돼야 할 것이다. 모든 나라의 역사는 노동계급 자신의 노력만으로는 노동조합 의식을 발전시킬 뿐이라는 것을 보여 준다. 즉, 노동조합으로 단결해 사용자와 싸우고 정

부가 노동자들에게 필요한 노동법을 제정하도록 강제하는 것 등이 필요하다는 신념 말이다. 그러나 사회주의 이론은 유산계급의 교육받은 대변자들, 즉 지식인들이 정립한 철학·역사·경제 이론에서 나온 것이다. 현대의 과학적 사회주의의 창시자인 마르크스와 엥겔스도 사회적 지위로 보면 부르주아 지식인이었다. 마찬가지로 러시아에서도 사회민주주의 이론은 노동계급 운동의 자발적 성장과 전혀 무관하게 나타났다. 그것은 혁명적 사회주의 지식인들의 사상이 발전한 자연적·필연적 결과로 생겨났다.[29]

이 두 정식화 사이에는 명백한 차이가 있다. 앞의 것은 노동자들이 사회관계 전체와 모든 형태의 억압을 이해하고 공장보다 훨씬 더 광범한 영역('공장 외부')에서 발생하는 억압도 알아야 한다는 것을 단지 극단적이면서도 다소 거칠게 표현하고 있다. 그러므로 표현 방식을 문제 삼을 수야 있겠지만, 그 내용은 전혀 나무랄 데가 없다. 그러나 뒤의 정식화에서는 '외부에서'라는 말이 노동계급 외부에서, 특히 부르주아 지식인에게서라는 뜻이다. 더욱이 이 정식화는 과학적 사회주의 이론의 기원과 발전을 적극적으로 밝히려는 시도를 담고 있다. 이것은 특히 당 이론에서 상당히 중요한 이론적 문제를 제기한다. 따라서 레닌의 이 개념을 꽤 자세히 비판적으로 분석해야 한다.

무엇보다 먼저 이해해야 할 것은 레닌이 여기서 표명한 사상은 카를 카우츠키에게서 직접 물려받은 것이라는 점이다. 실제로 레닌은 다음과 같은 카우츠키의 말을 인용해서 이론적 권위를 세우려 했다.

그러나 사회주의와 계급투쟁은 나란히 나타나는 것이지 어느 하나에서 다른 하나가 생기는 것이 아니다. 둘은 서로 다른 상황에서 생겨난다. 현대의 사회주의 의식은 심오한 과학적 지식을 바탕으로 해서만 생겨날 수 있다. 실제로 현대의 경제학은 현대의 기술만큼이나 사회주의 생산에 중요한 조건이고, 프롤레타리아는 아무리 그러고 싶어도 현대의 기술이나 경제학을 만들어 낼 수 없다. 현대의 기술과 경제학은 둘 다 현대 사회의 발전 과정에서 생겨난다. 과학의 담당자는 프롤레타리아가 아니라 부르주아 지식인이다.[30]

카우츠키가 마르크스주의를 기계적으로 해석했고 뒷날 정치적으로 변절했다는 사실을 알고 있는 후대의 우리가 보기에는, 이렇게 카우츠키에 의존하는 것은 명백히 위험하다. 후대의 많은 레닌주의자도 이 점을 비판했다. 트로츠키는 레닌 자신이 "나중에 이 말의 편향성을 인정했고 그와 더불어 자신의 이론에 오류가 있음을 시인했다"고 지적한다.[31] 루초 마그리는 최근 논문에서 레닌이 인용한 카우츠키의 글을 두고 "계몽주의 발상"이라고 불렀고,[32] 나이절 해리스는 "엘리트주의적 진술"이라고 말했다.[33]

근본 문제는 다음과 같은 것이다. 즉, 정치의식이 부르주아 지식인한테서 나오는 것인 동시에 정치투쟁이 경제투쟁보다 우위에 있어야 한다는 레닌-카우츠키의 정식을 문자 그대로 받아들이면, "노동계급의 해방은 노동계급 자신의 행위"라는 마르크스의 기본 격언은 거의 무의미한 말이 될 것이고, 오히려 노동계급은 순전히 종속적 구실만 하게 될 것이다. 진정으로 혁명적인 계급은 노동계급이 아니라 불만을 품은 지식인이 될 것이며, 따라서 급진적 운동들은 사악한 중간계급 지도부가 '순진한' 노동계급 대중을 조종하는 꼭두각시놀음이라는 식으로 묘사하는 부르주아지의 상투적 수법이 암암리에 힘을 얻을 것이다. 계급사회의 고유한 특징인 정신노동과 육체노동의 분리를 극복하기는커녕, 오히려 사회주의 운동과 혁명적 정당이 그런 분리를 유지하고 정당화하는 셈이다.

실제로 과학과 이론과 사회주의 의식(여기서는 모두 같은 것으로 다루고 있다)을 설명하는 방식 자체가 완전히 비非마르크스주의적이고 오히려 19세기의 실증주의나 관념론과 공통점이 훨씬 많다. 과학은 사회생활이나 실천과 완전히 무관하게 발전하는 것처럼 묘사된다. 자연과학과 철학과 부르주아 사회과학에 관한 한, 사상가가 상아탑 안에 고립되는 경향 때문에 이것은 마치 사실인 것처럼 보인다. 그러나 실상 이것은 계급사회가 낳은 착각이고 신비화일 뿐이다. 그래서 마르크스는 철학이나 그 밖의 학문이 사회에서 활동하는 인간의 역사와 무관하게 독자적 역사를 갖는다는 것을 인정하지 않았다. 사회주의 이론이 진정한 혁명적 이론이 되려면 부르주아 과학의 상대적·허구적 자율성을 결코 허용해서는 안 된다. 오히려 사회주의 이론은 노동계급의 활동과 긴밀히 연관되고, 그 활동의 영향을 받고, 그 활동에 바탕을 둬야 한다. 그래서 마르크스는 다음과 같이 썼다.

경제학자가 부르주아지의 과학적 대변자인 것과 마찬가지로 사회주의자와 공산주의자도 프롤레타리아의 이론가다. 프롤레타리아가 자신을 하나의 계급으로 형성할 만큼 충분히 발달해 있지 않는 한, 따라서 부르주아지에 맞선 프롤레타리아의 투쟁이 아직 정치적 성격을 띠지 못하는 한, 그리고 생산력이 부르주아 사회 내부에서 아직 충분히 발전하지 못해서 프롤레타리아의 해방과 새로운 사회 건설에 필요한 물질적 조건이 마련되지 못하는 한, 이 이론가들은 피억압 계급의 고통을 덜어 주려고 임시방편 제도들을 구상하고 구원의 과학을 찾아다니는 공상가로 남아 있다. 그러나 역사가 전진하고 프롤레타리아의 투쟁이 더 명확한 모습을 갖추면, 이 이론가들은 더는 자신의 머릿속에서 과학을 찾지 않아도 된다. 즉, 눈앞에서 벌어지는 일을 주시하고 스스로 그것을 대변하기만 하면 된다.[34]

사회주의와 마르크스주의 사상사를 훑어봐도, '레닌-카우츠키'의 '분리 발전'론을 분명히 논박할 수 있다. 사회주의와 사회주의 혁명이라는 사상은 마르크스가 발명하거나 발견한 것이 아니다. 오히려 그것은 영국과 프랑스 부르주아 혁명의 극좌파 사상으로서 대중투쟁 가운데서 나타났다. 수평파와 바뵈프의 '평등파의 음모'를 보라(마르크스는 바뵈프의 '평등파의 음모'를 세계 최초의 공산당이라 불렀다). 《마르크스주의와 자유》라는 책에서 라야 두나예프스카야는 미국 남북전쟁과 영국 노동자들의 노동시간 단축 투쟁이 《자본론》의 구조에 미친 영향을 다음과 같이 썼다.

마르크스의 천재성이 마치 그가 살던 당시의 현실 투쟁과는 무관하게 발전한 것인 양 극구 추켜세우는 사람들은 마르크스가 이룬 업적의 위대함을 가장 모르는 사람들이다. 마르크스가 현실의 노동자들, 즉 생동하는 현실을 행동으로 바꿔 나가는 사람들한테서 자극을 받은 것이 아니라, 마치 자신

의 사상의 발전에서만 자극받은 것처럼 극찬하는 사람들도 마찬가지다.[35]

실제로 마르크스는 노동계급이 기존 국가기구를 단지 인수할 것이 아니라 파괴해야 한다는 점을 파리코뮌의 노동자들한테서 배웠다.

그리고 역사는 노동자들이 자발적으로 노동조합 운동이나 노동조합 정치보다 훨씬 높은 수준까지 도달한 수많은 사례를 보여 준다. 즉, 영국의 차티스트운동, 프랑스의 1848년 혁명과 파리코뮌, 1905년과 1917년 2월의 러시아 노동자들, 1956년 헝가리 혁명 등이 그것이다.

그러나 레닌이 당시 자기 견해를 이론적으로 뒷받침하려고 취한 방식을 이렇게 비판한다고 해서 레닌의 전기 작가 몇 사람이 주장하듯이 레닌 당 이론의 기초가 모두 무너지는 것은 아니다. 노동자들이 자발적으로 사회주의 의식을 획득한다는 사실을 인정한다고 해서 사회민주주의의 점진주의 견해로 돌아가야 하는 것은 아니다. 사회주의 의식은 필연적으로 꾸준히 축적되면서 점진적으로 발전하는 것이 아니기 때문이다. 오히려 노동자들의 의식은 갑자기 엄청나게 도약했다가 마찬가지로 파국적 후퇴를 겪을 수 있다. 계급 전체도 의식이 균등하게 발전하는 것이 아니다. 그래서 선진적인 사회주의 노동자들의 의식은 조직되고 집중돼야 한다. 그래야 계급 전체(이데올로기가 이질적인)에 미치는 그들의 영향력이 극대화할 것이다. 이 견해는 이 책의 뒷부분에서, 특히 로자 룩셈부르크의 공헌을 다룰 때 다시 제기하고 발전시킬 것이다.

4. 볼셰비키와 멘셰비키의 분열

《무엇을 할 것인가?》는 중요한 이론적·역사적·실천적 의미가 있기 때문에 볼셰비즘의 기초를 놓은 저작으로 흔히 여겨진다. 이것은 어떤 의미에서는 옳다. 지금까지 이 저작을 자세히 분석한 것도 이 때문이다. 그러나 러시아 사회민주노동당RSDLP이 볼셰비키와 멘셰비키로 분열한 직접 원인은 《무엇을 할 것인가?》가 아니었다. 오히려 이 소책자는 러시아 전역의 투사들을 불러모았고, 플레하노프·마르토프·악셀로드·트로츠키 등 러시아 마르크스주의의 지도적 지식인들이 모두 《무엇을 할 것인가?》를 지지했으므로 이 소책자는 러시아 사회민주노동당 2차 대회를 위한 투쟁에서 구심점 구실을 했다. 그런데 정작 《무엇을 할 것인가?》의 계획을 실천에 옮기려고 했을 때 분열이 일어났다. 스스로 이론에는 동의한다고 생각한 사람들이, 1903년 런던에서 열린 2차 당대회에서 그 이론을 실제의 규약과 결정에 적용하려 하자 맹렬히 반대하고 나선 것이다.

분열이 진전된 역사는 복잡하고 모호했다. 2차 당대회에서 벌어진 논쟁에 대한 자세한 설명은 레닌이 1903년 분열 직후에 쓴 《일보전진 이보후퇴》라는 저작에 나와 있다. 그 상황을 간단히 요약하면 다음과 같다. 당내에서 이전까지는 통일돼 있던(그리고 득세하던) 〈이스크라〉파가 규약 1조를 둘러싸고 의견이 갈라졌다. 마르토프는 1조를 다음과 같이 정식화했다. "사회민주노동당의 당원 자격은 당의 강령을 받아들이고 물질적 수단으로 당을 지원하고 당의 기구 가운데 어느 하나의 지도를 받아 정기적·개인적으로 협조해서 당을 지지하는 사람으로 한다." 반면에 레닌은 다음과 같이 제안했다. "당의 강령을 받아들이고 물질적 수단으로 당을 지원하고 당의 기구 가운데 어느 하나에 **몸소 참여해서** 당을 지지하는 사람으로 한다."[강조는 몰리뉴] 이 문제를 놓고 〈이스크라〉파는 둘로 갈라졌다. 플레하노프는 레닌을 지지했지만, 표결에 들어가자 마르토프가 아직 당에 남아 있던 반反중앙집중적 '경제주의자'들의 도움을 얻어 다수를 차지했다. 그러나 다음번 회의 때 〈라보체예 델로〉의 경제주의자들과 분트파가 퇴장하자 레닌파가 다수가 됐다. 그 결과 레닌은 〈이스크라〉 편집국의 새로운 후보자 명단을 통과시킬 수 있었다. 결국 6명의 기존 편집국원(플레하노프, 악셀로드, 자술리치, 레닌, 마르토프, 포트레소프)은 3명(레닌, 플레하노프, 마르토프)으로 대체됐다. 마르토프와 그 지지자들은 이 결정을 따르기를 거부했고 마르토프는 〈이스크라〉 편집국에서 사퇴했다. 볼셰비키와 멘셰비키라는 말(각각 '다수파'와 '소수파'라는 뜻이다)은 이 편집국 선거 결과를 두고 나온 말이다. 그러나 공식적으로 이 두 분파가 당의 분파로 계속 유지됐기에 그 이름이 역사적으로 통용된 것이다.

　이 문제를 살펴보려면 두 가지 질문을 던져 봐야 한다. 첫째, 언뜻 보면 문구를 둘러싼 사소한 말다툼처럼 보이는 이 논쟁은 과연 무엇 때문이었는가? 둘째, 이 분열은 레닌의 당 이론 발전에 어떤 영향을 미쳤는가? 마르크스주의 운동에서는 어떤 논쟁이든 진정한 의미를 파악하려면 그 논쟁을 전후 맥락 속에서 살펴봐야 한다. 레닌이 즐겨 이야기했듯이 "진리는 구체적이다." 이런 맥락에서 파울 프뢸리히는 그 상황을 다음과 같이 요약한다.

이 논쟁들을 이해하려면 당시 사회민주주의 운동이 마르크스주의 서클들의 불안정하고 혼란스런 연결망으로 이뤄진 상태였다는 사실과 불법 당 조직이 절대왕정 치하에서 활동해야만 했던 조건을 명심해야 한다. 동시에, 특정 논쟁으로 분명히 표출되지 않고 그저 막연히 느껴지기만 했던 심각한 정치적 대립이 규약 논쟁에서 터져나오고 있었음을 이해해야 한다. 레닌은 미리부터 심각한 위험을 느끼고 있었으며, 당을 더 견고한 조직으로 만들어 그 위험을 피하려고 했다. 그는 다가오는 혁명에서 당이 직면할 엄청난 과제를 알고 있었기에 당을 강철 같은 무기로 단련시키려 했다. 그리고 마지막으로, 〈이스크라〉 그룹 전체에서 오로지 자신만이 확신을 갖고 단호하게 당을 지도할 수 있을 것이라고 생각했다. 레닌은 인간적 고려를 떠나서 매우 객관적으로 이런 결론에 도달했다. 그래서 이 문제에 그토록 집요하게 매달렸던 것이다.

규약 1조로 제안된 두 초안의 문구만 봐서는 이 대립을 거의 알아차릴 수 없다. 확실히 마르토프는 운동의 실제 상황에 맞게 경계가 불분명한 당, 개별 그룹이 매우 자율적인 당을 원했다. 즉, 사회주의자를 자처하는 사람을 모두 광범하고 느슨하게 포괄하는 선동 정당을 원했다. 그러나 레닌은 지역 그룹들의 자율성과 고립성을 극복해서 그들의 정치적 후진성은 물론이고 지나치게 단순하고 화석화한 그들의 사상에 내재한 위험도 피하는 것이 중요하다고 생각했다. 레닌은 계급의 전위로서 계급과 밀접하게 결합되면서도 동시에 계급과 분명하게 구별되는 굳건하고 튼튼하게 조직된 당을 원했다.[36]

그러나 레닌이 집요하게 물고 늘어진, 논쟁의 또 다른 측면이 있었다. 마르토프의 공식은 또 다른 해석이 가능했다. 즉, "당 기구는 자신의 지도를 받아 정기적·개인적으로 협조하는 사람이라면 누구나 당원으로 간주할 권한이 있"고 "위원회가 임무를 부여하고 그 임무가 완수되도록 감독할 것"이라고 해석할 수도 있었다. 이에 대해 레닌은 다음과 같이 논평했다.

> 물론 그런 특별한 임무를 (악셀로드 동지와 마르티노프 동지가 말하는) 노동자 대중이나 수많은 프롤레타리아에게 맡기지는 않을 것이다. 그런 임무는 흔히 교수들 … 고등학교 학생들 … 혁명적 청년들에게 맡길 것이다. … 한마디로 마르토프 동지의 공식은 사문화한 공문구로 남거나 아니면, 주로 그리고 거의 오로지 "지식인들", 즉 "부르주아 개인주의에 철저히 물들어" 있고 조직에 가입하기를 원하지 않는 자들에게만 이로울 것이다. 마르토프의 공식은 **말로는** 프롤레타리아의 광범한 이익을 옹호하지만 **실제로는** 프롤레타리아의 규율과 조직을 기피하는 **부르주아 지식인**의 이익에 기여한다.[37]

라야 두나예프스카야도 논쟁의 핵심 문제로 이 점에 초점을 맞춘다.

> 지역 조직에서 규율을 지키는 것이 레닌의 [조직] 이론의 핵심이었다. 그것이 마르크스주의 이론을 말로만 고수하는 것, 마르크스주의 견해를 선전하는 것, 당원증을 갖는 것보다 훨씬 중요했다. … 레닌은 마르크스주의 지식인들이 지역 조직에서 프롤레타리아의 이데올로기적 규율을 지켜야 한다고 주장했다. 왜냐하면 그러지 않는 마르크스주의 지식인들은 지역 조직의 규율에 불응할 뿐 아니라, 러시아 혁명의 경제적 내용이라는 이론적 규율에도 불응했기 때문이다.[38]

마르토프 지지자들이 레닌에게 격렬하게 반대한 주된 이유는 부르주아 지식인에 대한 그들의 유화적 태도 때문이었다(이것은 이후 볼셰비키-멘셰비키의 차이에서도 똑같은 양상으로 나타난다). 그러나 이런 일탈에 대항하려고 레닌이 카우츠키의 사회민주주의 정설에서 벗어날 필요는 없었다. 멘셰비키의 조직관을 베른슈타인, 조레스 등 국제 사회민주주의의 일반적 기회주의 경향과 같은 것으로 취급할 수 있다고 생각한[39] 레닌은 자기 주장의 정당성을 뒷받침하려고 카우츠키의 글을 길게 인용하기조차 했다.[40] 레닌 사상의 발전에서 결정적이었던 것, 즉 레닌이 새로운 마르크스주의 조직관으로 도약할 수 있게 해 준 것은 [계급의 일부인] 당과 계급 자체를 구별한 것이었는데, 당원 자격 조건에 관한 논쟁 때문에 레닌은 이 문제를 명확히 할 수밖에 없었다.

> 진정한 사회민주주의자로 이뤄진 우리 당 기구들이 강할수록, 당 내의 동요와 불안정이 적을수록, 당이 지도하는 당 주변의 노동계급 대중에게 미치는 당의 영향력도 더 광범하고 다양하고 풍부하고 효과적일 것이다. 당은 노동계급의 전위다. 결코 계급 전체와 혼동해서는 안 된다.[강조는 몰리뉴][41]

이 마지막 문장은 당과 계급의 구별이 모호한 채로 남아 있던 마르크스의 당 개념과 결별했음을 보여 준다. 더욱 결정적인 것은, 당이 계급을 **표상**한다고 보는 사회민주주의 당 개념과도 결별했다는 것이다. 이것이 일시적 결별이 아니라 영구적 결별이 되고 단지 러시아에만 적용되는 것이 아니라 보편적 의미가 있게 된 것은, 레닌이 보안이라는 실천적 필요(물론 이것을 간과하지는 않았지만)나 '외부에서'의식이 도입된다는 잘못된 이론을 근거로 그런 결별을 한 것이 아니라 자본주의에서 프롤레타리아가 처한 객관적 상황을 근거로 결별했다는 점이다.

> 바로 [개인마다] 의식 수준과 활동 수준에 차이가 있으므로 당과 가까운 사람인지 아닌지를 구분해야 한다. … 자본주의에서 노동계급 전체 또는 거의 전체가 사회민주당이라는 전위의 활동과 의식 수준까지 올라갈 수 있다고 생각하는 것은 … 꽁무니 좇기일 것이다.[42]

이 구절에서 가장 중요한 것은 레닌이 반대파를 가리켜 '꽁무니 좇기'라고 비판한 것이다. '꽁무니 좇기'(꼬리를 뜻하는 러시아어 흐보스트^{khvost}에서 유래했다)는 제2인터내셔널의 치명적 약점으로 드러난 '숙명론'을 지칭하는 레닌의 비유적·논쟁적 용어다. 《일보전진 이보후퇴》라는 레닌의 저작에서 선명하게 드러나는 것은 볼셰비키의 활동적·혁명적 세계관과 멘셰비키의 '꽁무니 좇기'식·숙명론적 자기만족 간의 차이다. 트로츠키와 벌인 논쟁이 이 점을 가장 잘 보여 준다.

> "기회주의는 규약의 이런저런 조항이 아니라 더 복잡한 원인(또는 더 뿌리 깊은 원인) 때문에 생겨난다. 즉, 기회주의는 프롤레타리아 민주주의와 부르주아 민주주의의 발전 수준 차이에서 비롯한다." 트로츠키 동지의 이 말은 마르토프의 정식을 정당화하려 할 때 불가피하게 나타나는 여러 주장들 가운데 하나다. 요점은 규약의 조항들이 기회주의를 낳을 수 있다는 것이 아니라, 기회주의에 대항하는 날카로운 무기를 버리는 데 그 조항들이

도움이 된다는 것이다. 따라서 기회주의에 "뿌리 깊은 원인"이 있다고 해서 기회주의에 문을 열어 주는 정식을 **정당화**하는 것이야말로 최고의 꽁무니 좇기다.[43]

트로츠키는 하나의 현상을 분석하고 설명하는 데 그쳤지만, 레닌은 그 설명을 받아들일 뿐 아니라 그것을 이용해 문제를 해결하려 했던 것이다.

03

레닌: 러시아 볼셰비키당에서 국제공산당으로

앞서 봤듯이, 이미 1904년 무렵에 레닌은 당시 널리 받아들여지던 당 개념을 결정적으로 발전시킨 많은 이론들을 개발해 낸 상태였다. 이 때문에, 그리고 1903년 러시아 사회민주노동당의 분열부터 1917년 혁명까지 볼셰비키의 역사적 연속성 때문에 마치 레닌에게 거의 처음부터 서구 사회민주주의와 완전히 다르고 명확하게 완성된 독자적 당 이론이 있었던 것처럼 흔히 생각한다. 그러나 이것은 훨씬 나중에야 분명해진 이론들을 오래전부터 확립된 것으로 착각하는 것이다. 실제로 레닌은 그때까지는 자신이 정설 사회민주주의 노선에서 벗어났다고 생각하지 않았다. 그는 멘셰비키를 베른슈타인파의 '수정주의'와 동일시하고 자신은 독일 사회민주당의 주류인 베벨·카우츠키 경향과 동일시했다.

당시 레닌의 저작에는 카우츠키를 마르크스주의 권위자로 인용한 부분이 많은데, 그런 태도는 제1차세계대전 전까지 변함이 없었다. 카우츠키는 멘셰비키를 편드는 경향이 있었는데도 레닌의 태도가 바뀌지 않은 이유는 러시아의 실제 상황을 카우츠키가 잘 몰라서 그런다고 생각했기 때문이다.[1] 1913년 8월까지만 해도 레닌은 베벨을 가리켜 "노동자 지도자의 귀감"이라고 했고,[2] "독일(과 국제) 사회민주주의의 의회 전술 원칙, 즉 적에게 한치도 양보하지 않는 … (그리고) 항상 최종 목표 달성을 지향하는 원칙"을 완성한 사람이라고 칭송했다.[3] 독일 사회민주당의 보수성을 깨달은 것으로만 보면, 사회민주당 지도자들을 직접 겪은 룩셈부르크는 물론 트로츠키조차 레닌을 훨씬 앞서 있었다. 1906년 초에 이미 트로츠키는 다음과 같이 경고했다.

> 대중이 사회주의를 수용하고 더 조직되고 훈련되는 만큼 유럽의 사회주의 정당들, 특히 그중에서도 가장 큰 독일 사회민주당의 보수성도 강해졌다. 그 결과 프롤레타리아의 정치 경험을 집약하는 조직인 이 사회민주당이 특정 시기에는 노동자와 부르주아 반동 간의 투쟁을 가로막는 직접적 장애가 될지도 모른다.[4]

레닌주의의 '일관성'을 지나치게 강조해, 그의 사상을 모든 것이 처음부터 끝까지 딱 들어맞는 수미일관한 체계로 보는 경향이 널리 퍼져 있다.[5] 위에서 독일 사회민주당에 관한 이야기를 한 것도 그런 경향을 바로잡으려고 든 사례다. 한때 트로츠키는 다음과 같이 말했다. "만일 레닌이 1903년에 앞으로 다가올 시기에 필요한 것을 다 이해하고 공식화했다면 그의 생애 내내 일관된 주장을 펼 수 있었을 것이다. 실제로는 결코 그렇지 않았다."[6] 1903~04년 당시 레닌의 당 이론과 1919년 국제공산당[코민테른] 창립 때의 당 이론은 엄청난 차이가 있다. 레닌은 그런 이론을 한꺼번에 만들어 낸 것이 아니라 계급투쟁에 대응하고 계급투쟁을 일반화하는 과정에서 발전시킨 것이다. 그러므로 마르크스와 마찬가지로 레닌의 이론도 한두 가지 주요 원전에서 발췌한다고 해서 이해할 수 있는 것이 아니라 레닌의 실천 전체를 연구함으로써 이해해야 한다.

1. 1905년의 영향

1903년 당 분열 이후 레닌의 이론에 중대한 영향을 미친 사건은 1905년 혁명이었다. 1905년 혁명의 첫 영향은 볼셰비키와 멘셰비키의 분열 심화였다. 원래 이 둘의 분열은 조직에 관한 것이었을 뿐, 강령이나 전략 문제와는 별로 관련이 없었다. 그러나 이제 혁명의 추진력에 대한 평가를 둘러싸고 근본적 차이로 발전했다. 앞서 지적했듯이 레닌도 혁명의 부르주아적 성격을 상정했지만, 러시아 부르주아지는 보수적이고 유약하고 비겁하므로 프롤레타리아가 농민과 동맹을 맺고 부르주아 혁명을 수행해야 할 것이라고 주장했다. 레닌은 이렇게 혁명적 행동을 추구하는 태도를 구체화하려는 시도로, 사회민주주의자는 부르주아 자유주의자들(카데츠 등)이 농민에게 미치는 영향력을 분쇄하려고 노력해야 하며 프롤레타리아와 농민이 함께 봉기해서 제정을 타도해야 한다고 주장했다. 봉기가 성공하면 혁명적 노동자 당(사회민주노동당)과 혁명적 농민당(사회혁명당)으로 이뤄진 임시 혁명정부가 수립돼 '프롤레타리아와 농민의 민주주의 독재'를 실시할 것이다. 임시 혁명정부는 단시일 내에 봉건제의 잔재를 일소하기 위한 강력한 조처를 취한 후 제헌의회를 소집할 것이다. 그런데 인구의 대다수가 농민이므로 이 의회는 반反사회주의적일 수밖에 없다. 따라서 사회민주주의자들은 사회주의 투쟁을 지도하는 야당이 될 것이다. 이렇게 해서 러시아 혁명은 (1848년 독일 혁명 같은 초라한 타협이 아니라 프랑스 대혁명처럼) 철저한 혁명이 될 것이며 장래 프롤레타리아의 투쟁을 위해서도 최선의 조건을 확보할 것이다.[7]

그러나 멘셰비키는 이런 관점을 거부했다. 그들은 혁명이 부르주아 혁명이므로 그 추진 세력도 부르주아지여야 하며 프롤레타리아는 보조적 구실만 맡아야 한다는 견해로 점차 기울었다. 사회민주주의자는 부르주아 자유주의자들에게 압력을 가해 그들을 '혁명화'해야 하는데, 그때도 그들을 겁먹게 해서는 안 된다는 것이다. 멘셰비키는 '프롤레타리아와 농민의 민주주의 독재'라는 공식을 거부하고, 임시 혁명정부에 참여하는 것도 "부르주아 계급을 혁명에서 뒷걸음치게 해서 혁명의 범위를 축소"시킬 것이라며 반대했다.[8] 멘셰비키는 혁명의 고조기에는 대체로 사건에 끌려다녔지만, 운동이 퇴조하기 시작하자마자 자신들이 사태에 떠밀려 취했던 극단적 태도와 행동을 점점 더 후회했다. 이 과정은 플레하노프의 유명한 말, "우리는 무기를 들지 말았어야 했다"는 말로 절정에 달했다.[9]

레닌은 멘셰비키의 행동을 지켜보며 조직의 기회주의와 정치의 기회주의의 관계를 확신했다. 그래서 비록 볼셰비키 노동자들과 멘셰비키 노동자들이 혁명 투쟁을 함께하며 당의 통일(레닌도 형식적으로는 동의했다)을 요구하는 거대한 압력이 생겨났지만 레닌은 전보다 더 단호하게 자신의 견해에 따른 독자적 조직을 강화하려 했다. "러시아 당내 투쟁의 역사적 의미"라는 1910년 논문에서 레닌은 혁명에서 프롤레타리아의 임무라는 문제를 집중 조명하면서, "하나의 경향으로서 볼셰비즘은 1905년 봄과 여름에 뚜렷한 형체를 띠게 됐다"고 썼다.[10]

1905년 혁명의 둘째 영향은 당과 계급의 관계에 대한 레닌의 이론에서 강조점이 바뀌었다는 사실이다. 《무엇을 할 것인가?》에서 레닌은 사회주의가 '외부에서' 노동계급에 도입돼야 하며 노동계급은 자발적으로는 노동조합운동 수준을 넘어설 수 없다고 주장하면서 자신의 당 이론을 정당화한 바 있다. 그러나 러시아 노동계급의 이 거대하고 자발적인 혁명적 성취[1905년 혁명] 앞에서 레닌의 어투는 완전히 달라진다.

> 조금도 의심할 나위 없이 혁명은 러시아 노동자 대중에게 사회민주주의를 가르칠 것이다. … 그럴 때 노동계급은 공공연한 혁명적 행동을 하고 싶은 본능적 충동을 느낀다.[11]
>
> 노동계급은 본능적으로, 자발적으로 사회민주주의자다.[12]

레닌이 "노동계급 운동의 초보적 본능은 가장 뛰어난 인물들의 이론도 수정할 수 있다"고 지적한 것이 바로 이때다.[13] 또, 이때부터 그는 《무엇을 할 것인가?》에서 제시한 명제에 대해서도 신중한 태도를 취하게 된다. 1907년 레닌은 "《무엇을 할 것인가?》는 논쟁을 통해 '경제주의자들'의 왜곡을 바로잡은 것으로, 이 소책자를 다른 측면에서 보면 안 된다"고 썼다.[14] 그러나 이렇게 재평가했다고 해서 레닌이 당의 과제에 대한 자발성주의적·숙명론적 태도로 복귀했다는 뜻은 아니다(레닌이 멘셰비키를 혹독하게 비판한 것은 바로 그런 태도 때문이었다). "좋은 추종자이지만 나쁜 지도자인 그들은 혁명의 물질적 전제 조건을 이해하고 스스로 진보적 계급들의 선봉에 서려는 당이 역사에서 할 수 있고 또 해야 하는 적극적·지도적·선도적 구실을 무시함으로써 역사유물론을 하찮게 만든다."[15] 경제주의자들의 숙명론과 결별한 《무엇을 할 것인가?》와 《일보 전진 이보후퇴》의 노선은 계속 유지됐고 더 발전했지만, 레닌이 처음 그것을 주장할 때 깔려 있던 엘리트주의적 분위기는 사라졌다. 《민주주의 혁명에서 사회민주주의의 두 가지 전술》에 나오는 다음과 같은 명제는 매우 변증법적이다. "의심할 바 없이 혁명은 우리를 가르칠 것이며 인민 대중을 가르칠 것이다. 그러나 지금 전투 정당이 직면한 문제는 우리가 도대체 혁명에 무엇을 가르칠 수 있는가 하는 점이다."[16]

이런 이론적 변화로 말미암아 레닌은 볼셰비키 내에서 '직업혁명가'인 '위원들'*(레닌 스스로 한두 해 전에는 매우 강조했던)의 세력에 맞서 투쟁해야 했다. 혁명 전의 비밀 활동 시기에는 이 '위원들'이 매우 어려운 상황에서 당을 굳게 확립하는 데 필요한 안정성과 전문 기술을 제공했다. 그러나 어느 정도 타성에 빠지기도 한 그들은 혁명이 시작되자 오히려 보수성을 드러냈다. 특히 그들은 "사회주의를 외부에서 노동계급에게 도입한다"는 이론을 온몸으로 구현한 사람들이었고, 그래서 노동자에게 거만한 태도를 취하는 경향도 있었다. 그 결과 볼셰비키의 각급 위원회에는 사실상 노동자가 거의 없는 실정이었다. 그래서 노동자를 위원회에 참가시키는 문제가 1905년 4월 볼셰비키 3차 당대회에 등장했다. 이때 벌어진 논쟁을 크룹스카야는 다음과 같이 기록했다.

---

* 중견 간부 활동가.

블라디미르 일리치[레닌]는 노동자를 포함시키자는 안을 강력히 옹호했다. 해외 인사들, 보그다노프와 문필가들도 찬성했다. 코미테치크(위원)들은 반대했다. 양측은 모두 매우 흥분했다. …

이 토론에서 블라디미르 일리치는 다음과 같이 연설했다. "나는 우리가 문제를 더 폭넓게 봐야 한다고 생각합니다. 노동자를 위원회에 끌어들이는 것은 교육적 임무일 뿐 아니라 정치적 임무이기도 합니다. 노동자들은 계급 본능이 있으므로 정치적 경험이 거의 없더라도 매우 빨리 충실한 사회민주주의자가 될 것입니다. 나는 우리 위원회에 지식인 두 명당 노동자 여덟 명이 있어야 한다고 강력히 주장합니다. …"

미하일로프(페스톨로프스키)가 "따라서 실제로 지식인에게는 문턱이 매우 낮지만 노동자에게는 매우 높습니다" 하고 말했을 때, 블라디미르 일리치는 "완전히 맞는 말이오!" 하고 외쳤다. 그러나 그의 외침은 코미테치크들이 외친 "말도 안 돼!" 하는 함성 소리에 파묻혀 버렸다. 루만체프는 "페테르부르크 위원회에는 노동자가 한 사람밖에 없지만, 15년 동안 이 위원회의 활동은 계속돼 왔습니다" 하고 말했다. 그러자 블라디미르 일리치는 외쳤다. "정말 창피한 일이오!"[17]

위원회에 노동자를 포함시키는 문제를 둘러싸고 벌어진 논쟁은, 비록 대회에서 레닌이 패배하기는 했지만, 볼셰비키 당원들의 보수적 종파주의에 맞서 레닌이 벌인 투쟁의 한 측면이었을 뿐이다. 레닌이 지지자들과 충돌하게 된 또 한 가지 문제는 소비에트를 대하는 당의 태도였다. 소비에트 의장이었던 트로츠키는 이 역사적 조직에 대한 볼셰비키의 초기 반응을 다음과 같이 묘사했다.

처음에 페테르부르크의 볼셰비키 위원회는 분연히 일어선 대중의 비非당파적 대의기관이라는 이 새로운 기구에 두려움을 느꼈다. 그래서 소비에트에 당장 사회민주주의 강령을 채택하든지 아니면 해산하라는 최후통첩을 보낸 게 고작이었다. 그러나 볼셰비키 노동자들도 포함된 페테르부르크 소비에트 전체는 눈 하나 깜짝하지 않고 그 최후통첩을 무시했다.[18]

해외에 있던 레닌도 이런 태도가 쓸모없음을 깨닫고 볼셰비키 신문 〈노바야 지즌〉에 편지를 기고해 반론을 폈다. 그는 이 편지에서 문제는 소비에트냐 아니면 당이냐가 아니라 "노동자 대표 소비에트와 당 둘 다"이며[19] 소비에트에 "오로지 어느 한 정당만을 지지하라"고 권할 수는 없다고 주장했다.[20] 레닌은 또 다음과 같이 썼다. "내 생각에는 노동자 대표 소비에트는 정치 지도력을 갖춘 혁명의 중심 세력으로서는 그리 광범한 조직이 아니며 오히려 너무 협소한 것 같습니다. 소비에트는 스스로 임시 혁명정부라고 선언하거나 아니면 그런 정부를 구성해야 합니다."[21]

'위원들'과 레닌의 근본 차이는 전자가 혁명 이전 시기에 통용되던 당 개념을 혁명기에 적용하려고 한 반면, 레닌은 혁명으로 떠오른 새로운 세력을 끌어들이고 새로운 과제를 해결하기 위해 당을 완전히 재편하려 했다는 점이다.

우리가 대담한 창의력을 발휘해 새로운 조직을 세우지 못한다면, 전위 구실을 자처하는 것은 모두 근거 없는 짓이므로 당연히 포기해야 할 것이다. 우리가 위원회, 그룹, 모임, 서클 등 기존의 영역·형태·한계에 무력하게 안주해 버린다면, 자신의 무능력만 드러내고 말 것이다. 지금 수많은 서클들이 우리의 도움 없이, 명확한 강령이나 목표도 없이 단지 여러 사건의 충격을 받아 도처에서 생겨나고 있다. … 명백히 사회민주주의적이지 않은 서클을 제외하고는 모든 서클이 당에 직접 가입하거나 당과 제휴하게 하라. 제휴할 때도 그들에게 우리 강령을 받아들이라거나 반드시 우리와 조직적 관계를 맺으라고 요구해서는 안 된다. 그들이 저항 정서를 갖고 있고 혁명적 국제 사회민주주의의 대의에 공감하는 것으로 충분하다. 사회민주주의자가 그들 사이에서 효과적으로 활동할 수만 있으면 되는 것이다.[22]

당 기구는 레닌의 권고를 거부했지만 사태의 진행은 레닌 편이었다. 1905년 11월이 되자 그는 만족스러워하며 다음과 같이 썼다.

3차 당대회에서 나는 당 위원회에 지식인 두 명당 노동자 여덟 명 정도는 있어야 한다고 제안했다. 지금 보면 얼마나 진부해 보이는 제안인가! 이제 우리는 당 조직에 사회민주주의 지식인 한 명당 수백 명의 사회민주주의 노동자가 있기를 염원해야 한다.[23]

레닌이 프롤레타리아의 자발적 능력을 이론적으로 재평가했다고 해서 경제적 숙명론으로 돌아가지 않았듯이, 당 조직에 관한 그의 견해가 바뀌었다고 해서 멘셰비키의 광범한 당이라는 개념을 채택하지는 않았다. 레닌이 **혁명기**에 추진한 당의 개방적 성장은 **오로지** 그 전에 당이 확실한 준비를 해 뒀기에 가능했던 것이다.

우리가 제안한 계획을 실행하면 사회민주주의가 위태로워지지는 않을까? 사회민주주의자가 아닌 사람들이 갑자기 대거 당으로 유입되는 것은 위험하다고 생각할 수도 있겠다. 만일 그런 일이 일어난다면 당은 대중 속으로 사라져 버릴 것이고, 더는 계급의 의식적 전위가 아닐 것이며, 당의 임무는 꽁무니 좇기로 격하될 것이라고 말이다. 그러면 참으로 개탄스러울 것이다. 그리고 만일 우리가 데마고그식 정치로 조금이라도 기우는 경향을 보인다면, 만일 우리에게 당의 원칙이 … 전혀 없거나 당의 원칙이 약하고 흔들린다면, 이런 위험은 틀림없이 매우 심각한 위협이 될 것이다. 그러나 사실은 그런 '만일'이라는 가정은 존재하지 않는다. 우리 볼셰비키는 데마고그식 정치로 기우는 경향을 결코 보인 바가 없다. … 우리는 당에 가입하는 사람들에게 계급의식을 요구해 왔고, 당 발전의 연속성이 엄청나게 중요하다고 강조해 왔으며, 규율의 필요성을 설득하고 모든 당원에게 당 기구 중 어느 하나에서 훈련받을 것을 요구해 왔다. …

모름지기 살아서 성장하는 당이라면 그 안에는 언제나 불안과 동요와 혼란의 요소가 있기 마련임을 잊지 말라. 그러나 이런 요소는 통제할 수 있는 것이며, 확고하고 견실한 사회민주주의자 중핵의 영향력 아래 놓일 것이다.[24]

이렇게 러시아 혁명의 '예행 총연습'[1905년 혁명]에서 얻은 경험은 레닌의 당 이론을 새로운 차원으로 끌어올렸다. 이 경험 덕분에 기회주의에 반대하는 레닌의 태도는 더 확고해졌고, 진정한 **혁명적** 정당을 건설하려는 결의도 더 강해졌다. 또, 당과 계급의 관계에 대한 레닌의 인식도 분명해졌다. 당은 여전히 계급 전체와 구분되는 전위지만, 이제는 사회주의를 '외부에서' 도입하는 탈계급화한 지식인의 당이 아니라 계급의 일부인 선진 노동자의 당이다. 그러나 레닌에게 영향을 미친 것은 단지 혁명의 고조만이 아니었다. 혁명 후의 반동기도 레닌이 당 이론에 중요한 요소를 추가하게 만들었다.

2. 반동기의 단련

1905년 혁명의 패배 후, 무서운 반동이 여러 해 동안 러시아를 휩쓸었다. 도처에서 사기 저하가 나타났고 볼셰비키 조직들은 궤멸하다시피 했다.

이런 상황에 대한 레닌의 대응을 1848년 혁명 패배 이후 마르크스의 대응과 비교해 보면 흥미롭다. 마르크스는 공산주의자동맹을 해체하고 망명객들이 시시한 논쟁이나 벌이도록 내버려 둔 채 물러나 연구에 전념했다. 그러나 레닌은 남아 있는 자신의 당 조직과 당 이론에 필사적으로 매달렸고 온갖 공격에 맞서 격렬히 싸웠다. 그는 다음과 같이 썼다.

> 흑백인조黑百人組*의 수구 꼴통들로 하여금 기뻐 소리치게 하라. 반동이 날뛰게 하라. … 대중과 접촉하는 끈질긴 활동으로 자신을 강화하는 데 성공한 당, 자기 계급의 전위를 조직하는 데 성공하고 사회민주주의 정신으로 프롤레타리아의 모든 생활에 영향을 미치려고 힘을 쏟는 선진 계급의 당, 이런 당은 무슨 일이 있어도 승리할 것이다.[25]

---

* 제정 러시아의 극우 테러 단체.

레닌은 자신이 원하는 당을 지키고 건설하기 위해 많은 분파 투쟁을 벌여야 했다. 이러한 분파 투쟁 중 가장 중요한 세 가지는 (1) 우파인 '청산주의자들'에 맞선 투쟁, (2) 초좌파인 '소환파'에 맞선 투쟁, (3) 중간파인 '화해주의자들'에 맞선 투쟁이었다. 이 투쟁들은 매우 격렬하고 복잡했는데, 그 결과로 나온 논쟁의 이론적 수준이 반드시 높은 것은 아니었다. 그러므로 여기서 그것들을 상세히 설명할 필요는 없다. 그래도 논쟁 과정에서 드러난 중요한 일반 원칙 몇 가지는 지적할 만한데, 그것들은 나중에 레닌에게 큰 도움이 됐다.[26] 첫째, 당은 공격 조직일 뿐 아니라 '질서 정연한 후퇴'를 위한 조직이기도 하다는 것이다. "패배한 모든 야당과 혁명적 정당 가운데 볼셰비키는 가장 질서 정연하게 후퇴했고, 자기 '군대'의 손실을 최소화했고, 당의 중핵을 가장 탁월하게 보존했다."[27] 둘째, "불법 활동과 '합법 기회'의 활용을 조합하는" 원칙이다.[28] 셋째, 기회주의에 맞선 투쟁을 그 조직적 결론까지 밀고 나아가 모든 비혁명적 요소와 결별한다는 원칙이다.

이 중 셋째 원칙은 참으로 레닌주의의 독특한 정수精髓다. 그 결과 1912년 러시아 사회민주노동당(볼셰비키파)은 완전히 분리·독립한 당으로 공식 창립된다. 독일에서도 카우츠키는 베른슈타인과 이론 문제로 논쟁했지만 그렇다고 해서 수정주의자들이 사회민주당에서 쫓겨나지는 않았다. 로자 룩셈부르크도 카우츠키와 사회민주당 중간파에 맞서 싸웠지만 조직을 따로 만들지는 않았다. 트로츠키 역시 청산주의와 소환파에 모두 반대하고 멘셰비키 노선에 대해서도 레닌만큼 비판적이었지만,[29] 그래도 분열에는 적극 반대했다. 1903년 당시의 분열은 대체로 멘셰비키의 작품이었고 레닌도 재통합을 은근히 지지한 적이 많았다. 그러나 이제는 레닌 스스로 멘셰비키와 완전히 갈라선 것이다. 이런 점에서도 레닌의 견해는 과거보다 발전한 셈이다.

반동기 동안 레닌이 벌인 단호한 투쟁 덕분에 볼셰비키는 노동계급 운동이 다시 전진하기 시작하자 완전한 독자 정당으로서 활동하기 시작했다. 1912년 4월 4일 레나 금광에서 일어난 광원 학살 사건은 완만히 움직이고 있던 운동을 크게 자극했다. 이 사건으로 방방곡곡에서 파업과 항의 집회, 시위 물결이 일었으며, 이 물결은 40만 명 규모의 메이데이 파업으로 절정에 달했다. 레닌은 합법 일간지인 〈프라우다〉를 발간해서 이런 상황에 개입했다. 〈프라우다〉 창간호는 레나 학살 후 18일째 되는 날에 나왔다. 〈프라우다〉는 비타협적인 혁명적 정치 노선과[30] 함께 노동자들이 일상적 조건과 투쟁을 보고한 기사를 많이 실었다. 이런 노동자들의 편지와 투고가 한 해 동안 1만 1000통이나 실렸다.[31] 〈프라우다〉의 발행 부수는 하루 4만 부가 넘었으며 신문을 위해 모금하려는 노동자 그룹들도 형성됐다. 이로써 합법 대중정당의 부재로 생긴 난점은 메워지고도 남았다. 레닌은 이 모금을 면밀하게 분석한 자료를 근거로 볼셰비키가 정치적으로 각성한 노동자들 사이에서 명백한 주도권을 획득했음을 입증했다. 1913년에 〈프라우다〉는 2181개의 그룹한테서 기부금을 받았지만, 멘셰비키 신문은 661개의 그룹에게서 기부금을 받았다. 1914년에는 5월 13일까지 〈프라우다〉에 기부금을 보낸 그룹이 2873개였던 반면, 멘셰비키는 671개였다.[32] 이 사실에서 레닌은 다음과 같은 결론을 이끌어 냈다. "프라우다파의 노선, 프라우다파의 결정, 프라우다파의 전술은 계급의식을 갖춘 러시아 노동자 가운데 5분의 4를 단결하게 만들었다."[33] 그래서 레닌은 혁명가들로만 구성되고 개혁주의·기회주의 편향에 빠지지 않으면서도 노동계급 속에 실질적 기반이 있는 당을 창설한 최초의 마르크스주의자가 됐다.

3. 제2인터내셔널의 가장 혁명적인 지부

여기서 레닌 당 이론의 구현체인 볼셰비키당이 실제로 어떤 모습이었는지, 그리고 '정설' 사회민주주의 정당들과 다른 점은 무엇이었는지 살펴보는 것도 유용할 것이다.

첫째, 물론 볼셰비키는 민주적 자유가 전혀 없고 실질적 노동조합도 없는 나라에서 건설한 불법 정당이었다. 반면에 서구의 대다수 사회민주주의 정당들은 합법성을 획득한 지 오래였다. 따라서 볼셰비키는 독일 사회민주당과 달리 지방 관리, 노동조합 지도자, 국회의원, 지방의원 등으로 구성된 광범한 관료층이 성장하지 않았고 성장할 수도 없었다. 이들은 주위의 엄청난 압력 때문에 '온건'해질 수밖에 없는 계층이다. 이 관료층은 기층 노동자보다 특권적인 지위에 오르고 나면 자신들이 노동운동 안에서뿐 아니라 자본주의 체제 내에서도 계급 간 중재자 구실을 해야 한다는 사실을 깨닫는다. 따라서 이들의 이해관계는 사회 안정과 직결되고, 그래서 그들은 중대한 보수 세력을 형성하게 된다. 국제 사회민주주의 내부에서 이 계층은 개혁주의의 상시적 기반 구실을 했다. 그러나 볼셰비키 지도부와 지역 간부층은 각료직이나 노동조합 관료보다는 감옥이나 시베리아 유형에 더 익숙했다. 그리고 당 자체도 초라한 행정 기구밖에 없었다. 이 두 가지 사실 때문에 볼셰비키당은 상대적으로(절대적이지는 않았다) 관료적 타성에 빠지지 않았던 것이다.

둘째, 볼셰비키당은 그 구성 면에서도 프롤레타리아의 비중이 높았다. 데이비드 레인은 1905년의 볼셰비키 당원 구성을 다음과 같이 분석했다. 노동자 61.9퍼센트, 농민 4.8퍼센트, 화이트칼라 27.4퍼센트, 기타 5.9퍼센트.[34] 그리고 다음과 같이 결론 내렸다. "당의 기층, 특히 대중적 기반을 놓고 볼 때, 볼셰비키는 '노동자' 당이었다고 할 수 있다." 반면 "멘셰비키는 비교적 '프티부르주아'에 속하는 당원이 많은 편이었고 기층 수준에서는 노동계급 기반이 볼셰비키보다 약했던 듯하다."[35] 반동기에는 지식인이 운동에서 대거 이탈했다. 반면 공장 세포들은 비록 고립되기는 했지만 훌륭하게 살아남았다. 그래서 당의 프롤레타리아화는 더욱 진전됐다. 앞에서 언급한 1912~14년의 모금에 관한 레닌의 분석도 위의 설명을 확인해 준다. 1914년 1사분기에 〈프라우다〉가 받은 기부금의 87퍼센트가 노동자의 모금이었고 비노동자의 모금은 13퍼센트였다. 반면 멘셰비키 신문이 받은 기부금은 44퍼센트만이 노동자가 보낸 것이었고 비노동자의 모금이 56퍼센트였다.[36]

당의 불법 상황과 프롤레타리아적 구성이 서로 맞물려 여느 사회민주주의 전통과는 완전히 다른 조직 구조가 만들어졌다. 제2인터내셔널의 정당들은 혁명적 언사와 달리 대개 의회에서 다수를 차지하는 것을 기본 전략으로 삼았다. 그래서 이 정당들의 기초 단위는 거주지나 지리적 경계를 따라 조직됐는데, 그것은 각 선거구에서 당원들을 선거운동에 쉽게 동원하기에 적합했다. 러시아에는 의회 선거라는 것이 없었고(두마 선거도 공장 단위로 이뤄졌다) 보안상의 필요 때문에 볼셰비키는 조직의 기초를 공장에 뒀다. 볼셰비키의 선임 조직가인 오시프 퍄트니츠키는 "볼셰비키의 기층 조직은 언제나 거주지가 아니라 작업장에 있었다"고 썼다.[37] 볼셰비키당은 규모는 작았지만, 이런 조직 구조 덕분에 사회민주주의 정당들보다 훨씬 더 밀접하게 프롤레타리아와 관계를 맺을 수 있었다. 또, 사회민주주의 정당들은 흔히 노동조합의 통제를 거쳐 간접적으로만 공장들과 접촉을 유지했고, 산업투쟁은 노동조합이 맡고 정치투쟁은 정당이 맡는 식으로 분업이 이뤄지고 있었다. 볼셰비키에게는 이런 사실상의 분리가 없었다. 퍄트니츠키는 볼셰비키 공장 세포의 활동에 대해 다음과 같이 썼다.

> 제정 러시아에서 세포는 … 공장 내의 모든 불만을 활용했다. 즉, 관리자의 가혹 행위, 임금 공제, 벌금, 산재 치료 거부 등에 관해 작업대에서 구두로 선동하고, 유인물을 나눠 주고, 공장 문 앞이나 공장 안에서 집회를 열고, 더 계급의식적이고 혁명적인 노동자들만의 독자 집회를 열기도 했다. 볼셰비키는 항상 공장에서 벌어지는 가혹 행위와 제정의 지배 사이에 연관이 있음을 보여 줬다. … 당 세포는 제정을 자본주의 체제와 연결해 선동했다. 그래서 노동운동 초기부터 볼셰비키는 경제투쟁과 정치투쟁의 연관을 확립했다.[38]

이와 같이 볼셰비키당은 단순히 노동계급의 정치적 대표가 아니라 모든 전투에서 계급을 선도하고 지도하려고 애쓰는 개입주의적 전투 정당이었다.

또 하나 중요한 사실은 당원들이 젊었다는 점이다. 1907년에 당원의 거의 22퍼센트가 20세 미만이었고 20~24세가 37퍼센트, 25~29세가 16퍼센트였다.[39] 트로츠키는 이런 사실의 중요성을 다음과 같이 지적했다.

> 지하조직 시절의 볼셰비키는 언제나 젊은 노동자의 당이었다. 멘셰비키는 더 존경받는 상층 숙련 노동자에게 의지했고 그 점을 항상 자부하면서 볼셰비키를 경멸했다. 이후의 사건들은 멘셰비키의 잘못을 냉엄하게 보여 줬다. 결정적 시기에 청년들은 중년층과 노인들까지 자기편으로 끌어들였던 것이다.[40]

데이비드 레인은 다음과 같이 말한다.

> 당의 기층 조직에서 볼셰비키가 멘셰비키보다 젊었으며, 평당원보다는 '활동가' 가운데 젊은 사람이 더 많았다. 이것은 볼셰비키의 조직 구조 덕분에 멘셰비키보다 훨씬 쉽게 청년들이 책임 있는 지위를 맡을 수 있었다는 뜻이다. … 정치적으로 이 청년들이 볼셰비키에게 더 활기차고 강력한 지도력을 제공한 듯하다.[41]

확실히, 당원들이 젊다는 사실은 당이 보수적 타성에 빠지지 않게 한 또 하나의 중요한 요인이었다.

마지막으로, 볼셰비키당은 훈련된 집단이었다. 당 체제의 특징은 민주집중제였지만, 이 말 자체가 그리 중요한 것은 아니다. 이 말은 레닌주의만의 독특한 조직 원리가 결코 아니었다. 멘셰비키나 다른 많은 사회민주주의 정당들도 민주집중제를 이론에서는 받아들였다.[42] 문제는 민주집중제에 대한 실제 해석이었다. 레닌은 민주집중제를 "행동의 통일, 토론과 비판의 자유"라고 정의했다.[43] 즉, 당 강령의 범위 안에서 자유롭게 토론하고 비판해서 명확한 결론을 내린 다음에는 당이 하나로 단결해서 그 결정을 실행하는 것이었다. 혁명가와 개혁주의자, 즉 근본적으로 목표가 서로 다른 사람들이 섞여 있는 당은 현실에서 규율 있는 조직일 수 없다. 그래서 독일 사회민주당은 행정적 집중과 당의 통일을 매우 중요하게 여겼지만 당의 고위 관료와 노조 지도자 등의 규율 위반에 매우 느슨한 태도를 취했다. 규율은 행동을 통일하기 위해 존재한다. 그러나 조직상의 통일이 원칙보다 우위에 있게 되면 진정한 규율은 사라질 수밖에 없다. 레닌은 다음과 같이 썼다.

> 대중이 조직되지 않으면 프롤레타리아는 아무것도 아니다. 조직화, 그것이 전부다. 조직이란 행동의 통일, 실제 활동의 통일을 뜻한다. 그러나 물론 모든 행동은 [운동의] 후퇴가 아니라 전진에 이바지하기 때문에, 또 그럴 때만 가치가 있다. … 원칙에 바탕을 두지 않은 조직은 무의미하며, 사실상 노동자들을 집권한 부르주아지의 불쌍한 부속물로 전락시킨다. … 그러므로 계급의식이 있는 노동자는 심각한 원칙 위반이 일어나면 모든 조직적 관계의 단절이 불가피해진다는 사실을 결코 잊어서는 안 된다.[44]

볼셰비키당은 상황 때문에 어쩔 수 없이 규율이 엄격해야 했다. 그리고 정치가 통일돼 있었기 때문에 필요한 규율을 확보할 수 있었다. 그러나 흔히들 주장하는 것과 달리 이런 규율이 기층 당원들의 독립적 주도력을 가로막지는 않았다는 점을 깨달아야 한다. 행동 통일을 필요하게 만든 바로 그 탄압 때문에 당의 지역 조직들은 독자적으로 행동할 수밖에 없었다. 퍄트니츠키는 다음과 같이 썼다.

> 당의 지역 조직과 세포가 주도력을 발휘하도록 장려됐다. 반동과 전쟁의 시기에는 중앙위원회나 지역위원회 등이 체포돼 아예 존재하지 않은 적도 많았다. 만일 그때 오데사, 모스크바, 바쿠, 티플리스 등지의 볼셰비키가 항상 중앙위원회 등의 지시를 기다렸다면, 어떤 결과가 일어났을까? 그랬다면 볼셰비키는 노동 대중을 끌어당기지도 못했을 것이고 그들에게 영향을 미치지도 못했을 것이다.[45]

이런 모든 요인이 겹쳐 제1차세계대전 전야에 레닌의 볼셰비키당이 만들어졌다. 트로츠키의 말을 빌리면, "제2인터내셔널의 가장 혁명적(실제로는 유일하게 혁명적)인 지부"가 탄생한 것이다.[46]

4. 사회민주주의와의 결별

그러나 트로츠키가 볼셰비키를 가리켜 "제2인터내셔널의 유일한 혁명적 지부"라고 한 것은, 이 시점까지는 레닌의 성과에 한계가 있음을 드러내기도 한다. 왜냐하면 이 말은 볼셰비키가 여전히 사회민주주의의 한 부분이라는 사실을 분명히 보여 주기 때문이다. 다시 말해, 비록 레닌이 실제로는 사회민주주의의 기준과는 완전히 다른 당을 개발했지만 아직은 이 경험을 의식적으로 일반화해 명확하고도 새로운 당 이론을 완성하지는 못했다는 것이다. 세계대전으로 제2인터내셔널이 붕괴한 후에야 레닌은 옛 사회주의와 이론적으로 완전히 결별했고, 독특한 레닌주의 당 이론이 탄생하게 된 것이다.

두루 알다시피 레닌은 유럽의 주요 사회주의 정당들이 모두 과거 정책을 깡그리 무시한 채 전쟁을 지지하자 경악했다. 독일 사회민주당이 전쟁공채 발행을 지지했다고 보도한 〈포어베르츠〉* 기사를 보고 레닌은 처음에 허위 보도라고 생각했을 정도다. 그러나 이런 사회민주주의의 투항이 얼마나 심각한지를 파악하고 나서는 생각이 급속도로 발전했다. 전쟁 발발 후 처음 쓴, 그러나 늦어도 1914년 8월 28일 이전에 쓴 글인 "유럽 전쟁에서 혁명적 사회민주주의의 임무"에서 레닌은 국제 사회민주주의 지도자들을 "사회주의의 배신자"라고 비난하고[47] "인터내셔널은 이데올로기적·정치적으로 파산했다"고 단언했다.[48] 그뿐 아니라 이런 배신과 과거 견해의 포기라는 사태의 배경에는 전쟁 전부터 그런 경향이 오랫동안 계속 작용하고 있었음을 밝혀냈다. 사회주의적 국수주의는 기회주의의 발전된 형태이자 그 산물임이 드러났다. "이[인터내셔널의 — 몰리뉴] 붕괴는 주로 그 속에 프티부르주아 기회주의가 실제로 널리 퍼져 있었기에 일어났다. … 독일 사회민주당의 이른바 중간파와 다른 나라 사회민주주의 정당들은 사실상 기회주의자들에게 무기력하게 굴복하고 말았다."[49] 이런 사실에서 레닌이 끌어낸 결론은 "미래의 인터내셔널은 사회주의 내의 이 부르주아 경향을 단호히 그리고 영원히 제거하는 일을 과제로 삼아야 한다"는 것이었다.[50]

---

* *Vorwärts*(전진). 독일 사회민주당 기관지.

이런 점 때문에 레닌은 옛 인터내셔널을 재통합하거나 재건하려 하지 않았다. "오히려 이 붕괴를 솔직하게 인정하고 이해해야 한다. 그래야 전 세계 노동자의 사회주의적 단결을 새롭게 더 지속적으로 도모할 수 있을 것이다."[51] 그해[1914년] 11월 1일 볼셰비키 중앙위원회는 "기회주의를 제거한 프롤레타리아 인터내셔널 만세"라는 슬로건을 내걸었다.[52] 12월에 레닌은 "저들이 더럽히고 훼손한 사회민주주의자라는 명칭을 버리고 공산주의자라는 과거 마르크스주의자의 명칭으로 돌아가는 게 더 좋지 않을까?" 하고 물었다.[53] 그리고 1915년 2월에 볼셰비키당 협의회는 기어코 '제3인터내셔널'을 창설하겠다고 공식 선언했다.[54]

1914년 무렵만 해도 레닌은 자신이 카우츠키와 베벨의 확실하고 검증된 이론을 제정 러시아라는 특정 상황에 적용하는 정설 사회민주주의자라고 생각했다. 그러나 제3인터내셔널을 창립하겠다는 결정은 정설 사회민주주의의 지도자들이 저버린 전통을 계승하겠다는 것이 아니라 철저하게 배격하겠다는 뜻이었다. 레닌은 제2인터내셔널에 대해 다음과 같이 두 가지 서로 연결된 비난을 퍼부었다. 첫째, 제2인터내셔널은 오래 지속된 '평화'(국가 간 평화뿐 아니라 계급 간의 상대적 평화도 의미하는 그런 '평화') 시기의 산물이었다. 이 시기에 제2인터내셔널은 합법적 방법과 합법적 대중조직의 성장에 익숙해졌다. 제2인터내셔널은 필요할 때 불법 활동으로 전환하려 하지 않았고 그럴 수도 없었다. 둘째, 제2인터내셔널은 기회주의자에게 유리하도록 구성된 혁명가와 기회주의자의 연합이었다.

제2인터내셔널 시대의 사회주의 정당들은 수십 년 동안의 '평화로운' 시기에 형성된 기회주의를 당 내부에 포용했다는 점이 특징이다. … 이러한 특징은 죽지 않고 살아남았다. 만약 전쟁이 1915년에 끝나더라도, 분별 있는 사회주의자라면 1916년에 노동자 당을 재건할 때 기회주의자와 함께 시작하려고 하지는 않을 것이다. 다시 위기가 오면, 그들은 모두 하나같이 … 부르주아지를 편들 것이라는 사실을 경험으로 알고 있기 때문이다.[55]

카우츠키도 제2인터내셔널을 가리켜 "평화를 위한 기구이며 전쟁에는 부적합하다"고 제대로 지적했다. 이에 반해 제3인터내셔널은 분명히 전쟁(제국주의 부르주아지에 맞선 국제적 내전) 기구여야 했다. 따라서 그 대열에 은밀히 이적 행위를 하는 자나 동요하는 자를 포용할 수 없었다. 레닌이 사회민주주의를 비판하기 시작할 때 볼셰비키당의 경험과 멘셰비즘에 대한 투쟁 경험을 바탕으로 사상을 발전시켰다는 것은 분명하다. 그런데 이제 처음으로 이런 경험과 수많은 이론적 통찰을 국제적으로 일반화해, 어디서나 옛 조직 형태를 대체할 수 있는 새로운 당 이론을 정립한 것이다.

그러나 새로운 당 이론 자체만으로는 부족했다. 마르크스주의의 전반적 쇄신이 필요했다. 왜냐하면 당 이론은 계급투쟁을 분석해서 조직에 적용한 것일 뿐이기 때문이다. 사회민주주의 정당들은 마르크스주의를 기계적·숙명론적으로 해석해서, 프롤레타리아의 단결과 프롤레타리아 정당의 성장은 자본주의 발전의 필연적 결과로서 꾸준히 상승하는 순조롭고 조화로운 과정이라고 봤다. 동시에 사회민주주의 정당들 자체가 그런 해석의 산물이기도 했다. 그런 기계적·숙명론적 도식을 바탕으로 카우츠키는 마르크스주의자의 임무를 다음과 같이 정식화했다. "조직을 만들 것, 우리 자신의 힘으로 획득할 수 있고 확보할 수 있는 권력의 요직을 모두 차지할 것, 국가와 사회를 연구하고 대중을 교육할 것, 이 밖의 다른 과제를 우리 자신이나 우리 조직에 부과할 수 없다."⁵⁶ 그리고 목표는 "의회에서 다수 의석을 획득하고 의회를 정부의 주인으로 만들어서 국가권력을 장악"하는 것이다.⁵⁷ 이런 목표는 당이 어리석은 투쟁이나 때이른 투쟁에 휘말려 소중한 '조직'이 붕괴되는 사태를 피하기만 한다면 반드시 실현될 것이다. 그리고 실제로 그런 혼란을 피하는 것이야말로 많은 사회민주주의자의 주된 임무가 됐다. 레닌은 전쟁이 일어난 첫해에 이런 견해를 분쇄하고 미래의 제3인터내셔널을 위한 새로운 이론적 기초를 확립하는 일에 착수했다. 이를 위해 레닌은 다음과 같은 세 가지 주요 이론적 연구 분야에 뛰어들었다. 첫째, 철학. 둘째, 경제학(제국주의 분석). 셋째, 정치학(국가론). 이 셋은 각각 레닌의 당 이론에서 중요한 의미가 있다. 그러므로 여기서는 이 세 가지 문제를 깊이 파고들 수는 없지만, 적어도 중요한 상호 관련성을 지적할 필요는 있다.

철학에 관해서 우리는 이미 레닌이 처음 멘셰비키와 분열할 때 취한 태도의 핵심이 바로 조직 문제에 대한 멘셰비키의 숙명론적('꽁무니 좇기'식) 견해를 거부했다는 점에 있음을 살펴봤다. 당시 레닌의 견해는 기계적 유물론과 철학적으로 단절한 결과라기보다는 그의 날카로운 정치적 직관과 실천적 판단의 산물이었다. 이 점은 《유물론과 경험비판론》에 나오는 그의 표현들을 봐도 잘 알 수 있다.⁵⁸ 그러나 1914년 말 레닌은 헤겔 연구에 몰두했다. 그중에서도 특히 그가 전념한 것은 헤겔 《논리학》이었다. 레닌은 마르크스와 마찬가지로 '변증법'에 관한 저술을 따로 남기지는 않았다. 그래도 레닌이 헤겔의 책에 적어 놓은 방주傍註를 보면⁵⁹ 이 책을 읽고 레닌이 이룩한 철학적 '혁명'을 잘 알 수 있다. 레닌은 드디어 마르크스의 변증법을 명확히 파악하고 소화해 낸 것이다. 이렇게 변증법을 되살리고 마르크스주의 세계관에서 실천의 정당한 지위를 복원함으로써[60] 레닌은 수동적으로 노동계급을 반영하는 당, 철칙 같은 역사법칙이 작용하기를 기다리는 당이 아니라 실제로 역사 발전에 개입하는 당의 철학적 기초를 확립했다.

경제학 방면에서 레닌의 임무는 새로운 인터내셔널, 즉 최종 목표뿐 아니라 당장 혁명적 투쟁 방법을 주창하고 준비한다는 점에서도 혁명적인 인터내셔널을 창립할 수 있는 객관적 조건이 무르익었음을 보여 주는 것이었다.

소책자 《제국주의 — 자본주의의 최고 단계》에서 레닌은 세계 수준에서 혁명이 일정에 올랐음을 증명하려 했다. 레닌 주장의 골자는, 제국주의는 자유경쟁에 기초한 자본주의가 자본집중의 법칙에 의해 그 대립물인 독점자본주의로 바뀐 결과라는 것이었다. 그래서 금융자본이 산업자본을 지배하게 되고 자본의 과잉 축적이 나타났는데, 이런 과잉자본은 노동력이 값싸고 자본이 부족한 후진국에서 출구를 찾을 수밖에 없다는 것이었다. 그 결과 거대한 독점체들과 그들이 속한 '본국' 정부들이 세계를 분할했다. 그런 분할은 힘의 우열에 따라 이뤄질 수밖에 없고, 독점체와 자본주의 열강의 세력 균형은 항상 불안정하기 때문에 또다시 힘에 의존한 재분할 투쟁(즉, 전쟁)이 필연적으로 일어날 것이다. 이런 상황에서 평화는 단지 새로운 전쟁의 전주곡일 뿐이다. 제국주의는 무엇보다 생산의 사회화와 사적 소유 사이의 모순을 격화시켰다. 따라서 제국주의는 자본주의 몰락의 전조이며 '전쟁과 혁명'의 시대가 시작됐음을 알리는 징표인 것이다.

레닌의 제국주의 분석은 새로운 인터내셔널의 객관적 기초를 확립하는 동시에 레닌의 제2인터내셔널 비판에 경제학적 근거를 제공하기도 했다. 레닌은 영국의 산업과 식민지 독점 때문에 영국 프롤레타리아의 일부가 부르주아화했다고 한 엥겔스의 논평을[61] 상기하면서, 제국주의적 독점체는 식민지를 착취해 '초과이윤'을 획득하며, "제국주의 '열강'의 부르주아지는 그 초과이윤으로 '자국' 노동자의 상층을 경제적으로 매수"할 수 있었다고 주장했다.[62] 이런 일이 19세기에는 영국에서만 가능했고, 그 때문에 영국 노동운동은 수십 년 동안 부패하게 됐다. 그런데 이제는 "모든 제국주의 '열강'이 [1848~68년의 영국 노동귀족보다는 — 몰리뉴] 더 소수의 '노동귀족'층을 매수할 수 있고 실제로 매수한다."[63] 이런 식으로 "모든 나라에서 부르주아지는 이미 … 사회주의적 국수주의자들로 구성된 '부르주아적 노동자당'"을 확보했다.[64] 따라서 레닌은 노동계급 운동 내부의 기회주의, 즉 개혁주의는 단지 대안적 학파에 불과한 것도 아니고, [노동계급의] 미숙을 나타내는 징후만도 아니며, 단순히 부르주아 이데올로기의 압력 때문에 생긴 것도 아니라는 사실을 밝혀냈다. 그것은 오히려 "경제적 실체가 있는" 것이었다.[65] 기회주의는 일부 노동자 집단의 당면 이익을 위해 프롤레타리아 전체의 이익을 희생시키는 것이다. '부르주아적 노동자 당' 개념은 기회주의를 프롤레타리아 대열에 침투한 적대 계급의 대리인으로 본다는 것을 의미한다.

당시까지 어떤 마르크스주의자도 명확히 정식화한 적이 없던 이런 기회주의 개념은 레닌의 당 이론에서 매우 중요한 것이다. 레닌의 기회주의 개념은 왜 당 대열에서 개혁주의 경향을 철저히 배제해야 하는지를 근본적으로 설명해 준다. 또, 혁명적 정당은 부르주아지에 맞선 투쟁뿐 아니라 노동계급 내부의 부르주아 조직에 맞선 투쟁도 해야 한다는(방식은 달라야 하지만) 사실을 인정한다. 또, 즉자적 계급에서 대자적 계급으로 전환하기가 쉽지 않다는 것과 그 이유를 유물론적으로 설명해 준다. 레닌은 1901년에도 이 문제를 파악하고 그것을 노동계급 자신의 힘만으로는 사회주의 의식을 획득할 수 없다는 식으로 설명한 바 있다. 그런데 이제는 그것을 프롤레타리아의 역사적 이익과 당면 이익 사이의 모순으로 설명했다. 단기적으로 **노동계급의 소수 계층은** 계급 단결이라는 궁극의 필요보다 프롤레타리아의 당면 이익을 앞세울 수 있다는 것이다. 노동계급의 사회주의적 통일은 변증법적으로, 즉 내부 투쟁을 통해 발전한다. 이 투쟁에서 능동적 구실을 하는 혁명적 정당은 프롤레타리아의 전반적 이익을 당면 이익보다 중시하는 사람들, 즉 국제주의자들로만 당원 자격을 한정해야 한다.

마지막으로, 국가 문제가 있는데, 이것은 제국주의와 전쟁에 관한 논쟁 과정에서 전면에 등장했다.[66] 사회주의 혁명의 본질은 부르주아지에서 프롤레타리아로 국가권력이 넘어오는 것이다. 당 조직은 혁명에서 당이 해야 할 임무에 의해서도 결정되므로 이런 권력 이전의 구체적 양상을 어떻게 예상하는지가 당 이론에서 매우 중요하다. 제2인터내셔널의 이론가들도 권력투쟁에서 폭력, 특히 방어적 폭력을 배제하지는 않았지만, 본질적으로 그들은 혁명이 성공하더라도 국가기구 자체는 그대로 남을 것으로 예상했다. 즉, 당은 기존 국가를 접수해 분명히 요직의 인물들을 바꾸고 조직을 재편하는 등의 일은 하겠지만 국가 구조의 근본을 건드리지는 않을 것이라고 봤다. 국가에 관한 혁명의 과제를 이런 식으로 보면 계급투쟁의 무게중심은 의회와 의회 선거에 있어야 한다고 볼 수밖에 없다. 그래서 카우츠키는 다음과 같이 썼다. "노동조합의 이런 직접행동은 의회 활동을 대체하는 것이 아니라 보조하고 보강할 때만 효과적으로 이뤄질 수 있다."⁶⁷ 그리고 "[의회는 — 몰리뉴] 프롤레타리아의 경제적·사회적·도덕적 지위를 끌어올리는 데 사용할 수 있는 가장 강력한 지렛대다."⁶⁸ 이렇게 보면 당의 지도부는 의원단이 맡아야 한다. 의회에서 다수를 차지해야 혁명정부를 구성할 것이기 때문이다. 이런 견해에 따르면 평당원들은, 그리고 당 밖에 있는 노동자들도 근본적으로 수동적인 구실만 한다. 왜냐하면 그들에게 투쟁하라고 호소할 수는 있을지언정 그들이 스스로 새로운 권력 구조를 창설하거나 운영하리라고 기대할 수는 없을 것이기 때문이다. 사회민주주의의 관료적 혁명관에는 관료적 당 이론이 필요했다.

앞서 살펴봤듯이, 볼셰비키는 전혀 달랐다. 왜냐하면 러시아에는 현대식 '민주주의' 국가가 존재하지 않았고 볼셰비키는 처음부터 불법 정당이었기 때문이다. 그런데 이제 새로운 인터내셔널을 구상하게 된 레닌은 국가 문제를 이론적으로 다뤄야 했다. 그 결과 그는 마르크스가 1848~52년과 1871년의 프랑스 혁명 경험을 일반화해, "노동계급은 단순히 기존 국가기구를 장악해서 그것을 자신들의 목적에 맞게 사용할 수 없다"고 주장한 것을 재발견하고 명료화하고 체계화했다.⁶⁹ 레닌은 이 문제를 다음과 같이 정리했다.

1871년 이후 변한 것은 무엇인가? (의회, 지방정부, 주식회사, 트러스트 등) 도처에서 관료 집단이 급증했다는 것이다. 이것이 첫째다. 둘째는 노동자 '사회주의' 정당들의 4분의 3이 비슷한 관료 집단으로 '성장'했다는 것이다.

따라서 사회애국주의자와 국제주의자의 분열, 개혁주의자와 혁명가의 분열은 훨씬 더 심오한 의미가 있다. 개혁주의자와 사회애국주의자는 관료적 국가기구를 '완성'한다. … 그러나 혁명가는 그것을 '분쇄'해야 한다. 이 '관료적 군사적 국가기구'를 분쇄하고 그것을 새로운 '준(準)국가', 즉 '코뮌'으로 대체해야 한다.

십중팔구 이 모든 문제를 다음과 같이 간단명료하게 표현할 수 있을 것이다. 즉, 옛 ('기존') 국가기구와 의회를 노동자 대표 소비에트로 대체한다. 이것이 핵심이다![70]

국가 분쇄를 목표로 삼는 당은 국가를 인수하려는 당과 같은 방식으로 조직될 수 없다. 국가 분쇄를 목표로 삼는 당은 의회가 아니라 새로운 국가의 모태가 될 작업장에 무게중심을 둬야 한다. 평당원들도 단순히 수동적 유권자나 선전가일 수만은 없다. 그들은 스스로 동료 노동자들의 지도자가 돼야 하며, 노동자들 자신의 새로운 국가기구를 건설하는 사람이 돼야 한다. 게다가 부르주아 국가를 분쇄해야 한다는 명제는 아무리 '자유로운' 민주공화국이라 할지라도 평화적·합헌적 혁명의 가능성을 결국 봉쇄한다.[71] 프롤레타리아 혁명은 그 정의상 대중이 권력을 장악하려고 투쟁하는 것이다. 따라서 모든 혁명적 정당은 그런 투쟁을 지도할 수 있도록 조직돼야 한다. 이것이 뜻하는 바는 합법 기구와 불법 기구를 모두 설립하고, 전투 분대를 조직하고, 군대 내에 당 조직을 건설하는 것 등등이다.

마지막으로, 레닌의 국가론은 권력 장악 이후 노동자 국가와 당은 어떤 관계여야 하는가에 대한 종래의 생각을 근본적으로 바꿔 놓았다. 만일 혁명이 기존 국가의 인수를 뜻한다면 노동자 국가의 계급적 내용은 그 국가를 통제하는 당이 좌우할 것이다. 따라서 당과 국가는 하나로 합쳐져야 한다. 이런 의미에서 사회민주주의자에게 당은 새 국가의 맹아였다. 그러나 기존 국가를 소비에트(노동자평의회)로 대체한다는 레닌의 이론에서 노동자 국가와 혁명적 정당은 분명히 구별된다. 새 국가의 계급적 내용은, 노동계급 전체가 그 국가를 건설하고 그 국가의 운영에 계급 전체가 관여한다는 사실이 좌우한다. "사회주의에서는 … 인민 대중이 투표와 선거뿐 아니라 **국가를 일상적으로 관리하는 데서도 독자적 구실을 할 것이다.**"[72] 당의 임무는 노동자 국가가 되는 것이 아니라, 새로운 국가를 건설하고 강화하는 과정을 앞장서서 이끄는 선진적 소수가 되는 것이다. 크리스 하먼은 이 점을 다음과 같이 말했다. "소비에트 국가는 전체 노동계급의 자주적 활동의 최고 구현체다. 당은 계급 가운데 이 자주적 활동의 세계사적 함의를 가장 명확하게 이해하는 부분이다."[73] 당과 국가는 같은 것이 아니므로 복수의 정당이 노동자 국가의 제도적 틀 안에서 영향력과 행정권을 놓고 경쟁할 수 있다.

이렇듯 레닌의 국가론은 그의 당 이론에 빠질 수 없는 대목이었다. 당을 프롤레타리아의 선진적 소수로 제한한다고 해서, 당이 계급 전체를 대리한다거나 소수의 권력 장악을 시도한다는 뜻은 결코 아니다. 레닌의 국가론이야말로 이 점을 확증해 줬다. 국가론 덕분에 레닌의 당 이론은 "노동계급의 해방은 노동계급 스스로 쟁취해야 한다"는 마르크스주의 기본 원칙에 부합하게 됐다.[74]

이렇게 몇 년 동안 철저하게 연구한 결과, 제2인터내셔널의 이론적 기초는 완전히 무너졌고 이제 레닌의 당 이론도 완전히 형성됐다(그 후에 이론상의 추가나 발전이 전혀 없었다는 뜻은 아니다). 이 새로운 이론은 어쩌다 이룩한 성과가 아니라 마르크스주의 세계관을 포괄적으로 혁신해서 나온 최고의 실천적 결론이었다. 레닌의 이론은 1917년 2월 러시아 혁명으로 결정적인 실천의 검증을 받게 된 데서 보듯이 시기상조도 아니었다. 이제 우리가 던져야 할 질문은 그의 이론이 이 검증을 통과했는가 하는 것이다.

5. 혁명기의 당

러시아 혁명에서 일어난 중대한 사건들은 근본적으로 두 가지 점에서 레닌의 당 이론을 확증해 줬다. 첫째, 러시아 혁명은 원래 소규모였던 조직이 투쟁의 와중에 엄청나게 급성장할 수 있고, 훨씬 더 중요한 점으로, 노동계급 압도 다수의 지지를 얻을 수 있음을 보여 줬다. 1917년 1월까지만 해도 볼셰비키 당원 수는 2만 3600명이었다. 4월 말에는 7만 9204명으로 늘어났고, 8월에는 어림잡아 20만 명이나 됐다.[75] 아마도 10월에는 훨씬 더 늘어났을 것이다. 러시아 전체 인구에 비하면 20만 명이라는 숫자는 여전히 하찮은 수였지만 볼셰비키 당원은, 수는 적지만 정치적으로는 결정적 세력인 노동계급에 집중돼 있었다. 레너드 샤피로도 다음과 같이 썼다. "25개 도시의 조직들이 보낸 회답을 표본으로 보면 도시의 공장 노동자 가운데 볼셰비키로 조직된 비율은 이 시점(1917년 8월)에 1퍼센트에서 12퍼센트까지 다양했다(25개 도시의 평균은 5.4퍼센트였다)."[76] 이 비율은 엄격한 규율을 갖춘 활동가의 당치고는 엄청나게 높은 수치였다. 그것은 주요 산업 중심지, 특히 페트로그라드 같은 곳에서는 볼셰비키가 프롤레타리아의 정치적 지도력을 완전히 장악하고 있다는 뜻이었다. 그래서 1917년 5월 말의 페트로그라드 공장위원회 협의회는 볼셰비키가 다수파를 차지한 최초의 대의기관이었다. 또, 당시 멘셰비키와 사회혁명당이 득세하던 소비에트 집행위원회가 6월 18일 페트로그라드에서 대중 시위를 소집했을 때 약 40만 명이 행진했는데, 그때 나온 팻말과 현수막의 90퍼센트에 볼셰비키 구호가 적혀 있었다. 10월에는 레닌의 오랜 적인 마르토프조차 다음과 같이 쓸 정도였다. "어쨌든, 우리 앞에 있는 것은 승리한 프롤레타리아 봉기라는 사실을 아셔야 합니다. 프롤레타리아는 거의 모두 레닌을 지지하면서, 봉기를 통해 자신들의 사회적 해방이 이뤄지기를 기대하고 있습니다."[77] 9개월 만에 볼셰비키는 아주 미미해 보이던 소수파에서, 러시아에서 가장 강력한 정치 세력으로 떠올랐다.

둘째, 러시아 혁명은 노동계급이 국가권력을 장악하려면 중앙집중적인 혁명적 정당이 반드시 있어야 한다는 사실을 입증했다. 물론 제정을 타도하고 소비에트를 탄생시킨 2월 혁명을 주도한 것은 볼셰비키도 아니었고 다른 정당들도 아니었다. E H 카는 다음과 같이 지적했다.

> 2월 혁명은 … 전쟁의 고통과 명백히 불평등한 고통 분담에 분노한 군중의 자발적 반란이었다. … 혁명적 정당들은 혁명을 일으키는 데서 아무런 직접적 구실도 하지 않았다. 그들은 혁명을 예상하지 못해서 처음에는 약간 당황했다. 혁명 시기에 페트로그라드 노동자 대표 소비에트가 생겨난 것도 중앙의 지시를 받지 않은 여러 노동자 집단의 자발적 행동이었다.[78]

그러나 바로 이 점 때문에 노동자와 병사(군복 입은 농민)가 혁명에서 승리를 거뒀는데도 권력은 노동계급 수중으로 넘어오지 않았다. 오히려 혁명은 임시정부라는 형태로 부르주아지에게 권력을 자진해서 넘겨줬다. 노동자와 병사는 분명히 이런 상황을 좋아하지 않았다. "이미 3월 3일에 병사와 노동자 집회에서는 소비에트가 자유주의 부르주아지의 임시정부를 즉각 몰아내고 스스로 권력을 장악해야 한다고 요구하기 시작했다."[79] 그러나 조직과 정치적 지도가 없다 보니 그들은 자신들의 의지를 관철시킬 수 없었다. 볼셰비키가 대중정당으로 성장해 소비에트에서 다수파가 된 후에야 비로소 이 노동자 국가권력의 맹아는 그 잠재력이 실현될 수 있었다. 대중의 정서를 구체화하고 다양한 혁명적 세력, 즉 노동자, 농민, 병사를 단결시킬 수 있는 간결하고 명료한 정치 강령('빵과 토지와 평화', '모든 권력을 소비에트로')을 정식화할 수 있었던 것도 오직 당을 통해서였다.

또한 당은 실제 봉기를 준비하고 성공시키는 데도 매우 중요한 구실을 했다. 먼저, 성급한 페트로그라드 노동자들과 병사들이 전국에서 고립될 뻔한 '7월 사태'의 때이른 봉기를 막을 수 있었던 것은 러시아 전체 상황을 평가하는 당의 능력, 당의 규율, 노동자들에 대한 당의 도덕적 권위 덕분이었다. 만일 볼셰비키가 제대로 훈련돼 있지 못하고 확립돼 있지 않았다면, 십중팔구 사태에 휩쓸려 파리코뮌이나 1919년 초 독일 봉기 같은 비극으로 끝날 가망 없는 봉기에 끌려 들어갔을 것이다.[80] 그 후 코르닐로프의 음모를 물리치고 나서 [9월 초] 페트로그라드뿐 아니라 전국의 분위기가 유리해지고 제2차 소비에트 대회에서 볼셰비키가 다수파가 될 것이 분명해지자 [9월 하순] 당은 결정적 순간[10월]에 신속하고 원활하게 권력을 장악할 수 있었다. E H 카는 다음과 같이 서술했다. "1917년 10월 25일(신력으로 11월 7일) 사실상 무혈無血혁명의 승리를 조직한 것은 페트로그라드 소비에트와 그 군사혁명위원회의 공적이었다."[81] 그런데 페트로그라드 소비에트는 볼셰비키가 다수파였고, 군사혁명위원회는 한 사람(좌파 사회혁명당 청년)만 제외하고 모두 볼셰비키였다. 게다가 소비에트와 군사혁명위원회가 감행한 봉기를 처음 결정한 것은 소비에트가 아니라 비밀리에 열린 볼셰비키당 중앙위원회였다.[82] 그러지 않았다면 봉기는 성공하지 못했을 것이다. 왜냐하면 무장봉기에서는 시기 선택과 보안이 절대로 중요했기 때문이다. 소비에트에서 그런 문제를 놓고 공공연히 토론을 벌였다면 임시정부가 먼저 알아채고 선제공격 기회를 잡았을 것이다. 소비에트란 본래 정치적으로 이질적인 조직이다. 따라서 엄격한 규율을 갖춘 정치적으로 통일된 단체, 즉 당만이 봉기의 전술적 이해득실을 논의하고 그 실행을 계획할 수 있다. 그리고 권력 장악 직후에도 오로지 볼셰비키당만이 정부를 구성해서, 혁명이 직면한 엄청난 곤란과 혼돈 상황에 대처하려는 통일된 의지와 결단력을 발휘했다.

10월 봉기에서 볼셰비키당의 구실이 두드러졌고 전투 참가자가 비교적 소수였다는 점, 그리고 군사작전이 순식간에 이뤄졌다는 점(적어도 수도에서는) 때문에 많은 논평가들은 이 혁명을 쿠데타로 묘사했다.[83] 즉, 소수 정예가 자신들이 대변한다던 계급과 완전히 무관하게 일으킨 정변이었다는 것이다. 이런 견해는 "소비에트 대회에 걸고 있는 입헌적 환상과 기대에 맞서 투쟁해야 한다. 우리는 소비에트 대회가 열릴 때까지 무조건 '기다려야' 한다는 편견을 버려야 한다"는 레닌의 거듭된 강조 때문에 더욱 강화된 듯하다.[84] 그렇다면, 실제 봉기 과정은 앞에서 논의한 당과 국가의 구별을 완전히 무의미하게 만들어 버린 것은 아닌가? 또, 그것은 레닌주의 소수 전위당 개념이 실제로는 결국 소수의 권력 장악으로 귀결된다는 것을 의미하지는 않는가? 이 질문에 답하려면, 당시 며칠 동안의 싸움에 혁명의 운명 전체가 달려 있었다는 사실뿐 아니라 1917년 한 해 동안 레닌의 정책이 어떻게 발전했는지도 살펴봐야 한다. 레닌은 "4월 테제"에서 처음으로 볼셰비키가 권력 장악 노선으로 나아가야 한다고 주장했지만, 처음부터 그는 "모종의 블랑키식 모험주의"를 경계했다.[85] 레닌은 다음과 같이 썼다.

> 나는 테제["4월 테제"]에서 문제를 노동자·농업노동자·농민·병사 대표 소비에트 안에서 영향력을 확보하려는 투쟁으로 명확히 정리했다. 이 점에 관해 의문의 여지를 없애려고 나는 테제에서 '대중의 실제 필요에 맞게' 참을성 있고 끈기 있게 '설득'하는 노력이 필요하다고 두 번이나 강조했다.[86]

이 '참을성 있는 설득'이 1917년 봄과 여름 내내 레닌과 볼셰비키의 노선이었고, 권력투쟁은 항상 소비에트를 설득하려는 노력과 결합됐다. 레닌은 7월에 소비에트가 결정적으로 반혁명 진영으로 넘어갔다고 보고 '모든 권력을 소비에트로'라는 슬로건을 철회하려 했을 때조차 여전히 신중하게 "결정적 투쟁은 대중 속에서 혁명의 물결이 다시 솟아오를 때만 가능할 것"이라고 경고했다.[87] 또한 그는 소비에트 노선도 포기하지 않았다. "이 새로운 혁명 속에서 소비에트가 나타날 것이며, 이때의 소비에트는 참으로 현재의 소비에트와 달리 부르주아지와 협력하는 기관이 아니라 부르주아지에 맞선 혁명적 투쟁 기관이 될 것이다. 그러면 우리는 확실히 소비에트 모델에 따라 [노동자] 국가를 건설하는 데 찬성할 것이다."[88] 볼셰비키가 소비에트에서 다수를 차지했을 때에야 비로소 레닌은 봉기를 일정에 올렸다.

이런 견해는, 주로 당이 페트로그라드 소비에트를 통해 활동하면서 봉기를 실행했다는 사실과 모순되지 않는다. 왜냐하면 봉기는 본질적으로 파괴 활동이었기 때문이다. 새로운 국가권력 구조는 이미 존재하고 있었으며, 노동자와 병사는 그것을 최고 권력기관으로 인정하고 있었다. 10월 24~25일 밤의 행동은 단지 임시정부를 제거하고 소비에트를 유일한 권력으로 만든 조처였을 뿐이다. 더구나 볼셰비키가 정부 구성 권한을 요구한 근거는 소비에트 다수파라는 지위였지 무력으로 정권을 장악한 세력의 권리가 아니었다. 11월 5일 레닌은 다음과 같이 썼다.

러시아에는 소비에트 정부 말고 다른 정부가 있을 수 없다. 소비에트 권력이 러시아에 수립됐으며, 이제는 혁명을 거치지 않고 단지 소비에트의 결정에 따라서만, 즉 소비에트 대표를 새로 뽑는 선거를 통해서만 이 소비에트 정당에서 저 정당으로 정권이 넘어갈 수 있다. 볼셰비키당은 제2차 전 러시아 소비에트 대회에서 다수파가 됐다. 따라서 볼셰비키당이 구성하는 정부만이 소비에트 정부다.[89]

따라서, 대체로 러시아 혁명이라는 실천의 검증은 레닌의 당 이론을 명쾌하게 확증해 줬다. 러시아 혁명은 원칙과 규율을 갖춘 전위가 사회주의 혁명을 달성하는 데서 결정적 구실을 할 것이라는 레닌의 생각을 완전히 입증했다. 그러나 여기서 경계해야 할 점이 하나 있다. 볼셰비키

당이 실제로 이 구실을 하게 된 과정 자체는 결코 자동적인 것이 아니었다는 사실이다.

레닌이 러시아로 돌아오기 전에 볼셰비키 지도부는 임시정부와 전쟁을 조건부로 지지한다는 견해로 기울어 있었다. 레닌이 처음 임시정부 전복을 지지하고 '모든 권력을 소비에트로'라고 선언했을 때 당 지도부는 아무도 그를 지지하지 않았다. 그들은 '프롤레타리아와 농민의 민주주의 독재'라는 볼셰비키의 전통 공식을 고수하며, 레닌의 견해를 "받아들이기 어려운" 것이라고 비판하는 글을 〈프라우다〉에 실었다. 즉, 가장 면밀하게 준비된 혁명적 정당조차 혁명의 구체적 특징을 모두 예상할 수는 없었던 셈이다. 따라서 그들은 현실에서, 그리고 노동자들한테서 배워야 했다. 이러한 학습 과정을 당 지도부 안에서 수행한 사람이 바로 레닌이었던 것이다. 레닌은 "내 친구인 이론은 회색이지만, 영원한 생명의 나무는 푸르다"고 쓰면서[90] 볼셰비키 지도부를 다음과 같이 비판했다. "우리 당의 역사에서 저 '선임 볼셰비크들'은 새롭고 생생한 현실의 구체적 특징들을 탐구하지 않고 기계적으로 암기한 공식들을 무분별하게 되풀이하다가 아주 유감스러운 구실을 여러 차례 했다."[91] 이처럼, 레닌이 고립된 듯한 처지에서 시작했지만 순식간에 당을 설득할 수 있었던 것은 그의 개인적 신망이 컸기 때문이기도 하지만, 당시 당내로 밀려 들어오던 선진 노동자들의 견해를 레닌이 이론적으로 표현했기 때문이기도 하다. "선임 볼셰비크들"에 대한 레닌의 비판도 산업 지구에서 올라오는 압력에 부합하는 것이었다. 1917년 내내 레닌은 당이 중앙위원회보다 왼쪽에 있고 대중은 당보다 왼쪽에 있다는 말을 몇 번이나 되풀이했다.

심지어 레닌이 4월 협의회에서 원칙적으로 승리한 뒤에도 당의 일부는 계속 동요했다. 이 점은 [10월에] 특히 봉기 문제를 둘러싸고 가장 두드러졌다. 카메네프, 지노비예프, 노긴, 밀류틴, 리코프는 지도부 내에서 그룹을 형성해 봉기 계획에 전면 반대했다.[92] 카메네프와 지노비예프는 당에서 레닌 다음으로 가장 권위 있는 지도자들이었는데도 결정적 순간에 동요한 것이다. 이런 반대를 극복하고 중앙위원회를 흔들어 타성에서 벗어나게 하기까지, 레닌은 중앙위원직을 사퇴하고 평당원들 사이에서 선동하겠다고 위협하는 등[93] 몇 주 동안 분투해야 했다. 권력 장악 직후 지노비예프-카메네프 그룹이 볼셰비키와 멘셰비키·사회혁명당의 연립정부 구성을 주장했을 때도 레닌은 또 한 번 갈라서겠다고 위협했다("지금은 내부에서 고의로 방해 행위를 하고 우리 자신의 결정을 좌절시키고 혼란을 일으켜 기진맥진하는 것보다는 정직한 공개적 분열이 훨씬 나을 것이다"[94]). 그리고 만일 반대파가 당내 다수를 획득한다면 그들끼리 연립정부를 구성하도록 놔두고 자신은 "수병들에게 호소하겠다"고 선언했다.

물론 볼셰비키당의 일부와 때때로 당 전체가 이런 식으로 주춤거렸다고 해서 당의 기본 원칙들이 틀렸음을 입증하는 것은 아니다. 혁명적 격변기라는 상황에서 볼셰비키보다 더 멋지게 임무를 완수한 노동계급 정당은 그 전에는 물론 그 후에도 없었다. 그러나 앞에서 살펴본 볼셰비키당의 동요는 레닌주의 노선에 따른 당 조직이라 하더라도 결코 그 자체만으로 성공을 보장하는 것은 아니라는 사실을 보여 준다. 혁명적 정당은 필수적이지만, 아무리 혁명적인 정당이라도 단지 조직의 안정이 유지돼야 한다는 이유만으로도 보수적 타성에 빠지기 쉽다. 마찬가지로 당을 독자적 기구로 창설한다는 것 자체가 당과 계급의 분리 가능성이라는 위험을 내포한다. 레닌주의 당의 장점은 이런 위험을 제거할 수는 없지만 최소화했다는 점이다. 러시아 혁명에서 레닌의 위대한 점은 뛰어난 당인黨人이었던 그가 결국은 자신의 당을 넘어섰다는 것이다. 말하자면 그는 당을 뛰어넘어 러시아의 노동자·병사 대중에게 직접 다가갈 수 있었으며, 대중에게 설교하기보다는 대중의 요구에 호응함으로써 당도 그렇게 호응하도록 강제할 수 있었다. 이런 생각을 일반 이론으로 표현하면, 레닌이 볼 때 당은 흔히 노동계급에 대해 매우 자율적이어야 하고 당의 주장과 규율은 강력해야 하지만 따지고 보면 당은 여전히 계급에 종속되고 의존하는 존재라고 할 수 있었다. 레닌주의 당 이론은 결코 당에 대한 충성을 물신화物神化하지 않는다. 그런 물신화는 오히려 사회민주주의의 특징이며, 뒷날 소련과 전 세계의 공식 공산당들에서 가장 기괴한 모습과 차원으로 나타났다.

6. 단일 세계 정당

앞서 살펴봤듯이, 레닌 당 이론의 핵심은 1917년 초쯤에는 완전히 형성됐다. 이제 레닌은 10월 혁명으로 이론의 올바름이 입증됐으니, 정치적 권위와 영향력을 가지고 이 이론의 논리적 결론, 즉 국제공산당(공산주의 인터내셔널: 코민테른) 창설에 나설 수 있었다. 국제공산당 창립 대회는 1919년 3월 2일 모스크바에서 개최됐다. 그러나 이 대회는 깃발을 띄우고 취지를 선포한 데 지나지 않았다. 고작 35명의 대표가 참석했으며, 그들은 대부분 과거 러시아 제국의 일부였던 소수민족의 대표였다. 새로운 인터내셔널이 대중투쟁 조직으로서 명확한 형체를 띠게 된 것은 1920년 7월, 217명의 대표가 참석한 제2차 대회였다. 국제공산당의 지도부는 여러 사람이 맡았고 레닌은 앞에 나서지 않은 적이 많았다. 의장은 지노비예프였고, 중요한 선언문은 대개 트로츠키가 작성했다. 그렇지만 레닌의 당 이론을 연구하기 위해 국제공산당 활동을 살펴보는 것은 올바른 일이다. 왜냐하면 레닌은 국제공산당을 발의하고 가장 열렬히 옹호했으며(때로는 자기 지지자들에 맞서 싸우면서까지 옹호했다), 분명히 가장 중요한 전략적 결정들을 제안하거나 승인했기 때문이다.[95] 여기서는 국제공산당의 활동을 매우 간략하고 불충분하게 다룰 수밖에 없다. 이유는 두 가지다. 첫째, 창립 후 처음 몇 년 동안 코민테른이 처리한 당 전략, 전술, 조직에 관한 문제들을 모두 제대로 다루려면 그것만으로도 적어도 책 한 권이 필요할 것이다. 둘째, 지금까지 우리는 주로 레닌의 당 이론이 어떻게 발전했는지를 살펴봤다. 코민테른 활동은 주로 지금까지 논의한 레닌의 당 사상을 적용한 것이었다고 볼 수 있다. 따라서 여기서는 코민테른의 여러 측면 가운데 어찌 보면 새 출발이라고 할 수 있는 부분을 중심으로 주요 윤곽만을 제시하겠다.

제2인터내셔널과 제3인터내셔널의 가장 두드러진 조직적 차이는 전자가 독립된 각국 정당들의 느슨한 연맹체라면 후자는 엄격하게 중앙집중적이었다는 사실이다. 코민테른 2차 대회에서 채택한 규약은 다음과 같이 명시하고 있다. "공산주의 인터내셔널은 명실상부하게 전 세계의 단일한 공산당이어야 한다. 각국에서 활동하는 당은 모두 공산주의 인터내셔널의 개별 지부일 뿐이다."[96] 최고 권한은 해마다 정기적으로 열리는 세계 대회에 있었으며, 대회가 열리지 않는 기간에는 대회에서 선출한 집행위원회가 광범위하게 규정된 권한 내에서 인터내셔널을 운영했다.

집행위원회는 대회가 끝난 후 다음 대회까지 공산주의 인터내셔널의 모든 활동을 지도하고 … 공산주의 인터내셔널에 속하는 모든 정당과 조직에 구속력을 미치는 지시를 내린다. 공산주의 인터내셔널 집행위원회는 국제 규율을 위반하는 집단이나 개인을 축출하며, 세계 대회의 결정을 위반하는 당을 공산주의 인터내셔널에서 추방할 권리도 있다.[97]

이렇게 중앙집중적인 세계 당이라는 인터내셔널 개념은 중대한 발전이었다. 그것은 1914년에 제2인터내셔널을 무너뜨린 민족주의적 분열이 되풀이되지 않게 하려고 고안한 것이기도 했다. 더 적극적인 목표는 임박한 세계혁명을 지휘할 합동참모본부를 창설하는 것이었다. 트로츠키는 이런 조직 형태의 기초가 된 사상을 다음과 같이 깔끔하게 정리했다.

레닌의 국제주의는 민족적 이해관계와 국제적 이해관계를 공허한 말로 조화시키려는 공식이 아니다. 그것은 모든 민족을 포괄하는 혁명적 행동 지침이다. 이른바 문명화한 인간이 살고 있는 이 지구는 다양한 민족과 사회 계급들이 싸우는 단일한 전쟁터라고 할 수 있다.[98]

단일한 전쟁터에서는 단일한 군대와 단일한 최고 사령부가 필요하다. 루카치가 표현했듯이 공산주의 인터내셔널은 "세계 수준의 볼셰비키당(레닌의 당 개념)"이 돼야 했다.[99]

이런 목표를 실현하려면 모든 주요 나라에서 진정한 혁명적 정당을 육성해서 급성장시켜야 했다. 그러기 위해서 코민테른은 기존의 공산주의 단체들과 조류들을 한데 모아 안정된 정당으로 결속시키고 서유럽 사회주의 정당(특히 독일 독립사회민주당USPD, 이탈리아 사회당PSI, 프랑스 사회당)의 평당원들을 최대한 끌어들이고자 노력했다. 이 과정에서 주요한 적은 '중간주의'였다.[100] 왜냐하면 중간주의를 지지하는 평당원들을 설득하려면 중간주의 지도자들의 신뢰를 떨어뜨려야 했고, 또 중간주의 지도자들이 인터내셔널에 들어와 나쁜 영향을 미치지 못하게 막는 것도 중요했기 때문이다. 국제공산당을 지지하는 개혁주의 정당 평당원들의 압력 때문에 개혁주의자들이 국제공산당 쪽으로 다소 이동하면서 이런 중간주의의 위험이 생겨난 것이다. 코민테른 2차 대회에서 레닌은 다음과 같이 경고했다. "공산주의 인터내셔널은 어느 정도 유행처럼 됐으며 … 아직도 제2인터내셔널 이데올로기를 청산하지 않은 채 동요하며 머뭇거리는 단체들의 유입으로 희석될 위험이 있다."[101] 레닌은 1903년에 기회주의에 대항하는 무기로 당 규약 1조를 고집했던 것과 꼭 마찬가지로, 이제 코민테른 가입 조건으로 21개 항을 내걸었다. 이 조건은 매우 엄격했다. 제2항은 "공산주의 인터내셔널에 가입하려는 조직은 개혁주의자와 '중간주의자'를 노동계급 운동의 책임 있는 지위에서 끊임없이 체계적으로 몰아내야 한다"고 요구했다.[102] 제4항은 "군대 내에서 … 조직적 선전·선동"을 강조했다.[103] 제14항에서는 "공산주의자들이 합법으로 활동할 수 있는 나라의 공산당은 당내에 스며들 수밖에 없는 프티부르주아적 인자들을 체계적으로 제거하기 위해 주기적으로 당원을 숙청(재등록)해야 한다"고 했다. 이 21개 항을 요약하며 지노비예프는 다음과 같이 말했다. "내 생각에 중간주의자들이 21개 조건을 통과하기란 낙타가 바늘귀로 들어가는 것과 마찬가지로 어려울 것이다."[104] 대회에 참석한 주요 중간주의 지도자들, 즉 독일 독립사회민주당의 크리스피엔과 디트만, 이탈리아 사회당의 세라티 등이 이의를 제기했지만, 레닌은 [그들이] "근본적으로 카우츠키주의적이며 … 부르주아적 사고에 물들어" 있다고 단호하게 반박했다.[105]

중간주의에 맞선 투쟁과 나란히, 혁명적이지만 초좌파적이거나 신디컬리스트적인 다양한 경향과도 논쟁이 벌어졌다. 이 논쟁은 그래도 훨씬 더 우호적이었다. '좌파'의 오류는 주로 그들이 '젊고' 경험이 없기 때문이었다. '좌파' 중 몇 사람, 특히 스페인 신디컬리스트 대표인 페스타냐와 영국 직장위원회 운동 대표인 태너는 사회민주주의 정당의 기회주의를 너무 혐오한 나머지 프롤레타리아 정당의 필요성조차 함께 부정해 버렸다. 레닌, 트로츠키, 지노비예프는 답변에서 사회민주주의 정당과 공산주의 정당의 차이를 강조하면서 레닌주의 당 이론의 기초를 참을성 있게 상세히 설명했다.[106] 이때 '경제주의'를 비난하지도 않았고 '노동계급 외부에서 도입되는 사회주의' 이야기도 없었다는 사실은 주목할 만하다. 대회에서 채택된 테제는 다음과 같이 선언했다. "혁명적 신디컬리스트들은 흔히 단호한 혁명적 소수파가 중대한 구실을 할 수 있다고 이야기한다. 노동계급 중 진짜 단호한 소수파, 공산주의를 지지하고, 행동하기를 원하고, 강령을 갖고 있고, 대중투쟁을 조직하려고 애쓰는 소수파, 그것이 바로 공산당이다."[107]

이보다 더 어려웠지만 더 유익한 논쟁은, 혁명적 정당의 필요성을 인정하면서도 타협이나 책략을 일절 거부하고 부르주아 의회나 반동적 노동조합에 참여하는 것도 완전히 거부하는 순수한 정책을 추구하려던 사람들과의 논쟁이었다. 독일 공산주의노동자당KAPD(얼마 전에 독일 공산당에서 떨어져 나온 조직이었다), 이탈리아의 보르디가, 네덜란드의 호르터르와 파네쿡, 영국의 갤러처와 실비아 팽크허스트 등이 이런 노선이었다. 레닌이 볼 때는 모두 "낡고 익숙한 헛소리"였지만,[108] 그는 《좌익 공산주의 — 유치증》이라는 책을 써서 그들의 주장에 답변했다. 특별히 코민테른 2차 대회를 위해 쓴 《좌익 공산주의 — 유치증》은 레닌이 혁명적 정당의 전략·전술을 가장 철저하고 명료하게 설명한 책 중 하나다. 이 책에서 레닌은 볼셰비즘의 역사에서 별로 알려지지 않은 에피소드를 몇 가지 이야기하면서 다음과 같이 주장했다. 즉, 노동조합에 남아 있으면서 "어떻게 해서든 그 안에서 공산주의 활동을 계속해야" 하고,[109] "부르주아 의회와 그 밖의 반동적 기관을 모두 없앨 만한 힘이 없을 때는 그 안에서 활동해야 한다."[110] 그는 또 다음과 같이 썼다. "공산주의자의 과제는 후진적 인자들을 설득하고 그들 사이에서 활동하는 것이지, 부자연스럽고 유치한 '좌파적' 구호를 내걸어 스스로 그들과 자신 사이에 벽을 쌓는 것이 아니다."[111] 레닌은 "공산주의자에게 진부한 것이라고 해서 계급에게도, 대중에게도 진부한 것이라고 여겨"서는 안 된다고 강조했다.[112]

《좌익 공산주의 — 유치증》에서 레닌이 제시한 당 개념은 오직 한 방향으로만(일직선으로 곧장) 나아가는 편협한 교리주의 단체 같은 것이 아니다. 오히려 자신이 지도하려는 계급과 접촉이 끊어지지 않도록 책략도 부리고 때로는 타협이나 후퇴도 할 수 있으며 "모든 중간 지점과 모든 타협을 거치면서도 … 최종 목표를 명확히 인식하고 끊임없이 추구"할 수 있는 정당이다.[113] 물론 불가피한 타협과 배신적 타협을 구별하기가 언제나 쉽지는 않지만, 그렇다고 해서 "모든 경우에 들어맞는 처방이나 일반적 규칙("타협은 없다") 따위를 만드는 것은 어리석은 짓이다."[114] 레닌은 구체적 상황을 분석할 줄 알아야 한다고 주장했다.

> 사실, 제대로 된 당 조직과 당 지도자의 임무 가운데 하나는 특정 계급의 사려 깊은 대표자들 전체의 꾸준하고 다양하고 포괄적인 장기간 노력을 통해 복잡한 정치 문제를 신속하고 정확하게 해결하는 데 필요한 지식과 경험, (이런 지식과 경험에 덧붙여) 정치적 재능을 획득하는 것이다.[115]

1919년과 1920년에 코민테른은 기회주의에 맞선 투쟁을 강조하면서 초좌파주의를 훨씬 덜 심각한 편향으로 여겼다. 그러나 1921년에는 사정이 달라졌다. 이미 유럽 전역에서 노동계급 운동은 분열했고 기회주의자와 중간주의자는 인터내셔널에서 축출됐다. 이제는 '좌파주의'에 맞선 투쟁이 더 강조됐다. 근본 이유는 객관적 상황의 변화였다. 전쟁 직후에는 국제적으로 직접적 혁명 투쟁의 물결이 고조됐고 부르주아지는 두려움에 빠졌다. 그래서 인터내셔널의 전망도 즉각적 세계혁명이었다. 그러나 이제 각국 노동계급은 잇따라 패배했고 부르주아지는 자신감을 되찾았다. 어디서나 신생 공산당은 노동계급의 다수를 설득하지 못했음이 명백해졌다.

코민테른의 전략 수정을 촉진한 직접적 계기는 1921년 독일 공산당의 3월 행동 참패였다. 독일 공산당 지도자들은 만스펠트 탄광을 점령한 경찰의 도발에 과잉 반응해, 준비는 물론이고 다수의 지지도 없는데 총파업을 명령했고 그것을 봉기로 전환하려 했다. 노동자들이 호응하지 않으면 강제로 끌고 나오라는 지령이 당원들에게 내려졌으며, 당의 가장 강력한 기반이던 실업자들을 동원해 노동자들의 의사를 무시하고 공장을 점거했다. 그 결과 공산당원 노동자들과 공산당원이 아닌 노동자들 사이에 심각한 싸움이 벌어져, 공산당원 노동자들이 참패했고 당은 파멸했다(당원 수가 3분의 2가량 줄었다).[116] 이것도 모자라 독일 공산당의 '좌파' 지도부는 자신들의 어리석은 모험주의를 체계적으로 일반화해 '공세 이론'이라는 것을 만들어 냈다.

이제 명백히 이런 경향을 끝내야 할 때였다. 레닌은 '공세 이론'이 뚜렷한 하나의 경향을 이루고 있다면, 이제 "이 경향에 맞서 가차없이 투쟁해야 한다. 그러지 않으면 공산주의 인터내셔널은 존재하지 않게 될 것"이라고 선언했다.[117] 1921년 6~7월에 열린 국제공산당 제3차 대회는 '대중 속으로'라는 구호를 채택하고 "오늘날 공산주의 인터내셔널 앞에 놓인 가장 중요한 과제는 노동계급의 다수에게 미치는 영향력에서 우위를 차지하는 것이다" 하고 천명했다.[118] 이제는 "부분적 투쟁과 부분적 요구"에 특별한 주의를 기울여야 했다. "공산당의 임무는 이런 구체적 요구를 위한 투쟁을 확대하고 심화하며 통일시키는 것이다. … 광범한 대중의 필요에 부응하는 이런 부분적 요구를 통해 공산당은 대중을 투쟁으로 이끌어야 할 뿐 아니라 당연히 대중을 조직하기도 해야 한다."[119] 이 새로운 노선의 논리적 결론은 공동전선 정책이었다. 이 정책은 1921년 12월 인터내셔널 집행위원회가 공표하고 1922년 제4차 대회에서 승인한 것이다. 공동전선이라는 발상은 노동계급의 당면 필요에서 나오는 기본적 정치·경제 요구들로 공동 강령을 작성하고 이를 바탕으로 공동 행동을 하자고 사회민주주의 정당 지도자들에게 공개적으로 제안한다는 것이다. 사회민주주의자들이 이에 동의한다면 공산당은 자신이 더 뛰어난 프롤레타리아 옹호자라는 사실을 실제로 증명할 수 있는 기회를 얻게 될 것이다. 사회민주주의자들이 거부한다면 분열의 책임은 모두 그들이 지게 될 것이다. 그러나 이처럼 공동전선은 사회민주주의자들을 공격하는 간접적 무기이기도 했지만, 그것은 자본가와 국가에 맞선 일상 투쟁에서 노동계급이 단결할 필요와 공산당이라는 노동자 정당이 따로 존재하는 현실을 조화시키기 위해 고안된 것이기도 했다.[120]

인터내셔널 소속 정당들이 당면 요구를 위한 이 일상 선동을 더 효과적으로 수행하고 거기에 혁명적 성격을 부여하며 미래의 혁명을 더 잘 준비하려면, 이데올로기·전략·전술뿐 아니라 세부적인 조직·활동 방식까지 모든 것을 '볼셰비키화'해야 했다. 이미 앞에서 혁명 전의 볼셰비키당과 당시의 유럽 사회민주주의 정당의 조직적 차이를 논한 바 있다. 1921년에도 많은 서구 공산당들은 아직 사회민주주의 모델에서 벗어나지 못하고 있었다. 이를 바로잡고자 코민테른 제3차 대회에서는 "공산당의 조직 구조"에 관한 테제를 채택했다. 그리고 각국 지부는 이 테제를 이행해야 했다. 이 테제는 민주집중제를 일반적으로 설명하고 나서 모든 당원이 지켜야 할 의무, 공장과 노동조합 세포의 핵심 임무, 모든 활동을 보고하는 것의 중요성, 불법 연락망의 필요성을 강조했으며, 노동조합 지부의 회의와 활동을 준비하는 방법도 자세히 설명했다.

창립 후 몇 년 동안 수많은 노동자를 단일 세계 정당으로 조직한 코민테른은 여러모로 마르크스주의 혁명운동이 이룩한 최고의 성과였다. 그러나 그것 역시 실패로 끝났다. 당장 세계혁명을 일으키지 못했을 뿐 아니라 얼마 못 가 혁명적 활력을 완전히 잃어버리고 러시아 대외 정책의 유순한 도구가 돼 버렸다. 러시아인들의 득세가 코민테른을 좌초시킨 암초였다. 물론 세계 최초로 성공한 노동자 혁명의 지도자들을 존중하고 그들의 말을 경청하는 것은 어쩔 수 없었다. 게다가 처음에는 이 점이 긍정적 요인이기도 했다. 러시아 지도자들, 특히 레닌과 트로츠키가 유럽의 신생 공산당 지도자 어느 누구보다 이론 면에서나 실천 경험 면에서나 분명히 탁월했기 때문이다. 레닌도 러시아가 지도한다는 사실을 솔직히 인정했지만 그것은 단지 일시적일 뿐이라고 단언했다. "혁명적 프롤레타리아 인터내셔널의 지도부가 당분간(잠시 동안이라는 것은 말할 나위도 없다) 러시아인에게 넘어왔다. 19세기에 인터내셔널의 주도권이 처음에는 영국인, 다음에는 프랑스인, 그다음에는 독일인에게 넘어갔듯이 말이다."[121] 러시아 혁명의 운명이 혁명의 국제적 성공에 달려 있는 한[122] 러시아 지도자들의 탁월성은 인터내셔널에 큰 도움이 됐다. 그러나 이 국제 혁명 노선이 포기되자마자 인터내셔널은 파멸했다.

외국의 공산당이 러시아의 지시에 수동적으로 순종한 것은 두 가지 요인으로 설명할 수 있다. 첫째, 국제 노동운동이 겪은 일련의 패배다. 러시아인들만이 혁명의 성공으로 위신이 있었고 다른 나라 공산당들은 좌절만을 겪으면서 러시아인들에게 도전할 만한 자신감이나 권위를 발전시키지 못했다. 둘째, 볼셰비키가 자신의 경험을 전수하지 못한 탓인데, 뒤집어 말하면 서유럽 공산당들이 배우지 못한 탓이다. 독일, 이탈리아, 프랑스 등지의 공산당은 예컨대 처음에는 우파적이라고, 다음에는 지나치게 좌파적이라고 계속 비판받으며 노선 수정하느라 정신이 없었다. 이 과정에서 그들은 이런 수정의 기초가 되는 레닌주의적 방법을 완전히 소화하지 못하고 단지 모스크바가 언제나 옳다는 생각만 받아들인 듯하다. 그 결과 그들은 독자적·구체적 분석 능력을 결코 발전시키지 못했다. 레닌은 당 지도자들의 이런 분석 능력을 키우는 것이 당의 임무라고 봤는데도 말이다. 1922년 11월 레닌은 코민테른에서 한 마지막 연설에서 이 문제를 해결하려고 노력하기 시작한 듯하지만, 이런 생각을 발전시킬 기회를 얻지 못했다.

1921년 제3차 대회에서 우리는 공산당의 조직 구조와 그 활동 방법과 내용에 관한 결의안을 채택했습니다. 그 결의안은 탁월한 것이지만 거의 완전히 러시아적입니다. 말하자면, 거기 담긴 내용은 모두 러시아의 상황을 바탕으로 하고 있다는 말입니다. 이것은 장점이기도 하지만 단점이기도 합니다. 단점인 이유는, 제가 보기에 그 결의안을 이해할 수 있는 외국인이 없기 때문입니다. … 그리고 … 만에 하나 그것을 이해하는 외국인이 있더라도 그 결의안을 실행에 옮길 수는 없을 것이기 때문입니다. … 우리는 러시아의 경험을 외국인에게 어떻게 제시해야 하는지 배운 적이 없습니다. … 러시아인이든 외국인 동지들이든 우리 모두에게 가장 중요한 것은 차분히 탐구하는 일입니다. … 우리는 일반적 의미에서 탐구하고 있습니다. 그러나 외국인 동지들은 특수한 의미에서, 즉 혁명 활동의 조직, 구조, 방법, 내용을 진정으로 이해할 수 있도록 탐구해야 합니다.[123]

인터내셔널이 실패하고 당시 등장하고 있던 소련 국가 관료의 꼭두각시로 전락했다고 해서 중앙집중적 세계당 개념을 의심해서는 안 된다. 왜냐하면 그 개념은 계급투쟁의 국제적 성격을 반영한 것이기 때문이다. 그러나 그것은 국제공산당 창립이 당 창립에 따르는 장점뿐 아니라 위험도 강화한다는 것을 보여 준다. 코민테른이 건강했다면 러시아에서 진행 중이던 변질 과정을 강력하게 견제했을 것이다. 실제로는 건강하지 못했으므로 코민테른은 스탈린 관료 체제의 든든한 버팀목이 됐다. 코민테른 초기의 경험은 트로츠키 말대로 "귀중한 강령적 유산"을 남겼다.[124] 여기에 덧붙여 초기 코민테른의 문서, 테제, 논쟁과 어떤 점에서는 그 실천도 완전히 발전한 레닌주의 당 이론을 거의 완벽하게 적용한 사례라고 말할 수 있다.

7. 레닌주의의 정수

앞에서도 설명했듯이 레닌의 당 이론은 분명히 매우 복잡하고 다면적인 이론이었다. 앞서 주장했듯이, 이 이론을 완전히 이해하려면 각각의 발전 단계를 그 배후의 실천적·이론적 문제들과 관련지으면서 살펴봐야 한다. 지금까지 우리가 시도한 것이 바로 이 일인데, 이것을 바탕으로 레닌주의 당 이론의 본질을 간략하게 요약해 보겠다.

레닌의 당 이론에는 두 가지 기본 주제가 있다. 첫째, 당은 선진 노동자의 완전히 독자적인 조직이며, 노동계급과 모든 피착취자의 전반적 이익과 국제 사회주의 혁명이라는 최종 목표를 굳건히 옹호한다. 둘째, 당은 노동자와 관련되거나 노동자의 이익에 영향을 미치는 모든 투쟁을 실천적으로 지도함으로써 노동 대중과 최대한 밀접한 관계를 유지한다. 전자는 원칙을 확고히 지키고, 한동안 보잘것없고 고립된 것처럼 보이는 소수파의 처지를 기꺼이 감수하며, 노동계급 내에서 모든 형태의 기회주의에 맞서 과감하게 투쟁한다는 것을 의미한다. 후자는 전술이 매우 융통성 있어야 한다는 것, 대중과 밀접한 관계를 유지하기 위해 모든 수단을 동원할 수 있어야 한다는 것을 의미한다.

이 두 요소는 서로 분리된 것이 아니라 변증법적으로 연관돼 있으며 상호 의존한다. 확고한 원칙과 규율 있는 조직이 없으면, 당은 갑자기 전술을 전환해야 할 때 그러지 못하거나 아니면 전술 전환 때문에 탈선하고 말 것이다. 노동계급의 투쟁에 깊숙이 관여하지 않는다면 당은 규율을 확립할 수도 유지할 수도 없고 다른 계급의 압력에 굴복하고 말 것이다. 노동계급의 일상 투쟁은 자본주의 전복이라는 궁극 목표와 관련되지 않는다면 그 목적을 이루지 못할 것이다. 최종 목표를 당면 투쟁에 연관시킬 수 없는 당은 쓸모없는 종파로 전락해 버릴 것이다. 노동자의 자발적 행동이 발전할수록 의식적인 혁명적 조직의 필요성도 더 커진다. 그런 조직이 없으면 결국에는 재앙적 패배를 겪게 된다. 그러나 혁명적 조직은 대중의 자발적 반란에서 새로운 활력을 공급받지 않으면 유지될 수도 성장할 수도 없다.

이렇듯 볼셰비즘의 특징을 이루는 조직 방식, 즉 당의 경계를 구분하려는 면밀한 노력, 모든 당원의 활동 참가, 엄격한 규율, 완전한 당내 민주주의, 작업장 세포의 중요한 구실, 합법 활동과 불법 활동의 결합 등은 모두 위의 두 요소를 결합할 필요에서 생겨난 것들이다. 레닌주의 당은 혁명적 실천 속에서 결정론과 주의주의主意主義를 마르크스주의 변증법으로 종합한 구체적 표현이다.

지금까지 요약한 두 측면은 레닌의 혁명 활동 내내 유지됐지만, 시기에 따라 한 측면이 다른 측면보다 우세했다. 1903년과 1914년, 그리고 국제공산당 창립 대회와 제2차 대회에서는 당의 독자성이 중시됐다. 1905년과 코민테른 제3차 대회와 제4차 대회에서는 대중과의 관계가 강조됐다. 1917년 10월에는 두 측면이 떼려야 뗄 수 없게 융합됐다. 왜냐하면 노동계급의 당면 요구와 역사적 이익이 하나로 합쳐지는 것이 바로 혁명의 특징이기 때문이다. 레닌의 특출한 재능 하나는 특정 시기에 어떤 측면을 강조할지, 어느 쪽으로 '막대를 구부릴지'를 판단하는 능력이 탁월했다는 점이다.

레닌은 다음과 같이 썼다. "혁명가이자 일반적 사회주의 옹호자가 되는 것만으로는 부족하다. 특정 순간마다 사슬의 특별한 고리를 찾아내서 온 힘을 다해 움켜쥐어야 한다. 그 고리를 움켜쥐면 사슬 전체를 틀어쥘 수 있고 다음 고리로 넘어갈 준비를 확실하게 할 수 있는 그런 고리를 말이다."[125]

모든 마르크스주의자 중에서 레닌은 당 이론 발전에 명백히 가장 크고 중요한 기여를 했다. 그의 사상은 처음에는 러시아 노동계급 운동, 나중에는 세계 노동계급 운동의 조직·전략·전술을 완전히 바꿔 놓았다. 그의 사상은 마르크스 자신을 포함해 다른 마르크스주의자들이 당 이론에 기여한 바를 평가하는 기준이자 중요한 프레임이다.

04

로자 룩셈부르크의 대안

레닌의 당 이론은 노동계급 운동 안팎에서 수많은 비판과 반대에 부딪혔다. 가장 중요한 비판과 가장 분명한 대안을 제시한 사람은 또 다른 혁명적 사회주의자 로자 룩셈부르크였다.

1. 레닌에 대한 반박: 대중의 자발성

로자 룩셈부르크는 폴란드 태생의 혁명가로서 생애의 가장 중요한 시기에 독일 사회민주주의 극좌파의 이론적 지도자로 활약했다. 1899년에 《사회 개혁이냐 혁명이냐》라는 소책자를 써서 베른슈타인을 비판하는 가장 중요한 반대파로 등장했으며, 그 후 카우츠키를 비롯한 중간파의 타성과 보수성을 인식하고 그것에 대항해 싸웠다. 그러나 룩셈부르크가 혁명적 정당의 구실이나, 혁명적 정당과 노동계급의 관계에 대해 독자적 견해를 정립하게 된 것은 러시아 사회주의 운동의 발전에 깊은 관심이 있었기 때문이다.[1] 룩셈부르크는 1903년 러시아 사회민주노동당의 분열에 당혹해했으며 레닌의 견해를 '초超중앙집중주의'라고 생각해 1904년에 유명한 소책자 《러시아 사회민주주의의 조직 문제》를 써서 레닌에게 이의를 제기했다.[2]

이 저작에서 룩셈부르크는, 마르크스주의자라면 응당 그래야 하듯이, 당 조직 문제를 러시아 프롤레타리아 운동 전체가 직면한 독특한 과제와 문제라는 맥락 속에서 다루며 논의를 시작한다. 그녀는 다음과 같이 주장한다. 러시아는 아직 부르주아적 혁명을 성취하지 못했고 여전히 전제군주의 지배를 받고 있다. 그래서 러시아 프롤레타리아는 부르주아적 민주주의에서라면 존재하기 마련인 정치 교육과 조직의 이점을 누리지 못했다. 따라서 러시아

> 사회민주주의는 자력으로 모든 역사적 과정을 만들어 나아가야 한다. 러시아 프롤레타리아가 현재의 '원자화한' 상태(이 덕분에 제정이 연장되고 있다)에서 벗어나 계급 조직으로 나아가도록 이끌어야 한다. 이 조직은 러시아 프롤레타리아가 자신들의 역사적 목표를 자각하고 그 목표를 달성하기 위한 투쟁을 준비하도록 도와줄 것이다. … 말하자면, 전능한 신처럼 러시아 사회민주주의도 이런 조직을 무無에서 창조해 내야만 한다.[3]

룩셈부르크가 볼 때, 고립된 서클이나 지역 조직 등이 과거 러시아의 특징이었으므로 이런 상황을 극복하기 위한 투쟁이라는 맥락 속에서 보

면 "포괄적 전국 조직을 원하는 사람들의 구호가 왜 '중앙집중주의'였는지를 이해할 수 있다."[4]

그러나 "중앙집중주의가 러시아 사회민주주의의 조직 문제를 완전히 해결하는 것은 아니"라고 룩셈부르크는 경고한다.[5] 왜냐하면 비록 "사회민주주의 운동에는 강력한 중앙집중화 경향(자본주의의 경제적 본성에서 비롯한다)이 내재한다는 사실을 부인할 수 없"지만 그것이 지나치면 노동계급 자체의 순조로운 발전과 주도력을 저해할 수 있기 때문이다.[6]

사회민주주의 운동은 계급사회 역사상 처음으로, 모든 국면과 과정에서, 대중의 조직과 대중의 직접적·독자적 행동에 의지하는 운동이다. 이 때문에 사회민주주의는 자코뱅이나 블랑키 추종자들 같은 과거 혁명운동에 흔히 나타난 것과는 전혀 다른 조직 형태를 창조한다.[7]

프롤레타리아는 투쟁 과정 자체에서 계급의식과 조직을 배우고 발전시키기 때문에

훈련소에서 병사들을 교육하듯이 중앙위원회가 당원들에게 가르칠 수 있는 세부적 전술 따위는 존재하지 않는다.[8]

따라서 사회민주주의의 중앙집중주의는 당을 지도하는 중앙에 당원들이 기계적으로 종속되거나 맹목적으로 복종하는 것이 아니다. 따라서 사회민주주의 운동은 이미 당에 가입해 있는 계급의식이 투철한 프롤레타리아의 중핵과, 당에 인접한 대중적 환경, 즉 비당원 프롤레타리아 사이에 엄격한 구분선을 그어서는 안 된다.[9]

로자 룩셈부르크는 레닌이 자코뱅적 조직이나 블랑키적 조직과 사회민주주의 조직 사이의 이런 기본 차이를 잊었거나 깨닫지 못한다고 주장했다. 혁명적 사회민주주의자는 "자신의 계급 이익을 자각하게 된 프롤레타리아 조직과 확고하게 결합한 자코뱅"일 뿐이라는 레닌의 주장을 비판하며 룩셈부르크는 "사실은 사회민주주의가 프롤레타리아 조직과 결합한 것이 아니라 사회민주주의 자체가 프롤레타리아다" 하고 썼다.[10] 따라서 사회민주주의는 초중앙집중적이고 규율 있는 조직 형태에 결코 얽매여서는 안 되며 자유롭게 발전할 수 있어야 한다. 투쟁 전술과 방법 면에서 운동이 이룩한 위대한 진보는 지도자들이나 중앙위원회의 발명품이 아니라 "격동하는 운동의 자연 발생적 결과"다.[11]

무의식이 의식에 선행한다. 역사 과정의 논리가 그 역사 과정에 참여하는 인간의 주관적 논리에 선행한다. 사회주의 정당의 지도 기관들은 보수적 구실을 하는 경향이 있다.[12]

룩셈부르크가 보기에 레닌이 이런 보수적 경향을 감지하지 못한 것은 러시아 상황에서는 특히 위험했다. 러시아의 프롤레타리아 운동은 초기 상태이고 정치적 교육 면에서 아직 완전히 성숙하지 못했기 때문이다.

이 시점에서 당의 주도력을 마비시키거나 철조망 안에 가두려 한다면, 당은 엄청난 과업을 수행할 수 없게 될 것이다.[13]

이런 관료적 족쇄야말로 젊은 노동운동을 권력에 굶주린 지식인 엘리트의 노예로 만드는 가장 확실한 방법일 것이다. 그런 족쇄는 운동을 무기력하게 만들고 중앙위원회가 조종하는 자동인형으로 전락시킬 것이다.[14]

룩셈부르크는 레닌의 '초중앙집중주의'의 위험을 경고하는 이런 일반적 논의에 덧붙여 당 규약과 기회주의 문제도 다룬다. 그녀는 트로츠키의 주장(이 책의 2장 참조)을 되풀이하며 "당 규약으로 기회주의를 막을 수 있다는 생각"을 반박한다.[15] 기회주의는 역사적 산물이며 운동의 불가피한 측면이라는 것이다. 그녀는 "규약에 명시된 조항으로 이런 [기회주의] 경향을 막을 수 있기를 바라는 것은 순진한 생각"이라고 주장한다.[16]

레닌의 조직 이론에 대한 비판을 마무리하면서, 룩셈부르크는 다시 출발점으로 돌아가 러시아 계급투쟁의 전반적 발전이라는 맥락 속에서 이 논쟁을 살펴보며 다음과 같은 웅변조의 인상적인 문구로 글을 끝맺는다.

대단히 유망하고 활발한 [러시아] 노동운동이 조그만 실수도 하지 않도록 전지전능한 중앙위원회가 확실히 후견하게 만들려는 레닌의 지나친 걱정과 의욕을 보면서, 우리는 러시아의 사회주의 사상을 이미 여러 번 기만했던 바로 그 주관주의의 징후를 감지한다.

흥미롭게도, 최근의 러시아 역사에서는 존경할 만한 인간 '자아'가 기묘한 재주넘기를 해야 했다. 러시아 절대왕정이 땅바닥에 내동댕이쳐서 거의 먼지가 돼 버렸던 '자아'가 이제 혁명 활동으로 전향해서 복수하고 있다. 그 자아는 존재하지도 않는 '민중의 의지'라는 이름으로 음모자들의 위원회를 결성해 스스로 모종의 왕좌에 앉아 자신이 전능하다고 선언한다. 그러나

'객체'가 더 강하다는 것이 입증된다. 결국 채찍이 승리한다. 왜냐하면 차르의 권력이 역사의 '정당한' 표현처럼 보이기 때문이다.

이윽고 훨씬 더 '정당한' 역사의 자식이 등장한다. 그것은 러시아 노동운동이다. 러시아의 대지 위에 처음으로 진정한 '민중의 의지'가 형성될 기반이 마련된다.

그러나 여기에 또다시 러시아 혁명가의 '자아'가 끼어든다! 물구나무 선 채로 다시 한 번 자신이 역사의 전능한 지도자라고 선언하는데, 이번에는 '러시아 사회민주당 중앙위원회 폐하'라는 이름으로 선언한다.

이 재주 많은 곡예사는 오늘날 지도자 구실을 할 만한 '주체'는 오로지 노동계급의 집단적 '자아'뿐이라는 사실을 깨닫지 못한다. 노동계급은 실수를 통해 역사의 변증법에서 배울 권리를 요구한다.

간단명료하게 말하자. 역사적으로 볼 때, 진정한 혁명운동이 범하는 오류가 가장 똑똑한 중앙위원회의 무오류보다 훨씬 더 유익하다.[17]

따라서 룩셈부르크가 보기에 레닌의 조직 계획 전체는 역사유물론에서 주관주의나 주의주의(철학 용어로는 관념론) 쪽으로 일탈한 것으로, 미숙한 프롤레타리아 운동과 운동이 당면한 엄청난 과제들이 결합해 생겨난 것이었다. 당과 당 지도부의 구실을 강조한 레닌에 반대해 룩셈부르크는 당 기구의 잠재적 보수성을 강조했고 그것을 투쟁에서 나타나는 대중의 혁명적 자발성과 대비시켰다.

로자 룩셈부르크는 이런 주제를 더욱 발전시켜 1906년에 《대중 파업, 정당, 노동조합》이라는 소책자를 썼다. 이 책은 1년 전 러시아에서 일어난 사건[1905년 혁명]의 의미를 독일 노동계급에게 설명하기 위한 것이었다.

이 책은 《러시아 사회민주주의의 조직 문제》에서 이론적·일반적으로 제시했던 많은 생각들이 1905년 러시아에서 일어난 엄청난 혁명적 격변에서 구체적 현실로 나타났음을 보여 준다. 무엇보다 이 책은 이론가들을 수십 년 동안 괴롭혀 온 문제들을 해결해 버린 노동계급의 주도력과 용기에 대한 찬사다.

룩셈부르크는 1905년이 러시아에서 5년 동안 계속된 대중 파업과 소요의 절정일 뿐이라는 것을 보여 줬다. 이 파업들은 혁명의 내적 성숙이 외적으로 표현된 것이었다. 흔히 이 파업들은 아무 준비 없이, 심지어 파업기금조차 없이 시작됐고, 통념과 달리 노동조합 조직을 따르기는커녕 노동조합보다 앞서 나갔고 노동조합에 강력한 충격을 줬다. 또, 사소한 불만이 파업의 직접 원인이 된 경우도 많았다. 동궁冬宮을 향한 행진으로까지 발전한 1905년 1월 페테르부르크 대중 파업의 발단은 푸틸로프 공장에서 노동자 두 사람이 해고된 사건이었다. 이 모든 파업의 공통점은 투쟁의 자발성이었다. 이 파업들은 예정된 계획에 따른 것도 아니었고 어떤 당이나 지도 기구가 호소한 것도 아니었다. 그런 대중 파업이 일어날 수 있었던 것은 혁명 자체가 대중의 주도력, 용기, 자기희생(여태껏 꿈도 못 꾸던)을 불러일으켰기 때문이다. 운동의 막바지에 러시아 사회민주노동당 중앙위원회가 두마 개회 문제로 대중 파업을 호소했지만 완전히 실패했다고 룩셈부르크는 지적했다.

계급투쟁에 관한 기존의 선입관을 비판하는 룩셈부르크의 주장에서 또 하나 중요한 점은 경제투쟁과 정치투쟁을 기계적으로 분리하는 것(《무엇을 할 것인가?》에 분명히 나타나 있는 이분법)에 대한 공격이다. 러시아 노동자들은 이런 범주로 나눌 수 없다는 것이었다.

그러나 전체 운동은 경제투쟁에서 정치투쟁으로 진행하는 것도 아니고, 그 반대로 진행하는 것도 아니다. 모든 위대한 정치적 대중행동은 그 정치적 정점에 도달하고 나면 수많은 경제 파업으로 쪼개진다. 그리고 이것은 위대한 대중 파업뿐 아니라 혁명 자체에도 적용된다. 정치투쟁이 확산되고 명료해지고 복잡해진다 해도 경제투쟁은 후퇴하지 않을 뿐 아니라 오히려 확산되고 조직화하며 똑같이 복잡해진다. 정치투쟁과 경제투쟁 사이에는 가장 완전한 상호작용이 존재한다.

정치투쟁이 새롭게 시작되고 새로운 승리를 거둘 때마다 그것은 경제투쟁을 향한 강력한 충동으로 전환한다. … 그 반대도 마찬가지다. 노동자들이 자본가들과 끊임없이 경제투쟁을 벌이면 정치적 휴지기에도 노동자 투쟁의 활력이 유지된다.

한마디로 말하면, 경제투쟁은 하나의 정치적 초점과 다른 초점 사이를 이어 주고, 정치투쟁은 주기적으로 경제투쟁의 토양을 비옥하게 해 준다. 여기서 원인과 결과는 끊임없이 자리를 바꾼다. 따라서 지금과 같은 대중 파업의 시기에는, 이론적 계획대로라면 서로 멀리 떨어져 완전히 분리되거나 심지어 상호 배타적이어야 할 경제적 요인과 정치적 요인이 러시아 프롤레타리아 계급투쟁의 얽히고설킨 두 측면일 뿐이다.[18]

이상으로 알 수 있듯이, 소책자 《대중 파업, 정당, 노동조합》은 레닌에 대한 논박인 셈이다. 레닌의 조직 계획이 주관주의적이듯이 대중 파업을 계획하려는 자들도 주관주의적이라는 것이다. 두 저작에서 룩셈부르크가 주장한 요지는 당, 특히 당 지도부의 능력을 과대평가하지 말라고 경고하는 것이었다.

선도적·의식적 지도에는 아주 명확한 한계가 있다. 혁명기에는 프롤레타리아 운동의 어떤 지도 기관도 어느 계기와 요인이 폭발을 불러일으킬 수 있고 어느 것이 그러지 못할지 예견하고 추정하기가 극히 어렵다. 여기서도 주도력과 지도는 자기 의도대로 명령을 내리는 것이 아니라 특정 상황에 가장 기민하게 적응하고 대중의 분위기에 가장 민감하게 반응하는 것이다.[19]

12년 뒤 로자 룩셈부르크는 근본적으로 같은 생각으로 돌아갔다. 그녀는 《러시아 혁명》에서 볼셰비키가 민주주의를 제약한다고 비판했다.

레닌-트로츠키의 독재 이론에 내재한 암묵적 가정은 다음과 같다. 즉, 사회주의적 변혁을 위한 공식은 이미 완결된 형태로 혁명적 정당의 주머니 속에 들어 있으므로, 그 공식을 열정적으로 실천에 옮기기만 하면 사회주의적 변혁이 이뤄진다는 것이다. 불행하게도(아니 어쩌면 다행스럽게도) 이것은 사실이 아니다. … 사회주의 사회체제는 오로지 역사의 산물이어야 하고 그럴 때만 가능하다. 즉, 사회주의 체제는 역사의 경험에서 배우는, 역사의 실현 과정에서, 살아 있는 역사 발전의 결과로서만 나타나야 하고 그럴 때만 가능하다. … 전체 인민 대중이 이 과정에 참가해야 한다. 그러지 않으면 몇몇 지식인들이 책상 위에서 사회주의를 법령으로 선포하게 될 것이다.[20]

2. 당의 구실

로자 룩셈부르크는 이처럼 노동계급의 자주적 행동과 주도력을 열정적으로 강조(이것이 그녀의 모든 정치 사상과 행동의 가장 중요한 특징이었다)함으로써 혁명적 정당의 구실과 본질에 관해 어떤 결론을 이끌어 냈을까? 이 물음에 답하려면 무엇보다 그녀가 이끌어 내지 않은 결론들이 무엇이었는지 알아야 한다. 왜냐하면 룩셈부르크는 이 점에서 자칭 지지자들이나 비판자들한테서 똑같이 오해를 받아 왔기 때문이다.

흔히 주장하는 것과 달리, 룩셈부르크는 혁명적 정당이나 정치적 지도와 아무 상관 없는 순전히 자발적인 혁명 이론을 제시하지 않았다. 이 점은 그녀의 정치 경력 전체를 보더라도 쉽게 입증되며 실제로 그녀가 쓴 저작도 모두 그것을 증명해 준다. 룩셈부르크는 아직 학생이던 어린 시절에 폴란드 프롤레타리아당에 가입한 이래 죽을 때까지 언제나 정당의 당원이었다. 실제로 그녀의 가장 절친한 동지인 레오 요기헤스가 러시아와 비슷한 상황에서 조직한 폴란드 사회민주당SDKPL은 매우 경직되고 중앙집중적이며 음모적인 정당이었다. 《러시아 사회민주주의의 조직 문제》에서 룩셈부르크는 "사회민주주의는 일반적으로 어떤 형태의 지역주의나 연방주의에도 적대적이다. 사회민주주의는 모든 노동자와 모든 노동자 조직을 단일 정당으로 통합하려고 분투한다"고 썼다.[21]

《대중 파업》에서는 한 절을 할애해, 노동조합과 사회민주당이 통일된 행동을 할 때 일반적 권위는 당에 있어야 한다고 역설했다.[22] 1914년 이후 제2인터내셔널이 국수주의로 전락하자 룩셈부르크는 레닌과 마찬가지로 연방적 인터내셔널이 아니라 **중앙집중적 인터내셔널**을 건설하자고 주장했다. 《유니우스 팸플릿》 말미에 부록으로 붙인 "국제 사회민주주의 운동의 임무에 관한 테제"에서는 다음과 같이 썼다.

3. 프롤레타리아 계급 조직의 무게중심은 인터내셔널이다. 인터내셔널은 평화기에는 군국주의, 식민정책, 상업정책, 메이데이 기념행사 등의 문제에 관해 각국 지부가 채택해야 할 전술들을 결정하고, 끝내 전쟁이 일어날 때는 모두가 따라야 할 공동의 전술을 결정한다.
4. 인터내셔널의 결정 사항을 실행할 의무는 다른 모든 것에 우선한다. 여기에 순응하지 않는 지부는 그 순간 인터내셔널의 지부가 아니다.[23]

이것을 보면 레닌과 마찬가지로 로자 룩셈부르크도 노동계급이 혁명적 정당의 지도를 받아야 한다는 것을 인정했음이 분명하다. 레닌과 달랐던 점은 이 당이 어떤 종류의 당이어야 하는가, 그리고 이 당의 임무는 무엇인가에 관한 생각이었다. 룩셈부르크는 노동자들의 투쟁 능력을 확신했으므로 당의 주된 임무는 행동을 실시하기로 하거나 실제로 투쟁을 조직하는 것이 아니라 정치적으로 지도하는 것이라고 봤다. "사회민주주의자들은 대중 파업의 기술적 측면이나 방법을 갖고 골머리를 앓을 게 아니라 혁명의 시기에 정치적 지도를 담당해야 한다."[24]

근본적으로 이것은 당의 임무에 대한 선전주의적 개념이다. 그리고 이런 개념대로라면 당 조직에 필요한 중앙집중주의나 규율의 수준도 달라진다. 레닌이 엄격한 규율을 요구한 것은 무엇보다 행동 통일을 위한 것이었다. 일반적으로 말해서, 선전 활동만 하는 당은 그런 엄격한 체제가 필요 없을 것이다. 자유로운 사상의 교류가 훨씬 더 중요할 것이다.

이 점과 관련해 레닌과 룩셈부르크의 차이를 가장 잘 보여 주는 것 하나는 당 행정과 일상 활동을 대하는 태도의 차이다. 레닌은 항상 당 조직의 온갖 잡다한 일들, 특히 재정이나 당대회 준비 등에 깊이 관여했다. 그러나 룩셈부르크는 독일 사회민주당이나 폴란드 사회민주당 어디에서도 이런 일들에 거의 관여하지 않았다. 그녀의 전기 작가 네틀은 다음과 같이 썼다.

> 어느 시점엔가 룩셈부르크는 조직 문제에 관여해서는 안 되고 공식 협의회나 당대회에도 참여해서는 안 된다는 당(폴란드 사회민주당)의 공식 결정이 내려졌다.[25]

또한 그녀의 관심은 주로 선전 임무에 집중돼 있었으므로, 당 조직의 규율을 따라야 하는 당원과 당 지지자나 동조자를 구분하는 것(레닌에게는 아주 중요했다)은 별로 관심의 대상이 아니었다. 그래서 그녀는 당원과 당에 "인접한 대중적 환경" 사이에 "엄격한 구분선을 그어서는 안 된다"고 경고했다.

따라서 룩셈부르크는 당이 조직력이나 당 자체의 선제 행동을 통해서가 아니라 주로 당의 사상, 강령, 구호를 통해 프롤레타리아에 영향을 미쳐야 한다고 봤다. 반면에 레닌은 이 두 요소를 훨씬 더 대등하게 다뤘다.

레닌과 룩셈부르크의 이런 차이를 다룰 때(비록 그것이 중요하긴 하지만) 균형감을 잃지 않는 것이 중요하다. 다음과 같은 주장도 있기 때문이다. 즉, 룩셈부르크는 당의 성격에 대해 레닌과 의견이 달라서 20세기 혁명적 마르크스주의의 주류에서 근본적으로 분리해 나갔고, 따라서 레닌의 비타협적 독재와 대비되는 민주주의적 마르크스주의, 거의 자유주의적인 마르크스주의를 대변하게 됐다는 것이다. 이런 견해의 주창자 중 한 명인 버트럼 D 울프는 《러시아 혁명, 레닌주의인가 마르크스주의인가》에 붙인 머리말에서 다음과 같이 썼다.

> 그들[레닌과 룩셈부르크 — 몰리뉴]은 둘 다 '혁명적' 사회주의자라고 불렸지만, 서로 다른 기질과 사회주의적 지도의 본질, 당 조직, 노동계급의 주도력과 자주적 행동 등에 대한 이견으로 말미암아 정반대 편에서 대립하게 됐다.[26]

이 주장은 레닌의 '초중앙집중주의'에 반대한 룩셈부르크의 태도는 근본적이었지만, 혁명적 사회주의자라는 그들의 공통점은 우연적이거나 피상적이었다는 것이다. 그러나 이것은 엄청난 왜곡이고 로자 룩셈부르크를 냉전의 이데올로기 싸움에 출정시키는 범죄나 다름없다. 이 점은 울프가 중요한 증거로 제시하는 《러시아 혁명》[27](룩셈부르크 자신의 글이다)에서도 결정적으로 논박되고 있다.

> 볼셰비키는 진정한 혁명적 정당이 역사적 가능성의 한계 안에서 기여할 수 있는 것을 모두 할 수 있음을 보여 줬다. … 그것은 이런저런 부차적 전술 문제가 아니라 프롤레타리아의 행동 능력, 행동할 용기, 사회주의 권력 자체에 대한 의지의 문제다. 이 점에서 레닌과 트로츠키, 그들의 동지들은 전 세계 프롤레타리아에게 모범을 보여 주며 앞서간 선구자였다. 그들은 지금까지

도 여전히 후텐*처럼 "나는 감히 해냈다"고 외칠 수 있는 유일한 사람들이다. 이것이 볼셰비키 정책의 본질적이고 지속적인 측면이다. 이런 의미에서 그들은 국제 프롤레타리아의 선두에 서서 정치권력을 장악하고 사회주의 실현이라는 문제를 실천적으로 제기했고, 전 세계에서 노동이 자본에 대한 강력한 보복에 나서게 하는 등 불후의 역사적 공헌을 했다. 러시아에서는 문제가 제기될 수만 있었고 해결될 수는 없었다. 그리고 이런 의미에서 미래는 어디서나 볼셰비키의 것이다.[28]

더욱이 이 구절을 쓴 지 몇 달 만에 룩셈부르크는 독일 공산당 창립에 참여했다. 가장 구체적 형태로 레닌과 실천적 연대를 한 셈이다.[29]

로자 룩셈부르크는 위대하고 독립적인 사상가였다. 따라서 이론과 전술의 많은 문제에서 레닌과 의견이 다를 수 있었다. 그러나 룩셈부르크와 레닌의 공통점, 즉 혁명적 마르크스주의와 프롤레타리아의 국제적 계급투쟁에 완전히 헌신하는 자세가 훨씬 더 근본적이었다. 그들이 격렬하게 논쟁한 것은 사실이지만 그것은 공통의 [이론적] 틀 안에서 벌인 논쟁이었고, 그들이 베른슈타인이나 훗날 카우츠키와 논쟁한 것과는 완전히 달랐다. 이런 공통의 틀과 공통의 출발점을 이해해야만 당의 성격과 구실에 대한 그들의 견해 차이를 올바로 파악하고 평가할 수 있다.

---

* Ulich von Hutten(1488~1523). 독일의 인문주의자. 루터의 종교개혁을 지지해 1522년 기사전쟁에 참여했으나 패배해 추방됐다.

3. 룩셈부르크 견해의 배경

앞서 말했듯이 레닌과 룩셈부르크가 똑같은 기본 전제에서 출발했다면 당 문제에 대한 견해가 사뭇 다른 이유는 어떻게 설명할 수 있을까? 룩셈부르크의 기질 탓이라고 설명하는 것은 그다지 도움이 안 된다. 설사 그녀가 레닌의 방식들을 싫어했더라도 룩셈부르크는 정치적으로 필요하다고 생각하면 (1917년에 트로츠키가 그랬듯이) 개인 감정을 극복할 수 있는 충분히 훈련된 혁명가였다. 또, 레닌과 룩셈부르크의 견해차를 룩셈부르크의 지적 능력이 부족한 탓으로 돌리는 것은 더더욱 말이 안 된다. 왜냐하면 프란츠 메링이 그녀를 "마르크스와 엥겔스의 과학적 후계자들 가운데 가장 뛰어난 지식인"이라고 묘사한 것은 결코 과장이 아니기 때문이다.[30]

레닌과 룩셈부르크의 의견 차이의 진정한 근원은 그들이 활동한 역사적 상황이 매우 달랐다는 사실에 있다. 비록 《러시아 사회민주주의의 조직 문제》와 《대중 파업, 정당, 노동조합》이 모두 러시아 노동자들의 운동을 주제로 삼고 있지만, 룩셈부르크가 독일 상황과 독일의 경험을 염두에 두고 그것들을 쓴 것 또한 분명하다. 《대중 파업》에는 이런 경향이 뚜렷하지만, 심지어 초기 저작들에서도 초중앙집중주의나 지도부의 보수적 경향을 보여 주는 구체적 사례를 들 때 독일 사회민주당이나 의회주의에 순응하는 사회민주당의 태도를 인용하고 있다.[31] 룩셈부르크의 당 개념을 형성한 것은 무엇보다 독일의 상황이었다. 그런데 독일과 러시아의 노동운동이 처한 조건은 사뭇 달랐다.

첫째, 독일에 오자마자 룩셈부르크는 이미 존재하던 대중정당에 가입했는데, 그 당은 당시까지만 해도 세계에서 가장 크고 가장 성공한(수십만 명의 당원과 수천 개의 지역 조직, 80여 개의 일간지와 수십 년 동안의 투쟁 경험이 있는) 사회주의 정당이었다. 그러나 레닌은 무無에서 당을 건설해야만 했다. 따라서 레닌은 조직, 효율성, 전문성 같은 실천적(따라서 이론적) 문제를 모두 심각하게 고려해야 했지만 룩셈부르크는 이런 문제를 모두 당연한 것으로 받아들일 수 있었다. 당을 어떻게 조직해야 하는가 따위의 문제는 독일 사회민주당 내에서 한 번도 쟁점이 되지 않았으며, 룩셈부르크가 조직의 세부 사항들을 조금이라도 심각하게 생각했다는 증거는 없다. 이 점에서 레닌과 룩셈부르크는 완전히 대조된다.

둘째, 관료제와 질서의 나라라고 할 수 있는 독일에서 사회민주당이나 그에 협력하는 노동조합들은 이미 관료화가 크게 진전돼 있었다는 사실이다. 앞서 지적했듯이, 독일 노동운동에는 특권적이고 비활동적인 상근 간부층이 폭넓게 형성돼 있었고 그들은 말끝마다 '조직'을 내세우며 행동을 회피하기 급급했다. 즉, 아직은 조직이 행동에 나설 만큼 강력하지 않다거나 아니면 섣불리 행동에 나섰다가는 조직이 위태로워진다는 것이었다. 룩셈부르크는 이 점을 레닌을 포함한 다른 어떤 마르크스주의자보다 훨씬 먼저 분명히 간파했고 그것을 격렬하게 거부했다. 그녀가 대중의 자발적 창의성을 그토록 강조한 것은 이런 보수적 관료 집단의 거대한 늪을 돌파하기 위해서였다.

더욱이 독일 노동운동에 부족했던 것이 바로 자발성과 투쟁이었다. 20세기 초에 독일 노동계급의 파업 투쟁 수준은 매우 낮았다. 1900~05년의 6년 동안 연평균 1171건의 파업이 있었고 참가 인원은 12만 2606명이었다(따라서 평균 파업 참가자 수는 건당 겨우 104명이었다).[32] 이

기록을 러시아와 비교해 보자. 러시아는 노동자 수가 훨씬 적었는데도 1903년에는 8만 7000명, 1905년에는 286만 3000명이 파업에 참가했으며(이 가운데 184만 3000명은 정치 파업에 참가했다) 1912년에는 55만 명이 정치 파업에 참가했다.[33] 여기서 알 수 있는 것은, 독일 노동자 운동에는 강대한 사회주의 정당과 훌륭한 조직이 있었지만, 사용자에 대항하는 초보적 계급투쟁에서조차 비교적 허약하고 수동적이었던 반면, 대중정당도 없고 노동조합 조직도 사실상 존재하지 않았던 러시아에서는 노동자들이 사용자는 물론 국가를 상대로도 대대적 전투를 벌이고 있었다는 것이다. 현재 상황에서 빠져 있다고 생각되는 핵심 요소를 극력 강조하는 것은 레닌이나 로자 룩셈부르크 같은 혁명가의 본성이다. 룩셈부르크가 보기에 빠져 있는 요소는 자발성과 아래로부터 대중행동이었다. 레닌은 자발성을 기정사실로 보고 '우리에게 혁명가의 조직을 달라, 그러면 러시아를 뒤엎어 버리겠다' 하고 쓴 반면에 룩셈부르크는 '우리에게 대중의 자발성을 달라, 그러면 혁명을 일으키겠다' 하고 말한 것이다.

이런 일반적 요인들과 함께, 룩셈부르크는 독일 사회민주당 내부라는 특정 상황의 영향도 받았다. 독일에서 진정한 혁명적 정당을 건설하려는 첫걸음은 분명히 사회민주당 안에서 분파를 형성하는 일이었을 것이다. 그러나 이것은 무척 어려웠을 것이다. 왜냐하면 그녀의 견해를 지지할 사람이 거의 없었을 것이기 때문이다. 심지어 레닌조차 1914년 8월 이전에는 그런 모험을 지지하지 않았을 것이다. 당의 두 지도자, 즉 이론가로서 카우츠키와 실제 조직가로서 베벨의 권위는 대단했다(러시아에서 비교할 만한 유일한 인물인 플레하노프의 권위보다 훨씬 컸다). 룩셈부르크가 독일의 운동에 미치고 있던 영향력은, 적어도 어느 정도는, 카우츠키와 베벨이 그녀를 용인하고 있었고 1910년까지는 그녀가 카우츠키의 신뢰를 받았다는 사실 덕분이었다. 더군다나 베른슈타인주의의 위협에 맞서 싸우려면 당의 중간파와 동맹할 필요도 있었다.

마지막으로, 분파를 만드는 것은 늘 분열의 문제를 야기하기 마련이고, 분열은 룩셈부르크 자신이 강력히 반대하던 것이었다. 이 점에서 독립사회주의당(ISP)의 운명이 룩셈부르크에게 영향을 미쳤을 수도 있다. 1891년 사회민주당을 개혁주의라고 비난하며 탈당한 혁명가들이 만든 꽤 큰 조직이었던 독립사회주의당은 아주 잠시 동안만 존재하다가 곧 완전히 사라져 버렸다. 그래서 1917년 1월까지도 룩셈부르크는 여전히 분열을 반대하고 있었다.

오늘날 가장 훌륭한 당원들이 [혁명적] 조급성과 괴로움 때문에 대거 당을 떠난 것은 비록 가상하고 이해할 만한 일이지만, 그래도 도피는 역시 도피다. 그것은 부르주아지에게 팔아넘겨져 샤이데만과 레긴의 족쇄 아래 고통스러운 질식 상태에 있는 대중을 배신하는 행위다. 어느 작은 종파가 더는 마음에 들지 않으면 거기서 나와서 다른 종파를 만들 수는 있다. 그러나 간단히 탈당해서 용감한 모범을 보이면, 프롤레타리아 대중을 이토록 무겁고 끔찍한 부르주아지의 멍에에서 해방시킬 수 있으리라고 기대하는 것은 유치한 환상일 뿐이다. 당원증을 해방의 환상이라고 여겨 찢어 버리는 것은 권력이 당원증 안에 있다고 믿는 환상이 뒤집힌 것일 뿐이다. 이 두 가지 태도는 모두 낡은 독일 사회민주주의의 고질병인 조직적 백치병의 서로 다른 양극단일 뿐이다.[34]

4. 룩셈부르크 견해의 강점과 약점

지금까지 룩셈부르크가 자발성을 강조하고 당의 구실을 이해하는 방식은 그녀가 처한 특정한 역사적 상황에서 비롯했다는 사실을 살펴봤다. 그러나 설명은 정당화가 아니다. 그녀의 견해가 권력 획득을 위해 투쟁하던 노동계급의 당면 과제들을 해결할 수 있었는가 하는 관점에서 평가하는 것도 필요하다. 그러려면 우선 룩셈부르크 견해의 강점부터 논의해야 한다. 왜냐하면 흔히 마르크스주의자들이 《무엇을 할 것인가?》의 권위에 눌려 룩셈부르크의 견해를 거들떠보지도 않았기 때문이다.

프롤레타리아 투쟁의 전술과 방법에서 가장 중요한 진보는 중앙위원회나 지도부의 발명품이 아니라 투쟁 한가운데서 노동자들이 스스로 발견하고 창조한 것이라는 로자 룩셈부르크의 견해는 옳다. 이 점은 거듭거듭 실증됐는데, 거시적 수준에서는 새로운 유형의 국가를 자발적으로 창조한 사례들(파리코뮌, 러시아의 소비에트)이 있고 미시적 수준에서는 공장점거와 피케팅 원정대*를 고안해 낸 사례들(1972년 영국의 광산 노동자들과 건설 노동자들)이 있다.

계급투쟁이 분출하면 경제투쟁과 정치투쟁을 기계적으로 분리할 수 없다는 룩셈부르크의 생각은 옳고, 이 문제에 관한 《대중 파업》의 정식은 《무엇을 할 것인가?》의 몇몇 추상적 도식보다 훨씬 더 변증법적이다. 최근 영국 노동계급의 투쟁은 이 점을 분명히 보여 준다. 1970년대 초에 보수당 정부가 노사관계법을 제정하고 임금이 동결되자, 1972년 컨테이

---

* flying picket, 파업 중인 작업장을 찾아다니며 피케팅 활동을 하는 노동자들.

너 도입에 반대한 항만 노동자들의 투쟁, 1973년 컨메크 공장의 노동조합 인정을 요구한 파업, 1974년 광원 파업 등 순전히 노동조합적이고 경제적인 노동쟁의들이 법과 정부에 대항하는 대중적 정치투쟁으로 변모할 수밖에 없었다. 실로 오늘날 현대 자본주의 정부는 더욱더 산업에 개입하고 임금 규제를 자신들의 모든 전략의 중심에 놓을 수밖에 없으므로 노동계급의 정치투쟁과 경제투쟁은 그 어느 때보다 더 밀접히 결합된다. 이 점에서 룩셈부르크의 생각은 더욱더 적절한 것이 되고 있다.

사회주의 정당의 상층부, 심지어 당 전체에 내재한 보수적 경향을 경고한 룩셈부르크의 주장도 옳다. 그런 경향은 노동계급의 심층에서 보이지 않게 작용하는 역동적 힘과 당이 괴리된 결과로 생겨난다. 앞에서 살펴봤듯이 레닌 자신도 1905년과 1917년에 볼셰비키당 내부에 이런 경향이 있음을 경험했다. 오늘날의 마르크스주의자인 던컨 핼러스는 이런 경향이 심지어 작업장에서도 생길 수 있다는 것을 다음과 같이 명쾌하게 설명했다.

심지어 최고의 투사들조차 사태에 뒤처져서, 전에 투쟁적이지 않았던 노동자들보다 보수적 태도를 취하는 상황이 흔히 벌어진다. 이런 일은 활동적인 현장 조합원들에게는 익숙한 경험이다. 어제까지만 해도 계급의식적인 사람들만이 받아들이던 구호와 요구가, 투쟁이 예상 밖의 수준까지 발전하면 부지불식간에 대다수에게 너무 제한적인 것이 될 수 있다. 당연히, 경험과 지식이 많은 활동가들은 보통 때는 위험을 적절하게 예방한다. 그러나 급변하는 상황에서는 오히려 투쟁의 진전을 사실상 가로막는 장애가 되기도 한다.[35]

사회주의가 노동계급 '외부에서' 도입된다는 레닌의 생각에 로자 룩셈부르크가 반대한 것도 옳고, 자발성의 막대한 구실과 성과를 강조한 것도 옳다. 당은 모든 지혜의 원천이 아니며 계급투쟁의 전능한 지휘자도 아니다. 레닌이 주의주의 쪽으로 막대를 지나치게 구부렸다는 비판에는 일말의 진실이 담겨 있다(물론 앞에서도 밝혔지만 이것은 어떤 의미에서 레닌의 위대한 업적이기도 했다).

따라서 몇 가지 점에서는 로자 룩셈부르크가 1901~04년의 레닌보다 올바른 마르크스주의 분석에 더 가까웠다.[36] 그러나 불행하게도 그녀의 개념에는 역사의 전개 과정에서 분명히 드러난 결정적 약점들도 포함돼 있다. 대중 파업의 자발성을 강조한 그녀의 견해가 일면적이라는 사실은 쉽게 알아차릴 수 있다. 물론 대중 파업은 자발적으로 일어날 수 있고 흔히 그러지만, 반드시 그런 것만은 아니며 또 그것이 항상 좋은 것도 아니다. 1926년 영국 총파업이 이 점을 잘 보여 준다. 파업의 힘, 활기, 주도력은 모두 아래에서 나왔지만, 파업을 계획하고 실시하기로 한 것은 지도부, 즉 노총[TUC] 총평의회였다. 그리고 가장 중요한 것은 결정적 순간에 바로 그 지도부가 파업을 효과적으로 중단시켰다는 점이다. 파업 전 몇 달 동안 영국 지배계급은 정치·군사적으로 매우 치밀하게 전투를 준비했다. 분명히 그런 상황에서 마르크스주의적 비판의 화살은 파업을 계획할 수 있다는 생각이 아니라, 적敵이 준비하고 있다는 걸 알면서도 충분히 계획하고 준비하지 못한 노총 총평의회를 겨냥할 것이다. 그러나 이 정도는 룩셈부르크도 쉽게 교정할 수 있었던 비교적 사소한 오류였다.[37] 그보다 훨씬 더 중요한 사실은 그녀의 전략이 가장 중요한 독일 혁명 자체의 검증을 통과하지 못했다는 것이다.

오랫동안 기다려 온 1918~19년 독일 혁명에서 로자 룩셈부르크의 스파르타쿠스단(원래 1916년 독일 사회민주당 내부의 한 분파로서 결성됐다)은 분명히 독일에서 일관되게 혁명적인 유일한 세력이었다. 그렇지만 스파르타쿠스단은 사태에 결정적 영향력을 미치기에는 규모 면에서든 경험과 조직적 응집력 면에서든 너무 취약했다. 오히려 혁명의 폭풍 속에서 계속 이리저리 휩쓸리면서 일관된 전략을 세우지 못하고 그저 대중행동과 '모든 권력을 노동자·병사 평의회로'라는 구호만 되풀이해서 외쳐 댔을 뿐이다. 러시아에서 파견 나와 있던 라데크는 혁명이 시작됐을 때 스파르타쿠스단의 베를린 조직원이 고작 50명밖에 안 된다고 보고했으며,[38] 스파르타쿠스단의 독일 공산당 창당 대회에 참석해서는 "아직도 나는 정당의 모임에 참가하고 있다는 느낌이 안 든다"고 술회했다.[39]

로자 룩셈부르크의 가장 열렬한 무비판적 지지자였던 파울 프뢸리히조차 이런 취약성을 인정했다(그러나 그것이 전략에 미친 해로운 영향은 인정하지 않았다). "혁명이 시작됐을 때 스파르타쿠스단은 거의 모든 대도시에 존재하는 지역 조직들의 연맹체였을 뿐 아직 정당은 아니었다."[40] 게다가 스파르타쿠스단은 신생 조직에서 볼 수 있는 모든 '유치증'을 드러냈다. 룩셈부르크와 집행부는 독일 공산당 창당 대회 당시 의회 선거 참여 문제에 관한 논쟁에서 완패하고 말았다(볼셰비키는 1917년의 시험대에 오르기 10년 전에 이미 이런 초좌파주의를 극복한 바 있다). 노동자 평의회 안에서 실질적 영향력이 없었으므로 스파르타쿠스단은 독립사회민주당USPD(1917년 사회민주당에서 떨어져 나왔다)과 '혁명적 직장위원회'와 불안한 동맹을 맺을 수밖에 없었으며, 나중에 이들이 동요하자 그들과 절연해야 했다. 결국 "스파르타쿠스단은 독일 프롤레타리아 대중 대다수의 명확하고 분명한 의지에 부합하지 않는다면 결코 정권을 장악하지 않을 것"이라는 강령에도 불구하고,[41] 사태에 휩쓸려 가망 없고 때이른 봉기로 끌려 들어갔다. 그 결과 혁명은 분쇄되고 룩셈부르크와 리프크네히트는 살해되고 말았다.

룩셈부르크 자신도 스파르타쿠스단이 과오를 범하고 있다는 사실을 분명히 알고 있었지만, 그것을 막을 힘이 없었다. 선진 노동자들을 규합해 규율 있는 독자적 전위당을 만들지 못한 탓에 결국 자신의 목숨까지 잃어야 했다. 그녀가 1903년의 레닌과 달리 이 과업에 착수하지 않은 것은 아마도 피할 수 없는 역사적 요인들 때문이었을 것이다. 그러나 나중에도 그러지 않은 것은 어느 정도는 의식적 결정이었다. 네틀은 다음과 같이 썼다. "1918년에 스파르타쿠스단 지도자들은 조직을 건설하려는 지속적인 노력을 중단하기로 결정했다. 그들은 혁명의 가능성이 있는 마당에 쓸데없이 노력을 분산시켜서는 안 된다고 생각했다."[42]

룩셈부르크의 전략에서 또 하나 커다란 결점은, 개혁주의 지도자들이 노동계급을 제지하고 혼란에 빠뜨릴 수 있다는 사실을 과소평가했다는 점이다. 그녀는 베른슈타인주의의 이론적 함의와 카우츠키주의 중간파의 수동성을 맨 먼저 알아차렸지만, 자신이 그토록 갈망하던 대중행동의 와중에도 이런 경향들이 노동계급을 마비시키고 분열시킬 수 있음을 예견하지는 못했다. 1913년 그녀는 다음과 같이 썼다. "돌격하는 대중은 분명히 머뭇거리는 지도자들을 제치고 앞으로 나아갈 것이다."[43]

그러나 현실은 그렇게 간단하지 않았다. 오히려 사회민주주의자들은 오래전부터 확립된 수많은 노동자의 충성심을 이용해 고의로 혁명을 방해할 수 있었다. 룩셈부르크가 기회주의에 대항해 정치적 논쟁뿐 아니라 조직적으로도(즉, 당 규약, 조직 분리 등으로) 싸워야 한다는 것을 깨닫지 못한 것은 이 문제를 충분히 일찍 파악하지 못했기 때문이다.

5. 오류의 이론적 근원

앞서 룩셈부르크 견해의 배경을 살펴보고 그 견해의 강점과 약점이 어떤 역사적 조건에서 비롯했는지를 설명했다. 그러나 룩셈부르크가 범한 오류의 이론적 근원은 과연 무엇일까? 이런 오류의 근원을 찾으려면 그녀의 사고에서 상호 연관된 두 영역에 주의를 기울여야 한다. 즉, 프롤레타리아가 스스로 혁명적 의식을 발전시켜 나가는 과정에 대한 분석, 그리고 혁명의 동역학 자체에 대한 인식이 그것이다.

사회민주주의의 주류는 의식이 모순과 질적 비약 없이 점진적 축적이라는 조화로운 과정을 통해 발전한다고 여겼다. 반면 룩셈부르크는 대중의 자발성을 강조하면서, 이런 정설 서구 마르크스주의에서 가장 멀리 벗어난 사람이다. 그러나 아직 이런 정설 견해에서 완전히 벗어나지는 못했다. 룩셈부르크는 노동자들이 자발적으로 도달할 수 있는 **의식의 수준**을 과대평가한 것이 아니라 의식의 발전 과정이 얼마나 **균등**할 수 있는지를 과대평가한 것이다. 분명히 그녀는 어떤 노동자들은 다른 노동자들보다 더 용감하고 유능하다는 것, 그리고 일부 사람들은 다른 사람들보다 사회주의 의식 수준이 더 높다는 사실을 인정했다. 그녀가 충분히 이해하지 못한 것은 자본주의 전복을 원하는 혁명적 노동자와 자본주의 체제 내에서 처지를 개선하고자 하는 비교적 후진적인 노동자 사이에 일정한 모순이 (비록 해소할 수 없는 모순은 아닐지라도) 존재한다는 점이었다. 또한 이런 모순 때문에, 노동계급 정당을 자처하면서도 실제로는 노동운동 안에서 부르주아지의 대리인 노릇을 하는 정당이 출현한다는 것도 그녀는 완전히 이해하지 못했다.

룩셈부르크의 이론에 내재한 이런 허점 때문에 그녀는 선진적·혁명적 노동자들을 따로 독자적으로 조직해 노동계급 전체에 미치는 그들의 영향력을 강화하고 기회주의와 개혁주의의 영향력에 맞서 투쟁하도록 무장시킬 필요성을 깨닫지 못했다. 믿지 못할 지도자들의 부정적 영향을 과소평가한 것도 이 때문이다. 왜냐하면 노동계급이 자발적으로 급진화할 뿐 아니라 특히 **균등**하게 급진화한다면 정말로 "돌격하는 대중은 머뭇거리는 지도자들을 제치고 앞으로 나아갈 것"이기 때문이다.[44]

룩셈부르크의 혁명관에 관해서는 토니 클리프의 다음과 같은 지적이 그 출발점이 될 수 있다.

로자 룩셈부르크가 자발적 요인을 과대평가하고 조직적 요인을 과소평가한 주된 이유는 십중팔구, 개혁주의에 대항한 **당면** 투쟁에서는 모든 혁명의 **첫걸음**인 자발성을 강조해야 했기 때문일 것이다. 그녀는 프롤레타리아 투쟁의 이 특정 단계를 너무 넓게 일반화해서 투쟁 전체를 포괄해 버린 것이다.[45]

이 분석을 더 발전시키면, 룩셈부르크는 (흔히 혁명의 자발적 분출과 동시에 일어나는) 대중 파업을 혁명의 절정 자체와 동일시하는 경향이 있었다고 말할 수 있다. 《대중 파업》에서 룩셈부르크는 다음과 같이 썼다.

> 오늘날 노동계급이 혁명적 투쟁의 대의를 깨우쳐 가고 있는 이때, 노동계급이 자신들의 힘을 모아서 스스로 지도해야 하는 이때, 혁명이 자본주의 착취뿐 아니라 낡은 국가권력도 표적으로 겨냥하고 있는 이때, 대중 파업은 낡은 국가권력의 기반을 약화시키고 그것을 전복하고, 또 자본주의 착취에 대항하는 수단일 뿐 아니라 프롤레타리아를 최대한 광범하게 투쟁에 끌어들이는 자연스런 수단으로 등장한다. …
> 과거 부르주아적 혁명의 주요 형태였던 바리케이드 전투, 국가의 무력에 대항한 공공연한 충돌은 오늘날의 혁명에서는 단지 하나의 절정, 프롤레타리아 계급투쟁 과정의 한 계기일 뿐이다.[46]

그러나 사실 총파업은 아무리 규모가 크고 강력하고 전투적인 것일지라도 권력 문제를 단지 제기할 뿐이다. 총파업은 권력 문제를 해결하지 않으며 해결할 수도 없다. 무장봉기로 낡은 국가권력을 파괴해야만 권력 문제를 해결할 수 있다. 그리고 봉기는 그 본질상 조직돼야 한다. 미리 비밀리에 준비하고, 일정한 날짜를 잡고, 프롤레타리아의 단호한 부분들이 단결해서 동시에 행동해야 한다. 따라서 봉기를 실행하려면 계급 전체에 영향을 미치고 권위가 있는 잘 조직된 명령 체계가 있어야 한다. 다시 말해서 무장봉기는, 이 책 3장에서 10월 혁명을 분석하며 밝혔듯이, 오직 당만이 성공적으로 조직할 수 있으며 그 당은 어떤 당이든 상관없는 것이 아니라 일사불란하게 움직일 수 있는 규율 있는 전투 정당이어야 한다.

로자 룩셈부르크가 무장봉기 문제를 전혀 고려하지 않았다고는 할 수 없다(그녀는 1906년에 이 문제를 다룬 소책자를 썼다).[47] 그러나 《대중 파업》에서는 무장봉기 문제를 단지 부차적으로만 언급할 뿐, 그녀가 이 문제를 직시했다거나 무장봉기가 당의 본질에 미치는 영향을 깊이 생각했다는 증거는 전혀 없다. 만약 그랬다면 규율과 중앙집중주의에 대한 자신의 견해는 말할 것도 없고 당의 임무에 대한 선전주의적 개념도 수정할 수밖에 없었을 것이다(왜냐하면 당의 임무에서 선전과 행동의 균형이 결정적으로 행동 쪽으로 기우는 것이 바로 무장봉기이기 때문이다). 이와 달리 레닌은 처음부터 조직의 성격을 권력 장악과 연관시켰다.

봉기와 당의 문제는 프롤레타리아 의식의 불균등성과도 관계있고, 이것은 특히 독일 혁명에서 로자 룩셈부르크의 운명과 관계있었다. 똑같은 동전의 앞면이 노동계급의 일부는 다른 부분보다 뒤처지는(그리고 개혁주의 정당을 계속 지지하는) 것이라면, 뒷면은 혁명에 자극받은 선진 노동자들이 때이른 권력 장악에 나선다는 것이다. 바로 이런 일이 러시아 혁명에서는 '7월 사태' 때, 독일 혁명에서는 [1919년] '1월 정변' 때 나타났다. 3장에서 지적했듯이, 러시아에서는 볼셰비키가 모험에 분명히 반대하고 손실을 최소화하면서 후퇴하고 조직을 보존해 다음 전투에 대비할 수 있었다. 독일에서는 스파르타쿠스단이 사태에 휩쓸려 파멸하고 말았다. 그 차이는 레닌의 '지성'이나 '현실주의' 대(對) 로자 룩셈부르크의 '혁명적 낭만주의'의 차이가 아니라, 러시아에는 선진 노동자들에게 권위가 있는 단련된 당이 존재한 반면 독일에는 그런 당이 없었다는 점이다.

6. 마르크스, 레닌, 룩셈부르크

로자 룩셈부르크의 당 이론을 종합적으로 판단하는 기준은 반드시 마르크스와 레닌이어야 한다. 많은 점에서 레닌보다는 룩셈부르크가 마르크스에 더 가까웠다. 그녀는 종파주의를 반대하고 노동계급의 대중행동을 강조하는 등 마르크스의 강점을 공유했다. 또, 마르크스의 약점, 즉 즉자적 계급이 대자적 계급으로 발전하는 과정을 지나치게 낙관적으로 본 점(노동계급의 객관적·경제적 통일 덕분에 결국은 정치적 통일도 저절로 이뤄질 것이라는 가정)도 공유했다. 따라서 룩셈부르크는 조직의 측면에서 일정한 결정론적 경향을 마르크스와 공유했던 것이다. 1904년 룩셈부르크와 레닌의 논쟁 당시 룩셈부르크가 완전히 틀리지는 않았다는 것을 앞서 지적한 바 있다. 그러나 레닌은 1905년의 경험을 통해 자신의 기존 정식의 일면성을 교정했고 그래서 마르크스를 넘어서는 결정적 진전을 이룩할 수 있었지만, 룩셈부르크는 그러지 못했다. 만약 그녀가 살아남아 독일 혁명의 경험을 소화하고 성찰했다면 그런 교정에 성공했을 가능성, 아니 개연성이 있다.

로자 룩셈부르크의 당 이론이나 당과 노동계급의 관계에 관한 이론은 그 자체로도 노동운동에 유용한 무기다. 전 세계에서 수십 년 동안 사회민주주의와 스탈린주의가 노동운동을 관료적으로 지배해 왔으니 말이다. 그러나 결정적으로 룩셈부르크의 당 이론은 레닌주의의 틀 안으로 통합돼야만 진정 유용한 무기다. 룩셈부르크 사상은 레닌주의의 대안으로서는 적절하지 않다고 판단할 수밖에 없다.

05

트로츠키의 두 가지 유산

트로츠키는 두 측면에서 마르크스주의 혁명적 정당 이론에 공헌했다. 첫째, 스탈린과 스탈린파 관료들의 실천적·이론적 공격에 맞서 주로 좌익반대파*를 통해 레닌주의 당 개념을 지켜 냈다. 둘째, 변질돼 버린 코민테른이 아니라 진정한 마르크스주의적 대안을 구축하려고 노력했고, 이 노력은 제4인터내셔널 결성으로 정점에 달했다. 물론 후자가 전자의 논리적 귀결이라는 점에서 이 두 측면 사이에는 연속성이 있다. 그러나 둘 사이에는 질적 차이가 있다. 좌익반대파 시기에 트로츠키는 스탈린의 기회주의 정책에 맞서 일관된 혁명적 정책을 내세웠다. 제4인터내셔널을 건설하는 과정에서는 이런 정책을 자신의 조직에 구현해야 했다. 이런 차이

---

* 1923년 트로츠키 분파가 스탈린 분파의 관료주의와 일국사회주의론에 대항해 형성한 저항운동.

때문에, 트로츠키의 당 이론은 두 부분, 즉 레닌주의를 지켜 낸 것과 제4인터내셔널이라는 두 부분으로 나눠 살펴보는 것이 좋다.

레닌주의를 지켜 내다

트로츠키가 스탈린이나 소련 공산당CPSU의 주류와 결별하게 된 기본 쟁점은 두 가지였다. 즉, 러시아 국가의 관료적 변질과 '일국사회주의'라는 스탈린주의 이론이었다. 이 두 쟁점은 떼려야 뗄 수 없이 서로 연관돼 있었다. 제1차세계대전과 내전, 그에 따른 경제 파탄과 기근, 전염병 등 고통이 누적돼 러시아의 혁명적 프롤레타리아가 지치고 절망에 빠진 결과로 등장한 것이 바로 관료제였다.[1] 이 관료 집단은 대부분 구체제의 유물인 출세주의자들과 행정 관리들, 그리고 멘셰비키 출신 인사들과 오래 전에 탈脫계급화한 노동자 출신들로 이뤄져 있었는데, 사회불안을 끝내고 일상으로 복귀하는 것이 그들의 최우선 목표였다. 그들이 보기에 세계혁명은 낭만적이고 위험한 모험이었으므로 그들은 세계혁명에 아무 관심도 두지 않았다. 따라서 일국사회주의론은 단지 스탈린주의자들의 발명품이 아니었다. 오히려 일국사회주의론은 "관료 집단의 정서를 그대로 반영한 것이었으며, 관료들이 말하는 사회주의의 승리란 사실은 자신들의 승리를 뜻하는 것이었다."[2]

그러므로 일국사회주의 논쟁은 근본 원칙에 관한 논쟁이었고, 양쪽의 차이는 공산주의와 사회민주주의의 분열만큼이나 심각했다. 우선, 사회주의의 개념부터 서로 전혀 다르고 상반됐다. 트로츠키는 마르크스나 레닌과 마찬가지로 계급도 없고 국가도 없으며 풍부한 물자에 바탕을 둔 자치 공동체, 즉 "개인의 자유로운 발전이 만인의 자유로운 발전의 조건이 되는" 사회를[3] 사회주의라고 생각했다. 독재, 국가계획, 경제성장, 효율, 엄격한 규율 등은 이 목적을 달성하기 위한 수단일 뿐 그 자체가 목적은 아니었다(트로츠키는 이런 수단을 사용하는 것을 기피하지 않았다). 스탈린은 관료 집단의 최고 대표자로서, 사회주의란 곧 국유화이고 국가 통제이며, 소련의 경제력과 군사력을 세계 최강대국 수준으로 끌어올리는 일과 직결된다고 생각했다. 트로츠키도 어느 정도의 관료제는 불가피하다고 봤다. 그러나 관료제는 여전히 면밀하게 경계하고 최대한 빨리 없애야 할 상존하는 위험이라고 생각했다. 스탈린은 관료제를 새로운 체제의 핵심이자 기초라고 생각했다. 트로츠키의 사회주의 개념에서 보면, 사회주의를 어느 한 나라(그것도 후진국인 러시아)에서 실현하려는 것은 반동적 유토피아였다. 스탈린의 개념으로 보면 그것만이 실천적이고 현실적인 전망이었다.

근본 원칙을 둘러싼 논쟁인 이런 의견 대립은 국제 노동계급 운동의 모든 사건과 정책 하나하나에 영향을 끼치기 마련이었다. 혁명적 정당과 혁명적 인터내셔널의 성격·구실·전략·전술도 당연히 여기에 포함된다. 레닌의 당 이론에 대해서 트로츠키와 스탈린이 벌인 논쟁은 소련 공산당의 당내 민주주의와 각국 공산당의 전략이라는 두 주제로 나눠 살펴보면 이해하기 쉬울 듯하다.

1. 당내 민주주의

정치적으로 적극적이고 활력 있는 노동계급이 존재하지 않는 상황에서 소비에트 국가가 점차 관료화하자 당연히 공산당의 관료화와 당내 민주주의 파괴라는 문제가 불거졌다. 왜냐하면 형식적으로는 국가(소비에트)와 당 기구가 분리돼 있었지만, 실제로는 볼셰비키가 일당 국가의 집권당이었기 때문이다. 내전 이후 줄곧 당은 정치를 완전히 독점하고 중요한 직책을 모두 장악했다. 따라서 국가기구가 관료화하면 당도 그 영향을 받을 수밖에 없었다. 이 점이 매우 중요했던 이유는, 당이 청렴한 선임 당원들을 중심으로 혁명적 전통과 소득 상한 규정⁴ 등 엄격한 규율을 유지하면서 프롤레타리아의 전위 구실을 해 왔고 그래서 관료화에 대항하는 주요 방어벽으로 널리 인식되고 있었기 때문이다. 노동자들이 수동적이었으므로 당이 관료화 추세에 굴복하면 더는 방어선이 없는 셈이었다. 1923년 트로츠키는 상황의 심각성을 인식하고 당내 민주주의를 위해 공개적으로 투쟁하기로 결심하고 〈프라우다〉에 "신노선"이라는 제목으로 잇따라 글을 게재했다.⁵

"신노선"은 어조가 신중하고 일부 불명료한 주장이 있긴 하지만, 여러 면에서 혁명적 정당의 당내 민주주의를 위한 주장을 훌륭하게 제시하고 있으며 지금도 여전히 읽을 만한 가치가 있다. 트로츠키는 민주주의 문제를 추상적 권리로 제기하지 않고, 당이 발전하고 새로운 역사적 단계로 진입하려면 민주주의가 반드시 필요하다고 주장했다. 우선 그는 새 세대 당원들과 옛 세대 당원들(10월 혁명 이전과 이후)의 관계를 고찰했다. "권력을 쟁취하고 나자 당이 비정상적일 정도로 급속히 성장했다."⁶ 경험과 의식이 거의 없는 노동자들과 함께 관리, 출세주의자 등 이질적 인자들이 밀려 들어온 것이다. "이 혼란의 시기에 [당이 — 몰리뉴] 볼셰비키 정신을 간직할 수 있었던 것은 오로지 10월 혁명의 시험대를 거친 선임 당원들이 당을 장악하고 있었기 때문이다."⁷

그러나 지금은 사정이 달라졌다. 이제는 새 세대가 자신의 정치 발전과 당 전체의 미래를 위해 정치 활동과 당내 의사 결정에 적극 참여해야 한다. 이렇게 주장하고 나서 트로츠키는 당의 사회적 구성을 살펴보면서, 행정 관리직을 노동자로 채우는 바람에 "당의 기본 세포라 할 수 있는 생산 공장의 중핵"이 취약해졌고 이것이 관료화의 중요한 근원이라고 지적했다.[8] 트로츠키는 당의 프롤레타리아 기반을 강화해야 하고 관료에 맞설 세력으로 학생과 청년을 이용해야 한다고 주장했다.

당내 민주주의의 필요성에 대해 트로츠키는 다음과 같이 썼다.

우리 당의 비할 데 없는 근본 장점은 언제나 공산주의자 기계공, 공산주의자 기사, 공산주의자 관리인, 공산주의자 상인의 눈으로 산업을 파악할 수 있고, 상호 보완적인 이 노동자들의 경험을 한데 모을 수 있으며, 그 경험을 바탕으로 넓게는 경제 전체의 운영 방향을 결정하고 좁게는 각 기업의 운영 방향을 결정할 수 있다는 데 있다. 그런 지도력은 활발하고 적극적인 당내 민주주의가 보장돼야만 발휘될 수 있다.[9]

이것은 권력을 장악하고 특수한 상황에 처해 있던 당을 두고 한 말이지만 그 속에 담긴 원칙, 즉 올바른 지도력이 발휘되려면 반드시 민주주의가 보장돼야 한다는 주장은 일반적 의의가 있다.

트로츠키의 비판에 당 지도부는 격앙된 반응을 보였는데, 그 요지는 한마디로 말해 선임 당원들의 위대한 전통을 옹호하면서 당의 결속이 절실하다는 점과 분파주의는 위험하다는 점을 강조하는 것이었다. 트로츠키는 이에 답하면서 '전통'이라는 것은 혁명적 운동에서 긍정적 측면

뿐 아니라 부정적 측면도 있다고 지적했다. 또, 볼셰비키 선임 당원들이 레닌의 "4월 테제"에 반대한 일 등 수많은 사례를 인용하면서 볼셰비즘의 "기본 전술 가운데 가장 높이 평가할 만한 것은 신속하게 방향을 바꿔서 전술을 변경하고 당을 새로 무장하며 새로운 방법을 적용하는 등 한마디로 재빨리 전환할 수 있는 탁월한 능력"이라고 주장했다.[10] 그리고 아무리 혁명적인 전통이라도 전통 자체가 역사적 상황과 무관하게 항상 변질을 막아 줄 수 있는 것은 아니라고 지적했다. 분파 문제에 관해서 트로츠키는 당시 상황에서 분파주의가 매우 위험하며 분파 간 대립이 일어나면 프롤레타리아를 적대하는 계급과 사회 세력의 압력이 증대할 수 있음을 인정했다. 그러나 비민주적 당 체제 자체가 분파주의의 한 원인이라고 주장했다.

> 당 지도부는 광범한 당원 대중의 소리에 귀를 기울여야 한다. 비판이라면 모조리 분파 의식에서 비롯한 것이라고 치부하면 안 된다. 그런 태도를 취하면 성실하고 규율 있는 공산주의자들에게 침묵을 강요하는 체제가 굳어지거나 아니면 그들이 분파를 만드는 사태가 벌어질 것이다.[11]

"신노선"에서 트로츠키가 주장한 요지는 다음 구절에 집약돼 있다.

> 당의 공식 견해는 의견 대립과 견해 차이 속에서 형성될 수밖에 없다. 구호나 지령 등의 형태로 당에 기여하는 기구 안에서만 이런 과정이 이뤄지도록 제한한다면 당은 이념적으로나 정치적으로 황폐해지고 말 것이다.[12]

그러나 동시에 트로츠키는 엄청나게 어려운 객관적 상황에서는 당의 권위가 확고해야 한다는 생각을 여전히 고수하고 있었다. 그래서 당내 민주주의를 요구하면서도 "우리는 러시아의 유일한 당이며, [프롤레타리아] 독재의 시기에는 달리 어쩔 도리가 없다"고 인정했다.[13] 따라서 트로츠키도 본래 내전이라는 특정 상황에서 비롯한 임시방편 조처들을 일반적 원칙의 수준으로 끌어올리던 당시의 추세에 동조한 셈이었다. 한때 트로츠키 지지자였던 맥스 샤트먼은 이 근본적 역설에 대해 다음과 같이 말했다.

> 당 밖에 있는 사람들의 민주적 권리를 인정하지 않으려면 조만간 당원들의 민주적 권리도 부정해야만 한다는 사실을 … 트로츠키는 … 깨닫지 못한 듯하다. 이것은 정치에서 틀림없는 법칙이다. 어느 중요한 정당에서 심각한 견해 차이가 드러나면 그것은 반드시 당 밖에 있는 어떤 부류의 사람들에게도 파급 효과를 (직접으로든 간접으로든, 분명하게든 은근하게든, 의도적이든 아니든 간에) 미치기 마련이다.[14]

이것은 상당히 중요한 점이지만, 그렇다고 해서 실제로 트로츠키의 견해 전체가 허물어지지는 않는다. 장기적으로 보면 일당 독재는 '조만간' 당내 독재를 낳을 것이라는 점은 분명하다. 그러나 트로츠키가 때때로 지적하듯이 정치에서는 시간이 중요한 요인이다. 트로츠키가 볼 때 볼셰비키는 유난히 힘들고 미묘한 현상 유지 정책을 쓰고 있었다. 즉, '조朝'와 '만晩' 사이에 국제 혁명이라는 돌파구가 열릴 가능성이 있었던 것이다.
　스탈린이 당과 국가를 폭압적으로 지배하는 체제가 확대되고 그의 정책이 혁명적 마르크스주의에서 훨씬 더 멀어지자 당내 민주주의 요구도 더욱 강력해졌고 스탈린의 조직 방식에 반대하는 움직임도 화해할 수 없을 만큼 극심해졌다.

트로츠키, 지노비예프와 11명의 중앙위원이 서명해서 발표한 1927년의 "통합반대파 강령"은 당내 독재를 널리 고발했다.

> 지난 몇 년 동안 당내 민주주의는 체계적으로 말살됐다. 이것은 볼셰비키당의 전통 전체를 더럽히는 짓이며 역대 당대회에서 직접 결정된 사항을 위반하는 것이다. 간부 선출도 허울만 남았지, 실제로는 제대로 시행되지 않고 있다. 볼셰비즘의 조직 원리가 모조리 왜곡되고 있다. 당헌도 체계적으로 수정돼서 지도부는 더 많은 권리를 누리고 아래로 내려갈수록 권리가 줄어들고 있다.
> 지역위원회, 지역 집행위원회, 지역 노동조합 평의회 등의 지도부는 사실상 종신직이 됐다. … 당원 개인과 당원 모임의 권리, 즉 "당 전체의 회합에서 반대 의견을 호소할 수 있다"[레닌 — 몰리뉴]는 권리도 사실상 없어지고 말았다. 당대회와 협의회를 앞두고 당 전체가 모든 문제를 자유롭게 논의하는 관행(레닌은 언제나 그렇게 했다)도 지켜지지 않고 있다. 그렇게 하자고 요구하는 것은 오히려 당 규율을 깨뜨리는 행위로 취급된다. …
> 당내 민주주의가 쇠퇴하면 노동자 민주주의도 전반적으로(노동조합과 당 밖의 모든 대중조직에서도) 쇠퇴한다.[15]

이 "강령"은 "신노선"의 분석, 경고, 제안을 다음과 같은 강령적 요구로 구체화했다. 즉, 진정한 당내 민주주의를 바탕으로 제15차 당대회를 준비할 것, 모든 동지가 당 앞에서 자신의 견해를 옹호할 수 있도록 기회를 보장할 것, 공장 노동자와 농업 노동자만 입당할 수 있게 해서 당의 사회적 구성을 개선할 것, 당 기구를 축소하고 프롤레타리아화할 것, 제명된 반대파를 즉시 복권시킬 것, 당 기구에서 독립적인 중앙통제위원회를 재건할 것 등을 요구했다. 그러나 이때까지도 이런 비난과 요구는, 공산당에 완전히 충성하며 당의 정치적 독점을 인정한다는 틀을 벗어나지 않았다.

우리는 당이 둘로 쪼개지는 것에 맞서 온 힘을 다해 싸울 것이다. 프롤레타리아 독재에는 단일한 프롤레타리아 정당이 핵심적으로 필요하기 때문이다.[16]

그러나 히틀러의 위협 앞에 코민테른이 마비되고(뒤에서 다루겠다) 소련에서 모든 반대파와 비판 세력이 완전히 숙청된 후인 1933년에는 트로츠키도 이 마지막 한계를 떨쳐 버리게 된다. 그는 스탈린주의가 레닌의 볼셰비키당을 완전히 파괴해 버렸다고 선언하면서, 새로운 혁명적 정당을 건설하고 정치혁명으로 관료 체제를 전복해야 한다고 요구하고 나섰다. 1936년에 트로츠키는 주요 저서인 《배반당한 혁명》에서 당내 민주주의에 대한 견해를 명료하게 밝혔다.

볼셰비키당의 내부 운영의 특징은 민주집중제였다. 민주주의와 중앙집중주의라는 이 두 개념의 결합은 조금도 모순되지 않는다. 볼셰비키당은 당의 경계를 항상 엄격하게 유지하려고 노력했을 뿐 아니라, 당의 경계 안에 들어온 사람이라면 누구나 당의 정책 방향을 결정할 수 있는 실질적 권리를 누리도록 세심하게 조처했다. 비판의 자유와 사상 투쟁은 당내 민주주의의 필수 조건이다. 볼셰비즘이 분파를 허용하지 않는다는 현재의 노선은 퇴조기의 신화일 뿐이다. 사실, 볼셰비즘의 역사는 곧 분파 투쟁의 역사다. 실제로, 세계를 전복하고 가장 대담한 투사와 혁명가를 결집하고자 하는 진정한 혁명 조직이 사상 투쟁이나 일시적 분파 형성 없이 존속하고 발전할 수 있겠는가? 볼셰비키 지도부는 긴 안목으로 갈등을 완화하고 분파 투쟁의 기간을 단축시킬 수 있었다. 그러나 그 이상은 아무 제약도 가하지 않았다. 중앙위원회는 이렇게 활발한 민주적 지지를 기반으로 활동했다. 이런 민주적 지지를 기반으로 대담하게 결정하고 명령을 내릴 수 있었던 것이다. 지도부는 모든 결정적 국면에서 명백하게 옳았으므로 중앙집중주의의 귀중한 도덕적 자산인 높은 권위를 누릴 수 있었다.

따라서 볼셰비키당의 내부 체제, 특히 권력 장악 이전의 체제는 지금 코민테른 지부들의 체제와 전혀 달랐다. 지금 각국 공산당은 '지도자'를 위에서 임명하고 명령 한마디에 정책이 완전히 바뀌며 평당원에게는 오만하고 크렘린[소련 공산당]에는 비굴한 태도를 취한다.[17]

트로츠키는 분파에 대한 볼셰비키의 원래 견해를 되살렸을 뿐 아니라 일당 국가 이론도 거부했다.

당은 처음에 소비에트 테두리 내에서 정치투쟁의 자유가 유지되기를 바라고 기대했다. 내전 때문에 이 구상은 심각하게 수정됐다. 야당들이 차례로 불법화됐다. 이것은 명백히 소비에트 민주주의 정신에 어긋나는 조처였으므로, 볼셰비키 지도자들은 이 정책을 원칙이 아니라 일시적 자기방어 조처로 여겼다.[18]

트로츠키는 계급 독재와 당 독재를 똑같은 것으로 보는 태도를 거부했다.

하나의 계급에도 여러 '부분'이 있으므로(일부는 미래 지향적이고 다른 일부는 과거 지향적이다) 같은 계급에서 여러 당이 만들어질 수 있다. 마찬가지로, 하나의 당이 서로 다른 여러 계급으로 이뤄질 수도 있다. 정치사를 아무리 뒤져봐도 하나의 당과 하나의 계급이 일대일 대응하는 것은 그 유례를 찾아볼 수 없다. 물론 겉모습과 실상을 착각하지 않는다면 말이다.[19]

그리고 1938년에 발표한 제4인터내셔널 강령에서는 다음과 같이 말했다. "소비에트의 민주화는 소비에트 정당들의 합법화가 이뤄지지 않고는 불가능하다. 노동자와 농민이 스스로 자유로운 투표를 할 수 있어야 그들이 어떤 정당을 소비에트 정당으로 인정하는지가 드러날 것이다."[20]

트로츠키가 소련 공산당과 소련 국가에서 노동자 민주주의를 성취하려고 벌인 투쟁을 자세히 살펴보면, 그가 많은 실수를 저질렀다는 사실이 드러난다. 그래서 후대의 우리는 손쉽게 다음과 같이 말할 수 있다. 즉, 트로츠키가 좀 더 일찍 저항을 시작했어야 했다거나, 당시 상황 때문에 어쩔 수 없이 한 일을 미덕으로 격상시켰다거나, 1923~24년에 좀 더 적극적으로 끈질기게 싸웠어야 했다거나, 좀 더 일찍 평당원들과 노동자 대중에게 호소했어야 했다고 말이다. 이 중에는 정당한 비판도 많다. 그러나 이것도 역시 일면적이다. 트로츠키가 직면한 엄청나게 어려웠던 당시 상황을 고려하지 않은 것이기 때문이다. 그 중에서도 당시 대다수 당원을 포함한 러시아 노동자들의 심각한 수동성이 특히 어려운 문제였다.

또, 분명히 트로츠키는 대안이 없는 상황에서는 혁명을 주도한 당에 끝까지 충성하는 것이 혁명가의 의무라고 생각하고 있었다. 이것은 투쟁이 한창일 때보다는 변질이 진행되고 있을 때 무시하기 쉬운 중요한 점이다. 균형 잡힌 시각이라면, 많은 사람들이 민주집중제와 전위당을 거부하는 사회민주주의나 아나키즘으로 주저앉아 버릴 때 트로츠키가 숱한 역경을 헤치고 마르크스와 레닌의 당내 민주주의 전통, 즉 당은 집단적·활동적 유기체라는 전통을 지키고 유지하는 데 엄청난 공헌을 했다는 사실을 인정해야 한다.

2. 각국 공산당의 전략

스탈린이 마르크스주의의 전통에서 완전히 벗어난 일국사회주의론을 처음으로 선언한 것은 1924년 가을이었다. 일국사회주의론은 러시아 자체보다는 오히려 코민테른과 전 세계 공산당의 전략에 더 직접적인 영향을 미쳤다. 러시아 혁명의 사활이 세계혁명의 성공에 달려 있다고 봤을 때는 모든 '외국' 공산당도 자국에서 혁명을 일으키는 것이 으뜸가는 의무였고 러시아와 연대하는 가장 분명한 방법이었다. 그러나 일단 사회주의 건설이 러시아 한 나라에서도 가능하다는 이야기가 나오자 세계혁명이라는 것은 이제 필수가 아니라 선택 사항이 됐다. 모스크바가 보기에, 코민테른은 러시아에서 '사회주의' 건설 과정이 별 탈 없이 진행되도록 [국제적으로] 보조하는 구실만 하면 됐다. 이렇게 해서 각국 공산당은 노동계급 혁명의 주체에서 소련 관료의 외교정책 대리인으로 변신하게 됐다. 이런 변신은 레닌주의의 혁명 정치 전통에서 이탈하고 그것을 수정하는 것을 뜻할 수밖에 없었다. 레온 트로츠키는 바로 이 레닌주의 전통

의 원칙적 옹호자였다.[21]

당 전략과 관련해 트로츠키가 스탈린과 충돌했던 문제들을 여기서 모두 다룰 수는 없다. 다만 네 가지 사례를 통해 전략 문제에서 트로츠키가 당 이론에 기여한 바를 살펴보자.

트로츠키는 중국 공산당이 부르주아 민족주의 정당인 국민당에 복종해야 한다는 스탈린의 정책에 처음부터 반대했다. 그 정책 때문에 1927년 중국 혁명은 유혈 낭자한 패배를 겪고 말았다. 트로츠키는 혁명적 정당의 완전한 조직적·정치적 독립이라는 레닌주의 원칙을 시종일관 강조했다.

마찬가지로 트로츠키는 '영-소 노동조합위원회'를 통한 영국 노총 지도부와의 협력에도 반대했다. 이런 협력 때문에 영국 공산당은 독자성이 심각하게 훼손됐으며 총파업을 배반한 '좌파' 노조 지도자들을 비판하지 못했다.

트로츠키는 1929~33년 독일 공산당의 스탈린주의 정책에 대해서도 분명하고 예언적인 비판을 가했다. 독일 공산당은 스탈린의 '사회파시즘'론을 근거로 사회민주주의자들을 주적 취급하며 진짜 파시즘의 위협은 얕봤다. 트로츠키는 파멸을 자초하는 이런 전략을 통렬히 비판하고 히틀러에 대항하는 노동계급 정당들의 공동전선이 절실하다고 역설했다.

마지막으로, 트로츠키는 1934년에 시작된 '민중전선' 전략의 치명적 약점을 파헤쳤다. 민중전선 전략은 노동계급과 노동계급 정당을 부르주아지와 연계시켰고 그 결과 스페인과 프랑스에서 더 큰 패배를 자초했

---

* 사회민주주의 정당과 나치는 형태가 다를 뿐 똑같은 우익 정당이라는 주장.

다.²² 지금도 전 세계의 거의 모든 공산당이 자신들 나름대로 변형한 민중전선 전략을 정책으로 삼고 있으므로, 트로츠키의 이 비판은 오늘날에도 특히 의미가 있다. 민중전선 전략은 최근 칠레에서도 완전히 비극으로 끝나고 말았다.

전체적으로 볼 때, 스탈린 시대에는 레닌주의 당 이론을 곡해하고 왜곡하는 일이 계속됐으며, 그 결과 레닌주의 당 이론은 그 대립물로 바뀌었다. 레닌주의 당 이론은 이제 프롤레타리아의 혁명적 전위를 선발하고 조직하는 이론이 아니라, 온갖 형태의 관료적 정치 공작과 냉소적 배반을 정당화하는 무오류의 신화가 돼 버렸다. 이런 곡해와 왜곡이 어찌나 성공적이었던지, 레닌주의 당 이론과 스탈린주의 당 이론은 실제로는 매우 다른데도 사람들의 눈에는 거의 똑같은 것으로 여겨지게 됐다. 트로츠키의 끊임없는 노력이 없었다면, 이런 동일시가 마르크스주의 운동에서 사실상 의심받지 않은 채 받아들여졌을 것이고, 진정한 레닌주의는 수많은 거짓말 속에 완전히 파묻혀 버리고 말았을 것이다.

제4인터내셔널

트로츠키가 레닌주의 당 이론을 지켜 낸 것은 마르크스주의와 레닌주의 전체를 지켜 낸 것의 필수적 일부로서, 매우 중요한 업적이었다. 그러나 트로츠키는 여기서 그칠 수 없었다. 20세기 초 이래 그는 국제 프롤레타리아 혁명을 위해 매진했다. 스탈린주의에 물든 코민테른으로는 더는 그 목적을 달성할 수 없다고 확신하게 된 트로츠키는 스스로 새

조직을 구축하는 수밖에 없었다. 히틀러 앞에서 독일 공산당이 완전히 무너져 버리고 코민테른의 어느 한 지부도 공식 노선에 항의하지 못하는 사태가 벌어지자 트로츠키는 결국 그 길을 택하기로 최종 결심했다.

> 어떤 조직이 파시즘의 천둥소리를 듣고도 분연히 일어나지 못하고 관료의 무도한 짓거리에도 말없이 굴종한다면 그 조직은 이미 죽은 것이며 결코 되살아날 수 없을 것이다.[23]

레닌이 1914년 8월 4일 제2인터내셔널의 굴복 직후 곧바로 제3인터내셔널이 필요하다고 선언했듯이, 트로츠키도 1933년에 제4인터내셔널이 필요하다고 선언했다.

1. 제4인터내셔널을 위한 투쟁

1933년 당시 트로츠키의 지지 세력은 매우 미약했다. 따라서 당장 새 인터내셔널을 설립하는 것은 어림도 없는 일이었다. 점진적으로 설립해 나갈 수밖에 없었다. 불행히도 객관적 상황이 너무 불리했다. 레닌은 제1차세계대전이 시작될 당시 상당히 고립된 처지였지만, 적어도 국내 기반이 굳건하다(볼셰비키당)는 이점은 있었다. 그런데도 제3인터내셔널은 러시아 혁명이 성공한 지 2년이 지나서야 비로소 결성될 수 있었다. 트로츠키에게는 그런 기반도 없었고 자신의 생전에 러시아 혁명 말고 또 다른 혁명의 승리도 보지 못할 운명이었다. 오히려 1930년대는 노동계급이 심각하게 패퇴하던 시기였다. 그 시발점은 독일 프롤레타리아의 패배였다. 그것은 투쟁적이고 정치의식이 높은 노동계급이 역사상 가장 철저하고 수치스럽게 패배한 사례였다. 파시즘이나 그와 비슷한 체제가 이미 중부 유럽을 장악하고 있었고, 뒤이어 스페인에서도 프랑코가 승리했다. 1930년대 내내 도처에서 불황과 장기 실업 때문에 노동자들의 투쟁력이 꺾이고 그 조직이 약해지고 있었다.

이렇게 전반적으로 암울한 반동적 상황 외에도, 트로츠키주의가 성장하는 데 불리하게 작용한 특정 요인들이 또 있었다. 파시즘의 가공할 위협 때문에 노동자들은 똘똘 뭉쳐서 분열을 막고 적에 맞서 단결해야 한다는 압박감을 강하게 느끼고 있었다. 이와 함께, 히틀러에 대항할 동맹과 강력한 군사력이 필요하다는 생각도 있었다. 이것은 물론 소련을 의미했다. 스탈린의 강력한 권력을 포기하고 세력도 미미한 트로츠키주의를 택하는 것은 무척 어려운 일이었다. 이렇게 볼 때 노동운동에서 스탈린과 스탈린주의를 실질적으로 도와준 것은 바로 히틀러였다고 할 수 있다.

게다가 노동계급 운동 역사상 유례를 찾을 수 없을 만큼 극심한 비방과 중상이 트로츠키에게 퍼부어진 사실도 빼놓을 수 없다. 여론 조작용 모스크바 재판(1936~38년)에서 트로츠키와 그 밖의 피고 전원이 뒤집어쓴 혐의는 그들이 히틀러와 일본 천황의 첩자라는 것이었는데, 이것은 지금 보기에도 그렇지만 당시에도 명백히 터무니없는 혐의였다. 그런데도 그 '황당한 거짓말'의 힘이 얼마나 컸던지 전 세계의 숱한 사람들이 그 거짓말을 믿었다. 트로츠키가 파시스트라는 중상모략을 믿은 사람은 골수 공산당원들만이 아니었다. 로맹 롤랑을 비롯해 많은 서방 예술가와 지식인이 거들고 나섰다. 또, 버나드 쇼나 앙드레 말로 같은 사람들은 민중전선의 압력을 의식해서 얼버무리거나 침묵을 지켰다. 이렇게 스탈린의 엄청난 조작극은 단시일 내에 대성공을 거뒀다. 그래서 첫째, 성격이 매우 강직하고 끊임없는 비난과 비방을 견딜 수 있는 사람만이 트로츠키주의를 지지할 수 있었다. 둘째, 트로츠키주의자들(가장 탁월한 혁명 경력을 가진 사람들도 포함해)과 정치의식이 있는 노동자들 사이에 엄청난 장벽이 생겼다. 따라서 노동자들은 사건의 진상을 알 수 없었다. 비판이 아무리 설득력이 있어도 비판을 하는 사람이 '파시스트 첩자'로 몰리는 상황에서는 어떤 비판도 제대로 받아들여질 리 없었다.

마지막으로, 제3인터내셔널을 설립한 지 얼마 되지도 않았는데 완전히 다시 시작해야 한다는 것을 사람들에게 설득하기란 대단히 어려운 일이었다. 트로츠키는 이런 상황을 다음과 같이 표현했다.

> 우리의 정치는 진보하지 못하고 있다. 그렇다. 오히려 지난 15년 동안 노동운동이 전반적으로 쇠퇴해 온 것이 사실이다. … 우리가 처한 상황은 다른 어느 때 다른 어느 조직이 처했던 상황과도 비교할 수 없을 만큼 어렵다. 우리는 제2인터내셔널의 엄청난 배신을 이미 겪었기 때문이다. 또, 제3인터내셔널은 너무나 빨리, 너무나 뜻밖에 변질됐기 때문에, 제3인터내셔널의 결성 소식을 들었던 바로 그 세대 사람들이 지금 제4인터내셔널 소식을 듣고는 "전에 들은 적이 있는 이야기 같은데" 하고 말한다.[24]

이렇게 상황이 매우 어려웠기 때문에 트로츠키의 운동은 세 가지 특징을 지니게 됐다. 첫째, 매우 소규모였고, 많은 나라에서 겨우 몇 명으로 이뤄져 있었다. 둘째, 사회적 구성 면에서는 프티부르주아가 압도적으로 많았다. 셋째, 적어도 그 간부들을 보면 일종의 망명자 조직이었다. 실제로 자기 나라에서 쫓겨난 사람들도 있었지만, 여기서 망명자란 그런 뜻이라기보다는 자신들의 제2의 조국인 노동자 대중운동에서 추방당한 아웃사이더들을 가리킨다. 그런데 언제나 규모가 큰 정당보다는 작은 집단이 더 쉽게 더 자주 분열하기 마련이다. 분열해도 잃을 게 훨씬 적기 때문이다. 그리고 언제나 노동자보다는 프티부르주아 지식인이 분파주의에 빠지기 쉽다. 미국의 트로츠키주의 지도자인 제임스 캐넌은 다음과 같이 썼다. "이런 유형의 사람들은 공통의 특징이 하나 있다. 한도 끝도 없이 토론하기를 좋아한다는 점이다."[25] 그리고 망명 정객들은 으레 음모와 추문으로 악명이 높기 마련이다. 이런 현상은 모두 똑같은 근원(엄격한 규율을 강제하는 계급투쟁과 동떨어져 있었다는 점)에서 비롯했고, 제4인터내셔널 운동은 이 모든 것에 심각하게 시달렸다. 트로츠키주의는 처음부터 분파주의와 분열과 극단적 종파주의에 빠졌다.

트로츠키는 이런 절망적 상황을 타개하고 자신의 운동이 노동자들에게 다가갈 방법을 찾으려고 최선을 다했다. 처음에는 지지자들로 하여금 제2인터내셔널이나 제3인터내셔널과 무관한 좌파, 사회민주주의, 중간주의(영국의 독립노동당ILP과 독일 사회주의노동자당SAPD*) 조직들에 접근하도록 했다. 새로운 치머발트 좌파를 형성할 수 있으리라는 기대 때문이었다.[26] 그다음에는 지지자들을 잠시 사회민주주의 대중정당들에 입당시켰다가[27] 다시 탈당시켰다. 1937년과 1939년에는 미국 사회주의노동자당SWP에 제안하기를, 노동자들을 입당시키지 못한 프티부르주아 당원들은 제명하라고 했다.[28] 그러나 아무것도 소용이 없었다. 새로운 전술이

---

* 1931년에 독일 사회민주당에서 떨어져 나온 조직으로, 1875년에 설립된 같은 이름의 당(독일 사회민주당의 전신)과는 다른 당이다.

나올 때마다 새로운 분열이 일어나는 바람에, 제대로 목적을 달성한 전술은 하나도 없었다. 트로츠키주의 운동은 많은 노동자를 끌어들이지도 못했고, 노동운동의 일부로 통합되지도 못했다.

여기서 던져야 할 물음은 다음과 같은 것이다. 이런 상황은 트로츠키의 당 이론에 어떤 영향을 미쳤는가? 이론가들은 상황이 불리해지면 사기 저하를 막으려고 과거의 이론적 업적을 고수하거나 운동이 최고조에 달했던 때에 집착할 수 있지만(러시아의 스톨리핀 반동기에 레닌이 그랬고 나중에 트로츠키도 그랬다), 그렇다고 해서 이론 자체가 현실 상황의 영향을 전혀 받지 않을 수는 없다. 트로츠키의 경우도 마찬가지였다. 당시 상황에서 해야 할 과제는 엄청난 반면 이를 실행할 힘은 매우 미약했으므로, 트로츠키는 자신의 작은 조직의 능력과 세력을 과장하게 됐다. 그뿐이 아니었다. 트로츠키는 대중과 괴리된 국제적 지도부가 할 수 있는 구실을 이론적으로 과대평가했고, 프롤레타리아의 실질적 전위이자 중대한 사건에서 노동계급이 겪은 경험을 일반화하는 당 자체를 당 강령(계급투쟁의 언저리에서 작성한)으로 대체하려 했다는 점에서도 잘못을 저질렀다. 이 점은 1938년에 실제로 제4인터내셔널을 창립하기로 한 결정이나 이와 관련된 몇 가지 전망을 살펴보면 분명하게 드러난다.

2. 제4인터내셔널의 이론적 기초

제4인터내셔널의 가장 두드러진 특징은 그보다 앞서 존재했던 세 개의 노동자 인터내셔널과 너무 차이가 난다는 점이다. 우선, 창립 대회부터가 다른 인터내셔널들보다 빈약하기 짝이 없었다. 프랑스에 있는 트로츠키의 오랜 친구 알프레드 로스메르의 집에서 비밀리에 열린 그 회의는 단 하루 만에 끝났으며 참석자도 21명에 불과했다. 이들은 11개국의 조직을 대표한다고 주장했지만, 이 조직들은 대부분 아주 작은 종파에 불과했으며 그 가운데 이른바 '러시아 지부'라는 것은 완전히 가공의 조직으로 소련 보안경찰 요원(에티엔)이 대표를 자처하고 참석했다. 단 한 사람, 미국 대표 맥스 샤트먼만이 200명이 넘는 조직의 대표였다. 1935년에 트로츠키는 "트로츠키주의자들이 다음 주 목요일에 제4인터내셔널을 선언하려 한다"는 소문을 두고 "시시껄렁한 잡담"이라고 쏴붙인 일이 있었다.[29] 그렇다면 왜 자신의 운동이 그 뒤 별로 성장하지 않았는데도 이런 선언을 하게 됐을까?

이 문제의 해답은 트로츠키가 주창한 프롤레타리아 '지도부의 위기' 이론에서 찾을 수 있다. 트로츠키는 자본주의와 스탈린주의가 모두 도저히 빠져나올 수 없는 난관에 부딪혔다고 봤다. 인류가 이 위기를 해결하려면 오로지 새로운 혁명적 지도부가 등장하는 수밖에 없다. 혁명적 상황이 필연적으로 다가오는 상황에서 가장 중요한 요인은 혁명적 지도부의 자질일 것이다. 또, 그런 상황에서는 처음에는 아주 작은 조직이라도 급속하게 대중의 지지를 받아 사태에 결정적 영향을 미칠 수 있다는 것이다.

창립 대회에서 채택한 강령은 《자본주의의 죽음의 고통과 제4인터내셔널의 임무》라는 제목으로 발표됐는데, 그 서두는 다음과 같다.

전반적인 현 세계 정세의 주된 특징은 프롤레타리아 지도부의 역사적 위기다. … 프롤레타리아 혁명의 객관적 전제 조건은 이미 '무르익었다.' 아니, 무르다 못해 심지어 썩어 들어가기 시작했다. 사회주의 혁명이 일어나지 않는다면, 역사의 다음 시기에는 인류 전체에 재앙이 닥칠 것이다. 이제는 프롤레타리아의 차례다. 즉, 프롤레타리아의 혁명적 전위의 차례다. 인류의 역사적 위기는 곧 혁명적 지도부의 위기로 귀착되고 있다."[30]

이 '지도부의 위기' 이론은 1917년 10월의 긍정적 사례부터 1919년 헝가리, 1920년 이탈리아, 1923년과 1933년 독일, 1925~27년 중국, 1931~37년 스페인의 부정적 사례까지 당시의 혁명 경험에서 나온 것이다. 그러나 이런 '일반적' 올바름이 문제를 모두 해결해 주지는 않는다. 트로츠키는 한순간도 (예컨대 일부 게바라주의자들이 주장하듯이) 지도부가 혁명을 창조하거나 '만든다'고 주장한 적이 없다. 다만, 지도부라는 것이 사건들의 사슬에서 결정적 '고리'이며, 이 사슬을 이루는 그 밖의 주요 요소로는 자본주의의 객관적 경제·정치 위기, 노동계급의 대중반란, 잘 준비된 혁명적 정당의 존재 등이 있다고 주장했다. 그러나 이 사슬이 없다면 '지도부'는 고립되고 단절돼 비교적 무력해질 것이고, 그런데도 자신의 능력과 중요성을 과대평가하거나 오판하면 더 형편없는 처지로 추락할 것이다. 트로츠키에게 문제는 1938년 9월 제4인터내셔널(세계사회주의혁명당)을 결성했을 때 그 사슬에서 가장 중요한 고리들이 존재하지 않았다는 점이다. 노동계급의 반란도 없었고, 굳건한 기반을 가진 혁명적 정당은 세계 어디에도 없었다.

당연히 트로츠키도 이 점을 절실히 깨닫고 있었다. 그러나 가까운 장래에 혁명의 사슬을 이어 줄 고리들이 반드시 등장할 것이라는 예측을 통해 이 문제를 '해결'했다.

첫째, 그는 자본주의가 마지막 위기에 접어들었다고 봤다. "프롤레타리아 혁명의 경제적 전제 조건은 대체로 자본주의에서 도달할 수 있는 최고의 성숙점에 이미 이르렀다. 인류의 생산력은 오히려 정체하고 있다."³¹ 이제 "체계적 사회 개혁과 대중의 생활수준 향상 따위를 논하는 것은 어불성설"이 돼 버렸고, 따라서 사회민주주의는 치명적 타격을 입을 터였다.³²

둘째, 트로츠키는 다가오는 세계대전이 제1차세계대전과 마찬가지로 엄청난 혁명의 물결을 일으킬 것이라고 생각했다. "두 번째 출산은 첫 출산보다 쉬운 법이다. 새로운 전쟁에서는 최초의 반란이 일어날 때까지 2년 반˙이나 걸리지는 않을 것이다."³³

셋째, 트로츠키는 소련의 스탈린 체제는 대단히 불안정해질 것이며("피라미드를 거꾸로 뒤집어 놓은 것처럼"), 전쟁의 충격을 견뎌 낼 수 없을 것이라고 믿었다. "서방에서 혁명이 일어나 제국주의가 마비되지 않는다면, 10월 혁명으로 생긴 이 체제는 제국주의에 의해 파멸하고 말 것이다."³⁴ 물론 트로츠키는 소련을 방어해야 한다고 생각했지만, 다른 한편으로 스탈린 체제가 전복되면 자신이 노동운동의 주된 반혁명 세력이라고 여긴 것이 치명타를 입을 것이라는 사실도 당연히 고려했을 것이다.

넷째, 트로츠키는 레닌의 《제국주의》와 자신의 연속혁명론에 입각해, 식민지는 제국주의에 정면으로 항거하지 않으면 독립을 얻지 못할 것이고, 민족 부르주아지는 그런 투쟁을 회피할 것이므로 고양되는 민족해방 운동은 반드시 사회주의 혁명 노선을 취해야 할 것이라고 생각했다. "인류의 절반이나 되는 식민지·반식민지 민중의 해방을 위한 투쟁의 기치는 분명히 제4인터내셔널의 손으로 넘어왔다."³⁵

이런 예측들을 바탕으로 트로츠키는 다음과 같은 전망을 제시했다.

---

* 1914년 제1차세계대전 개전과 1917년 러시아 혁명 사이의 기간을 뜻한다.

유럽의 인류가 새롭게 맞이할 … 시대에는 노동운동에서 모호하고 부패한 것은 흔적도 없이 사라질 것이다. … 제2인터내셔널과 제3인터내셔널의 각국 지부는 하나씩 하나씩 소리 없이 사라질 것이다. 노동계급의 전열을 새롭게 대대적으로 재편하는 일은 불가피하다. 새로운 혁명적 중핵에 피와 살이 덧붙여질 것이다.[36]

이런 전망의 바탕에 깔린 예측들은 각기 충분한 근거가 있었다. 그러나 그 예측들이 모두 역사적으로 틀렸다는 것도 엄연한 사실이다. 전쟁 준비 덕분에 자본주의는 불황의 늪에서 벗어나기 시작했고, 트로츠키가 분석한 자본주의 체제의 최종 위기는 전쟁이 끝나자 자본주의 역사상 가장 길고 안정된 호황으로 바뀌었다. 스탈린 체제도 전쟁 중에 붕괴하기는커녕 오히려 승리를 거두면서 매우 강력해졌고 그 지배력을 동유럽 전역으로 확대했다.[37] 사회민주주의 정당들과 공산당들도 "소리 없이 사라지기"는커녕 오히려 유럽 전역에서 새로 활기를 띠게 됐다. 제국주의도 대개는 식민지 부르주아지와 협상 끝에 식민지에 독립을 허용했고, 그래서 민족해방운동은 프롤레타리아 혁명의 길로 나아가지 않았다. 따라서 제4인터내셔널은 완전히 고립되고 말았다.

트로츠키는 다음과 같이 예측한 바 있었다.

앞으로 10년 동안 제4인터내셔널의 강령은 수많은 대중의 지침이 될 것이며 이 수많은 혁명 대중은 세계를 뒤흔들 방법을 알게 될 것이다.[38]

그러나 그가 말한 10년 후인 1948년, 제4인터내셔널 제2차 세계 대회가 열렸을 때도 여전히 소규모 조직들만이 참가했다.

트로츠키의 예측이 이렇게 빗나가자 추상적으로는 유의미했던 '지도부의 위기' 이론도 실천적으로는 아무 소용이 없었다. 그러나 그의 전망이 본질에서는 옳은 것으로 판명됐다고 가정해 보자. 그랬다면, 과연 모든 것이 제대로 잘 됐을까? 그렇게 소규모인 제4인터내셔널이 과연 세계 혁명 과정이 전개됐다고 해서 혁명의 확고한 지도부가 돼서 혁명을 승리로 이끌 수 있었을까? 물론 역사에서 가정은 복잡한 변수를 동반하므로 엄밀히 말하면 이런 질문에 정답을 제시할 수는 없다. 그러나 제4인터내셔널을 설립하기로 한 결정과 관련해서 적어도 두 가지 중요한 문제가 제기됐으리라는 것만은 분명하다.

첫째, 트로츠키주의 조직들은 너무 작고 미약해서(예를 들면 1903년 당시의 볼셰비키나 1914년 당시 스파르타쿠스단[의 전신], 1917년 당시 트로츠키의 메즈라욘치 그룹보다도 미약했다)[39] 거대한 혁명적 격변 속에서 이렇다 할 영향력을 발휘하기가 무척 힘들었을 것이다. 혁명기에는 소규모 정당도 놀랄 만큼 급속하게 성장할 수 있다는 것은 사실이다. 그러나 처음부터 어느 정도의 규모와 세력이 없으면 오히려 사태에 압도당하기 십상이다. 바로 이 점 때문에 혁명 이전 시기에 당을 건설하려고 오랫동안 노력해야 하는 것이다. 트로츠키는 '전환적[이행기] 요구들'을 통해 이 난관을 극복하고자 했다. 전환적 요구들을 이용하면 소규모 조직도 대중투쟁과 연관 맺고 투쟁을 이끌 수 있으리라고 봤던 것이다.

다음 시기의 전략적 과제는 … 이 모순, 즉 혁명의 객관적 조건은 성숙했지만 프롤레타리아와 그 전위는 아직 미숙한 상태를 극복하는 것이다. … 대중이 일상 투쟁 과정에서 현재의 요구와 사회주의 혁명 강령 사이의 간극을 메울 수 있도록 도와줘야 한다. 이 간극을 메우려면 노동계급의 광범한 층이 오늘날 처한 조건과 현재 의식에서 나오고, 변함없이 프롤레타리아의 권력 장악이라는 최종 결론으로 이어지는 전환적 요구들이 필요하다.[40]

그러나 트로츠키는 노동계급 기반이 없는 상태에서 인터내셔널을 설립하기로 했으므로 그가 작성하고 정식화한 이 '전환적 요구들'은 대중투쟁과 동떨어지고 지나치게 앞서 나간 고정된 체계가 될 수밖에 없었다. 이것은 잘못된 방식이었다. 진정으로 '현재 의식'에 바탕을 두면서도 실제로 '권력 장악'으로 이끄는 요구안은 단순히 이론가의 머리에서 나올 수 없다. 아무리 명석한 이론가라 할지라도 마찬가지다. 그것은 대중투쟁 속에서 작성돼야 한다. 이를 위해서는 노동자와 지도부 사이를 이어 줄, 기반을 갖춘 당이 필요하다. 그러나 제4인터내셔널은 이런 구실을 하기에는 세력이 너무 약했다. 트로츠키의 '전환기 강령'인 《자본주의의 죽음의 고통과 제4인터내셔널의 임무》는 수정되지도 않고 논쟁도 거의 없이 통과됐지만, 거기서 제시된 요구들(임금-물가 연동제, 대기업의 회계장부 공개, 은행 국유화, 노동자 시민군)은 노동자들에게 결코 받아들여지지 않았다.

트로츠키도 인정했지만, 앞일을 정확히 내다보고 혁명 강령을 미리 작성할 수는 없는 법이다. 전선의 전반적 상황이야 예견할 수 있겠지만 투쟁의 특정 형태까지 예견할 수는 없다. 그런데 구체적 요구들은 이런 특정한 투쟁 형태를 바탕으로 작성해야 한다. 러시아 혁명을 이끌기 위해 볼셰비키는 자신들의 강령을 완전히 수정해야 했으며 때에 따라서는

'임시정부 타도'와 '모든 권력을 소비에트로' 등의 기본 구호조차 철회했다가 다시 내놓아야 했다.

둘째 문제는, 트로츠키의 전망에서 "노동계급의 전열을 새롭게 대대적으로 재편한다"는 대목이었을 것이다. 그러려면 사회민주주의 정당들과 스탈린주의 정당들이 분열하고, 혁명적이거나 반#혁명적인 신생 조직들이 많이 등장해야 했을 것이다. 그러나 트로츠키는 그런 발전이 진행되거나 심지어 시작되기도 전에 인터내셔널을 설립했다. 그래서 이런 재편을 통해 나타날 조직의 형태를 미리 매우 구체적으로 규정하려 했다. 그런 상황에서 종파주의적 관행에 찌든 여러 종파가 모여서 인터내셔널을 건설하고 난 다음에 새로운 조직과 운동에 가입하라고 요구하는 것은 필시 진정한 대중적 노동자 인터내셔널을 창설하는 데 심각한 장애가 됐을 것이다.

제4인터내셔널과 트로츠키 당 이론의 문제를 검토할 때는 트로츠키가 1928년에 (스탈린의 영-소 노동조합위원회 정책을 비판하며) 쓴 다음 구절을 참조하는 것이 좋다.

> 자기 당의 발전 속도를 앞질러서 필수적 발전 단계들을 뛰어넘으려는 성급한 기회주의적 시도에서 비롯한 책략이야말로 가장 위험하고 가장 나쁜 것이다(따라서 어떤 단계도 뛰어넘으려 해서는 안 된다).[41]

제4인터내셔널을 선언한 것이 기회주의는 아니었을 수 있지만, "자기 당의 발전 속도를 앞지르려는" 시도였던 것만은 틀림없다. 근본적으로 그것은 순수한 혁명의 기치를 높이 세우려는 원대한 행동이었다. 따라서 제4인터내셔널은 트로츠키의 다른 업적들과 마찬가지로 순수한 마르크스주의의 불꽃이 거의 꺼져 가던 때 그것을 지키는 데 나름대로 구실을 한 셈이다. 그러나 혁명적 지도부의 구실과 성격에 대한 그릇된 견해, '강령'과 '전환적 요구'에 관한 수많은 오해, 제4인터내셔널의 힘과 중요성에 관한 착각을 트로츠키주의 운동에 남기기도 했다.

3. 제4인터내셔널의 변질

이쯤에서 트로츠키가 죽은 후 제4인터내셔널이 어떻게 됐는지를 간단하게나마 살펴볼 필요가 있다. 트로츠키가 말년에 저지른 오류들이 바로 이 시기에 완전히 드러나기 때문이다. 1938년에 트로츠키는 다음과 같이 썼다.

> 우리 인터내셔널이 수는 아직 적지만, 이론·강령·전통은 강력하며, 특히 간부층은 비할 데 없이 강건하다. 오늘 이 점을 깨닫지 못하는 사람은 당분간 옆으로 물러나 있으라. 내일은 훨씬 분명해질 테니까.[42]

그러나 트로츠키 말고 다른 '인터내셔널 지도자들'은 노동운동 경험이 별로 없었고 이렇다 할 이론적 성과도 없었다. 결국 그들은 상황 변화에 대응할 능력이 없는 것으로 드러났다.

기반 없는 인터내셔널의 약점 하나는 '세계' 정세 전망을 실천에서 검증하고 수정할 기회를 얻지 못한 채 현실에서 괴리될 수 있다는 것인데, 바로 이런 일이 실제로 일어났다. 제4인터내셔널 지도부는 강령이나 전망과 어긋나는 증거를 모두 무시한 채 강령을 고수했고 전망의 올바름이 입증됐다고 선언했다. 이런 고집은 때로는 우스꽝스러운 주장으로 나타나기도 했는데, 미국 사회주의노동자당의 지도자 제임스 캐넌은 제2차 세계대전이 끝난 지 여섯 달 후에도 다음과 같이 썼다.

> 트로츠키는 소련의 운명이 전쟁에서 결정날 것이라고 예측했다. 우리는 여전히 그렇게 확신한다. 전쟁이 끝났다고 경솔하게 생각하는 사람들과 의견이 다른 것은 오직 우리뿐이다. … 전쟁은 끝나지 않았다. 우리가 유럽에서 전쟁의 결과로 일어날 것이라고 말했던 혁명은 여전히 의제로 남아 있다.[43]

이보다 더 상황 판단에 어두운 경우도 있었다. 에르네스트 만델이 1946년에 쓴 글이 그런 예다.

> 자본주의가 안정과 발전의 새 시대로 접어들었다고 믿을 근거는 하나도 없다. 오히려 전쟁은 자본주의 경제의 높아진 생산성과 세계시장의 흡수 능력 사이의 불균형을 심화하는 구실만 했다.[44]

이런 형편이었으므로 제4인터내셔널 운동이 분열하고 와해되는 것은 피할 수 없었다. 특히 '소련 문제'와 거기서 파생한 동유럽 문제가 결정적 구실을 했다. 트로츠키가 보기에, 소련은 생산수단의 국유화 때문에 여전히 노동자 국가였지만, 스탈린주의 관료의 구실은 국내에서는 반동적이고 세계 수준에서는 반혁명적이었다. 사실, 스탈린주의 관료가 세계 수준에서 반혁명적이라는 판단이 제4인터내셔널의 존재를 역사적으로 정당화하는 근거였다. 트로츠키가 이런 분석을 했을 때는 동유럽이 공산화하기 전이었다. 그런데 동유럽이 공산화하는 사태가 벌어지자 결코 회피할 수 없고 '강령'만으로는 해결할 수 없는 문제가 또 하나 제기됐다. 그것은 곧 동유럽 공산국가들의 계급적 성격이 무엇인가 하는 문제였다. 바로 이 대목에서 트로츠키의 운동은 진퇴양난에 빠지게 됐다. 만약 동유럽 나라들이 노동자 국가라면, 스탈린 체제가 반혁명적이라는 주장은 말이 안 될 뿐 아니라 마르크스의 사회주의 혁명 이론과도 모순된다. 거의 모든 동유럽 나라에서 노동계급은 자신의 '해방'을 위해 아무 구실도 하지 않았기 때문이다. 반면에 동유럽 나라들이 여전히 자본주의라면, 그 나라들의 경제·사회·정치 구조가 소련과 완전히 똑같다는 사실은 어떻게 설명할 것인가? 혁명적 마르크스주의에 부합하게 설명하려면, 소련이 노동자 국가가 아니라고 규정하는 수밖에 없었다.[45] 그러나 그러려면 신성한 강령을 대놓고 수정해야 했다.

그래서 제4인터내셔널은 갈팡질팡 흔들리고 분열했다. 처음에는 동유럽 국가들을 여전히 자본주의적인 '완충지대' 국가로 보는 견해를 고수하려고 애썼지만, 1948년 스탈린과 티토의 결별에 충격을 받은 뒤에는 소련의 적군赤軍이 동유럽에서 '기형적 노동자 국가들'을 탄생시킨 것으로 보면서 은근히 스탈린주의에 친화적인 견해로 넘어가 버렸다. 그다음에는 티토와 손잡으려는 기회주의적 시도도 있었고 미셸 파블로 지도부 하에서는 완전히 스탈린주의로 기울었다. 이런 쏠림 현상은, 새로운 세계대전이 다가오고 있으며 세계대전이 터지면 각국의 스탈린주의 공산당도 스스로 급진화할 수밖에 없으리라는 이론으로 절정에 달했다. 여기서 파블로가 이끌어 낸 결론은 트로츠키주의 당들이 스스로 해체하고 다시 공산당 안에서 좌파적 경향을 구축하려고 노력해야 한다는 것이었다. 이 모든 과정에는 수많은 분열과 제명이 뒤따랐다. 그러나 더 결정적인 파탄이 닥쳐왔다. 미국 사회주의노동자당이 이끄는 제4인터내셔널의 다수파가 이런 청산주의에 반발해 지도부와 결별한 것이다(그러나 그들이 거부한 것은 파블로의 결론이었지 전제가 아니었다). 트로츠키가 설립한 인터내셔널 운동은 이제 이론적으로나 정치적으로나 조직적으로나 파멸에 이르게 됐다.

이 안타까운 이야기의 결말은 오늘날 제4인터내셔널을 자처하는 조직이 네 개나 있으며 그것을 재건하려고 애쓰는 조직도 무수히 많다는 것이다. 영국만 보더라도, 저마다 1938년 강령을 '복음'으로 삼고 그것을 충실히 따르노라고 주장하는 이른바 '정설' 트로츠키주의 조직이 10여 개나 있다.

물론 트로츠키가 그토록 애써 지켜 낸 레닌주의 당 이론도 이런 트로츠키주의의 변질로 말미암아 영향을 받을 수밖에 없었다. 모든 트로츠키주의 종파는 그 이론의 자구 하나까지도 고수하지만, 그 이론의 '정신'은 두 가지 수정을 겪게 됐다. 첫째 특징은 극도로 교리적인 종파주의라 할 수 있다. 그래서 아무리 작고 미약한 조직이라도 스스로 노동계급을 지도할 권리를 선언하고 요구한다. 계급투쟁에서 자신들이 맡는 구실에 근거해서가 아니라 자신들이 주장하는 '올바른 이론'과 '올바른 노선'에 근거해서 스스로 혁명적 정당을 자처한다. 그들은 당을 근본적으로 노동계급 전체뿐 아니라 선진 노동자들과도 분리된 존재로 여긴다. 레닌에게 당은 교육자인 동시에 피교육자였다. 반면 이 변종 트로츠키주의에서는, 당이 노동계급을 가르치는 선생 구실을 하려 든다. 그런 조직은 내부적으로 권위주의 경향을 보이기 마련이다. 심지어 중세의 마녀사냥 같은 짓을 자행하고 지도자를 숭배하는 짓도 한다. 외부적으로는 과대망상과 편집증, 무엇보다 당면 현실을 직시하지 않는 태도를 드러낸다.

둘째 변형은 프티부르주아적 기회주의라 할 수 있다. 간혹 '노동계급의 구실'을 의례적으로 받아들이지만, 실제로는 노동계급 속에서 지지 기반을 얻지 못한 것을 어쩔 수 없는 일로 치부하고는 그 대안을 모색하려 한다. 제3세계 연대 운동부터 학생 반란, 흑인운동, 여성해방운동까지 여러 대안을 모색하지만, 이 모든 경우에 공통으로 드러나는 특징은 첫째, 프티부르주아적 환경에 머물면서 거기에 적응해 간다는 점과 둘째, 산업 노동계급 속에 들어가 조직하는 가장 중요한 과제를 한없이 미룬다는 점이다. 그 결과 트로츠키주의 종파들은 현학적인 토론 서클처럼 돼 버려서 매우 사변적인 이론 논의만 하고 있으므로 노동자들은 결코 들어올 엄두를 내지 못하고 만다.

이 두 가지 변형된 '트로츠키주의'는 초기 레닌의 당 이론에 많이 의존한다. 즉, 사회주의는 외부에서 노동계급에 도입돼야 한다는 것이다. 이것을 이용해 그들은 노동계급과 떨어져 고립돼 있는 자신들의 처지를 변명하고 정당화한다. 사실상, 레닌과 트로츠키의 이름을 들먹이며 오히려 두 사람의 당 이론을 완전히 우스꽝스럽게 만들어 버린 것이다.

물론 트로츠키의 아류들이 저지른 이 모든 어리석은 짓을 트로츠키 탓으로 돌리는 것은 부당하다. 그러나 트로츠키의 제4인터내셔널 개념 속에 들어 있는 오류와 트로츠키 사후 제4인터내셔널의 오류 사이에는 어떤 연관이 있는 것도 사실이다. 트로츠키 자신이 사용한 비유를 빌리면, 그의 당 이론은 1930년대의 절망적 상황 때문에 상처를 입고 세균에 감염돼 결국에는 선진 노동자들의 조직이라는 혁명적 정당 개념을 버릴 정도로 부패하기에 이르렀다.

06

그람시의 '현대 군주'

　궁지에 처한 트로츠키가 레닌주의 당 이론을 지키고 현실에 적용하려고 사력을 다하는 동안, 또 다른 마르크스주의자인 안토니오 그람시는 11년 동안 파시스트 감옥에서 고투하며 혁명 전략에 관한 독창적 사상을 새롭게 발전시키고 있었다. 이런 힘든 작업의 산물로 나온 그람시 전략의 핵심은 혁명적 정당의 구실과 과제에 대한 새로운 개념이었다. 이것은 레닌 이후 마르크스주의 당 이론을 근본적으로 보완한 유일한 성과였다. 그람시가 이런 중요한 업적을 이룰 수 있었던 것은 무엇보다 그가 독특한 철학적 관점으로 당 문제를 다뤘기 때문이다. 따라서 그람시의 당 이론을 분석하려면 그 이론의 모태가 된 철학적 전제부터 살펴봐야 한다.

1. 실천철학

양차 세계대전 사이에 활약한 또 한 사람의 뛰어난 마르크스주의 철학자 게오르크 루카치와 마찬가지로, 그람시도 헤겔을 통해, 즉 '철학을 통해' 마르크스주의를 접했다. 그람시의 지적 성장에 영향을 준 주요 인물은 베네데토 크로체와 안토니오 라브리올라였다. 크로체는 관념론적 철학자로서 철학의 핵심 목표는 역사를 이해하는 것이라고 주장했으며, 따라서 '절대적 역사주의자'를 자처했다. 그람시는 크로체를 이탈리아 부르주아 문화의 최고 대표자이며 참으로 세계 정상급 자유주의 대변자라고 봤다. 크로체는 마르크스주의에 비판적이었지만, 그람시는 크로체의 저술이 1914년 이전 이탈리아에서 인기를 끌었던 저속한 마르크스주의와 실증주의보다는 지적 수준이 훨씬 높다고 생각했다. 이 점에서 그람시와 크로체의 관계는 마르크스와 헤겔의 관계와 비슷하다. 즉, 처음에는 영향을 받다가, 나중에는 점점 더 도전하고 극복해서 새로운 종합을 이루는 관계 말이다. 그람시가 크로체에게서 받아들여 발전시킨 것은, 경제결정론과 실증주의를 거부하고 역사에서 '윤리-정치적' 계기나 '이념적' 계기의 중요성을 강조하는 태도였다.

그람시가 크로체의 관념론과 마르크스주의를 결합할 수 있게 해 준 사람은 19세기 말 이탈리아 마르크스주의의 '시조'인 안토니오 라브리올라였다. 라브리올라는 로마대학교에서 철학 교수를 지냈고 이탈리아 헤겔학파의 주요 인물로 활동하다가 만년에 마르크스주의자가 됐다. '실천철학'이란 용어를 처음 사용한 사람도 라브리올라였다. 뒷날 그람시는 이 용어를 빌려다가 《옥중 수고》에서 감옥의 검열을 피하고자 '마르크스주의'라는 말의 대용어로 사용했다.¹ 그람시는 라브리올라를 매우 존경했고, 특히 라브리올라가 이론과 실천의 통일을 강조하고 어느 철학 사조와 다른 마르크스주의의 독자성을 강조한 점을 높이 평가했다. 그람시는 《옥중 수고》에서 라브리올라를 "실천철학을 과학적으로 확립하려고 노력한 단 한 사람"이라고 묘사했다.²

당시 그람시의 생각이 어느 쪽으로 발전하고 있었는지는 러시아 혁명을 환영한 그의 글 "《자본론》에 반反하는 혁명"에서 명백히 드러난다. 그는 이 글에서, 볼셰비키가 역사의 철칙에 얽매이기를 거부한 점을 칭찬했다. 제1차세계대전이 끝나고 완전히 성숙한 마르크스주의자이자 공산주의자가 됐을 때 그람시의 마르크스주의는 제2인터내셔널의 특징이자 제3인터내셔널에서도 대체로 유력했던(1914년에 자신의 철학적 견해를 수정한 레닌을 제외하면) '과학적' 유물론 정설과는 전혀 달랐다.

《옥중 수고》는 그람시의 성숙한 면모를 보여 주는 저술이다. 여기서 그는 "실천철학은 절대적 '역사주의'이고, 사유의 절대적 세속화·현실화이며, 역사의 절대적 휴머니즘"이라고 썼다.³ 마르크스주의는 추상적 '인간 본성'이나 '인간 일반'의 초월론이든, 종교나 종교에서 파생한 관념 철학의 초월론이든, 아니면 '객관적 법칙'에 근거한 형이상학적 유물론의 초월론이든 모든 형태의 초월론에 완전히 반대한다.

그람시는 마르크스주의를 역사주의·휴머니즘으로 정의해서, 자신을 부하린·카우츠키, 신칸트학파와 구분했을 뿐 아니라, 모든 러시아 마르크스주의자의 철학적 스승이었던 플레하노프와도 구분했다. 이런 태도는 당 이론의 핵심 문제들을 설명하는 표준적 방식들(숙명론, 예견, 경제

결정론)을 비판하는 것으로 이어졌다.

앞서 몇 차례 지적했듯이, 마르크스주의에 대한 숙명론적 해석은 당의 구실을 이해하는 데 계속 장애가 됐다. 그래서 제2인터내셔널의 숙명론적 조직관과 단절한 것이 바로 레닌의 위대한 업적 가운데 하나다. 그러나 레닌이나 트로츠키, 그 밖의 숙명론 반대자들은 철학 수준에서 숙명론과 대결한 적이 결코 없었다. 이 점이 바로 그들과 그람시의 차이다. 그들은 시간이라는 요인을 도입해서 언제나 본질적 논의를 회피했다. 물론 그들이 말하고자 했던 것은, **결국** 프롤레타리아의 단결, 사회주의의 승리 등은 필연적이지만 문제는 어떻게 이 과정을 앞당길 것인지, **지금 우리는 무엇을 해야 하는지** 등이라는 것이었다. 그런 식으로 숙명론의 악영향을 계속 피하기는 했지만, **궁극적 필연성을 인정했으므로** 결코 숙명론 자체를 근본적으로 논박하지는 못했다. 그러나 그람시는 숙명론이 역사에서 '유용한' 구실을 했음을 인정하면서도 숙명론 자체에 대해서는 분명한 태도를 취했다. "여기서 주목해야 할 것은 결정론적·숙명론적·기계론적 요소가 실천철학에서 나오는 직접적인 이데올로기적 '향기'였다는 것이다. 그것은 마치 종교나 마약(이 사람들의 정신을 마비시키는 것)과 비슷했다."[4]

운동의 패배기에는 '역사는 우리 편'이라는 숙명론적 태도가 엄청난 힘과 저항의 원천이 되기도 한다. 그러나 프롤레타리아가 사건의 능동적 지휘자로 등장하는 순간(즉, 혁명기에는) "어떤 점에서 기계론은 중대한 위험 요소가 된다."[5]

결정론적 마르크스주의자들이 보기에, 마르크스주의가 부르주아 이데올로기보다 뛰어난 점은 '역사법칙'에 대한 통찰력 덕분에 미래를 예견할 수 있다는 점이다. 이런 주장은 부하린이 개진했으며, 트로츠키 등 많은 사람의 저술에도 흔히 나오는 논점이다. 그러나 그람시는 다음과 같이 썼다.

> 사실, '과학적으로' 예견할 수 있는 것은 오로지 투쟁뿐이고, 투쟁의 구체적 계기들은 예견할 수 없다. 투쟁의 구체적 계기들은 서로 대립하는 세력들의 끊임없는 운동 결과이고, 결코 고정된 양으로 환원할 수 없다. 왜냐하면 그 속에서 양은 끊임없이 질로 바뀌기 때문이다. 사실, 우리는 우리가 행동하는 만큼만 예견할 수 있고, 자발적으로 노력하는 만큼, 그래서 '예견한' 결과가 실현되도록 구체적으로 기여하는 만큼만 '예견'할 수 있다. 예견은 과학적 인식 행위가 아니라 쏟아부은 노력의 추상적 표현, 집단 의지를 창출하는 실천 방법이다.[6]

그람시는 숙명론이 종교와 유사하다면 경제결정론은 미신이나 마르크스주의의 완전한 통속화나 다름없다고 생각했다. 그는 경제결정론을 비판하면서, "구체적 정치·역사 문헌들을 저술한 저자, 즉 마르크스의 확실한 증언"을 원용해서 대안적 역사 방법론을 제시했다.[7]

그람시는 노동계급 운동 내 조류인 '경제주의'나 신디컬리즘을 마르크스주의에서 나온 것이 아니라 자유방임 자유주의[8](경제적 힘이 자유롭게 작용하는)에서 나온 것으로 봤다. 마르크스주의는 정치를 통해 경제적 힘을 인간의 의지에 종속시키려 한다. 신디컬리즘은 피억압 계급의 이론이지만 "신디컬리즘으로는 결코 피지배자의 처지에서 벗어날 수 없다."[9]

그람시는 초좌파의 선거 기피주의, '타협'을 무조건 거부하고 동맹 세력을 적대하는 태도를 모두 '경제주의'와 연결했다. 왜냐하면 그런 태도는 모두 경제법칙(특히 자본주의 경제 위기 때 분명해지는)에 따라 자동으로 사회주의가 도래한다는 생각에 바탕을 둔 것이기 때문이다. 그람시가 보기에, 경제 위기가 그런 구실을 한다고 보는 견해는 "철두철미한 역사적 신비주의이며 모종의 기적 같은 허상을 기다리는 짓"이었다.[10] 오히려 그와는 반대로,

> 직접적 경제 위기 자체가 근본적인 역사적 사건을 만들어 낸다는 생각은 틀렸다. 경제 위기는 단지 국민 생활의 지속적 발전과 관련된 문제들을 제기하고 해결하는 특정 방법과 특정 사고방식을 확산하는 데 유리한 지형을 창출할 뿐이다.[11]

그람시가 보기에 어떤 상황을 진정 마르크스주의적으로 분석하려면 (그 상황을 바꾸겠다는 목적의식을 갖고) 그 상황에 얽힌 세력 관계를 구체적으로 연구해야 한다. 그러려면 적어도 세 가지 '계기' 또는 '수준'을 포함하고 구분해야 한다.[12]

(1) "사회적 세력 관계. 인간의 의지와 무관한 객관적 구조와 밀접히 연관된 이 세력 관계는 정밀과학이나 자연과학의 체계로 측정할 수 있다." 이 세력 관계를 분석해 보면 "특정 사회에 사회변혁의 필요조건과 충분조건이 존재하는지 안 하는지"를 알아낼 수 있다.

(2) 정치적 세력 관계. 즉, "다양한 사회 계급들의 동질성, 자의식, 조직화 수준이 어느 정도인지를 평가하는 것."

(3) 군사적 세력 관계. 그람시는 "역사 발전은 둘째 계기를 매개로 첫

째 계기와 셋째 계기 사이를 끊임없이 왔다 갔다 한다"고 썼는데,[13] 그가 특히 관심을 기울인 것은 바로 둘째 계기, 즉 첫째와 셋째 계기를 매개하는 정치라는 계기였다.

또, 그람시는 인간의 철학·세계관·이념이 역사를 창조하는 중요하고 적극적인 구실을 할 수 있다고 봤다. 이 때문에 자연히 그는 주의주의라거나 관념론이라는 비난을 받기도 한다(그런 비난은 당내 투쟁에서 자주 나타났다). 사실 그람시의 관심사는 추상적 철학이 아니라 특정 철학의 구체적인 역사적 발전이었으며, 무엇보다 그것이 대중의 일상적 사고와 '상식'에 미치는 영향이었다.

> 인민 대중이 일관되게 사고하고 현재의 실제 세계에 대해서도 똑같이 일관된 태도로 대한다면, 그것은 몇몇 철학 '천재'들이 여전히 소수 지식인 집단의 전유물인 진리를 발견하는 것보다 훨씬 중요하고 '독창적'인 '철학적' 사건이다.[14]

그람시는 "인간은 스스로 의식하지는 못하지만 모두 자기 나름대로 철학자"라고 했다.[15] 그러나 대중에게 있는 맹목적·모순적·단편적 요소들을 비판적·체계적 자각으로 바꿔야만 대중의 집단적 행동 의지가 형성될 수 있다고도 주장했다. 그런데 세계관이라는 것은 고립된 개인들 속에서 자연 발생적으로 성장하는 것이 아니다. 집단 의지가 형성되려면 그 출발점과 확산의 계기가 있어야 한다. 즉, 이론과 실천 양 측면에서 그것을 발전시켜 주는 능동적 힘이 작용해야 한다.[16]

이렇듯 역사에서 의식적 인간의 구실을 강조하고 경직된 기계적 결정론을 거부하는 그람시의 실천철학은 혁명적 정당의 문제와도 직결됐고, 그래서 이 문제를 다루는 데 큰 도움이 됐다. 그러나 철학적 정교함으로는 그람시가 당 이론을 의미 있게 발전시킬 수 없었을 것이다.[17] 그람시의 당 이론에는 두 번째 전제 조건이 필요했다. 즉, 노동계급 운동의 정치적 실천에 깊이 관여하고 그것을 구체적으로 분석한 것이다. 이제부터는 이 점을 살펴보자.

2. 이탈리아의 경험: 혁명과 패배

그람시의 사상 형성에 결정적 영향을 미친 정치적 경험은 1919년과 1920년에 토리노의 프롤레타리아가 선봉이 돼 일으킨 이탈리아 노동자들의 봉기였다. 그람시는 〈오르디네 누오보〉(신질서)라는 주간지를 이용해 이 사태에 개입하며 토리노 노동자들과 밀접한 관계를 맺게 됐다. 그는 다음과 같이 회상했다.

> 당시에는 노동자들의 의견을 충분히 반영하지 않은 것이면 … 어떤 계획도 실천에 옮기지 않았다. 따라서 우리의 계획들은 절실한 욕구를 반영한 것이었지, 결코 지적 도식을 냉철하게 적용한 것이 아니었다.[18]

그람시가 〈오르디네 누오보〉로 거둔 성과는, 러시아의 소비에트 사상을 이탈리아에 적용해서 기존의 공장내부위원회를 새로운 국가의 기초가 될 공장평의회로 발전시켰다는 점이다. 그람시는 1920년에 쓴 중요한 글에서 공산주의에 대한 자신의 기본 생각을 다음과 같이 요약했다.

따라서 우리는 다음과 같이 주장한다. (1) 부르주아 국가의 전복을 제안하고 그 목적을 달성한다고 해서 그것이 반드시 프롤레타리아 혁명, 공산주의 혁명인 것은 아니다. (2) 중앙정부가 부르주아지의 정치권력을 집행하는 수단인 대의기관이나 행정기관을 파괴할 것을 제안하고 그 목적을 달성하더라도 마찬가지로 프롤레타리아 혁명, 공산주의 혁명인 것은 아니다. (3) 대중 반란의 물결이 공산주의자를 자칭하는(그리고 실제로 공산주의자인) 사람들의 손에 권력을 쥐어 주더라도 그런 일 자체는 프롤레타리아 혁명, 공산주의 혁명이 아니다. 이제까지 자본가 계급이 지배해 온 사회에서 발전하고 있었던 힘, 즉 프롤레타리아·공산주의 생산력을 해방시키는 혁명만이 프롤레타리아 혁명, 공산주의 혁명이다. 생산·분배 관계에서 새로운 질서를 구성하는 데 필요한 조직적 작업을 꾸준히 시작할 수 있도록 프롤레타리아와 공산주의의 힘을 증진시키고 체계화하는 혁명만이 프롤레타리아 혁명, 공산주의 혁명이다.[19]

이렇듯 자본주의 전복의 파괴적 측면보다 노동자 혁명의 창조적·건설적 측면을 강조하는 것은 그람시의 사상에서 변함없는 주제였다.

그러나 이 경험은 이탈리아 사회당[PSI]과 이탈리아 최대강령파* 사회주

---

* 자친토 세라티가 이끈 이탈리아 사회당 좌파이자 다수파. 말로는 사회주의 강령의 즉각

의 전통의 결정적 약점이 고스란히 드러났다는 점에서 부정적 경험이기도 했다. 이탈리아 사회주의의 주류는 공장평의회의 중요성을 제대로 깨닫지 못하고 공장평의회를 노동조합의 기존 질서를 위협하는 것으로 치부했다. 그 때문에 토리노의 프롤레타리아는 완전히 고립돼 고독한 투쟁을 벌였다. 이 중요한 시기에 이탈리아 사회당은 관료적으로 마비돼, 고조되는 혁명적 운동을 일관되게 지도할 수 없었고 그럴 의지도 없었다. 그 결과 프롤레타리아는 주도권을 완전히 상실했고 무솔리니의 로마 진군과 반혁명의 승리로 가는 길이 열렸다. 이 배반에 대한 그람시의 반응은 "사회당의 혁신을 위해"라는 제목의 신랄한 비판 글이었다.[20] 여기서 그는 당 지도부가 개혁주의자와 비非공산주의자들을 몰아내고 동질적인 전투 정당을 만들어야 했는데 그러지 못했으며, 제3인터내셔널의 활동에 당을 참가시키지 않았고, 노조총연맹CGL 내에 혁명적 반대파를 형성하지 못했으며, 의회 민주주의에 집착했고, 권력투쟁을 시작하기를 회피하고 거부했다고 비판했다. 이런 주장은 레닌의 지지를 얻었는데, 그람시는 다음과 같이 결론지었다.

공장, 노동조합, 협동조합에 당 세포가 있어서 프롤레타리아의 혁명적 행동 전체를 당 중앙집행위원회가 조정하고 집중시킬 수 있는, 응집력 있고 매우 규율 있는 공산당의 존재, 이것이 바로 소비에트를 건설하려는 모든 실험의 근본적·필수적 조건이다.[21]

실현을 주장했으나 1919~20년의 대파업 시기에 혁명적 지도를 수행하기를 거부하는 등 중간주의적이었다.

이렇듯 그람시가 당 문제를 다루게 된 것은 그의 철학적 견해뿐 아니라 실천 경험에서도 비롯한 것이다. 그러나 처음에는 그의 독창성이 제대로 드러나지 않았고 그가 독자적 정책을 펼 수도 없었다. 그것은 파시즘의 억압이 점차 심화하는 시기의 일상적 사건들에 쫓긴 탓도 있었지만 새로 결성된 이탈리아 공산당(PCI) 내에서 그의 위치 때문이기도 했다. 공산당은 경직된 초좌파인 아마데오 보르디가라는 지도적 인물과, 안젤로 타스카가 이끄는 기회주의적 우파로 분열해 있었다. 그람시는 보르디가와는 의견이 매우 달랐지만, 당의 지도자로서 그의 위치만은 확실히 인정했고, 타스카에게 당의 주도권이 넘어갈까 봐 염려해서 보르디가와 정면충돌은 피하고 있었다. 그래서 그람시는 1926년 수감된 후에야 자신의 사상을 심화하고 발전시킬 기회를 얻게 된 것이다. 그리고 그때쯤 세계적 사건들도 그의 관심을 끌었다. 그는 제1차세계대전 후 이탈리아뿐 아니라 유럽 전체를 휩쓸었던 혁명의 물결이 패배로 끝난 것에서 교훈을 얻으려 했다. 또, 파시스트 단체주의(코포라티즘) 국가가 성장하고 미국에서 포드 체제가 출현하는 사태를 보고, 자본주의의 새로운 발전으로 노동운동에 새로운 전략 문제가 제기될 것임을 간파했다.

이것이 그람시가 옥중 저술을 통해 자신의 혁명적 정당 개념을 정교화하기 시작한 배경이다.

3. '현대 군주'와 이중의 관점

《옥중 수고》에서 그람시는 마키아벨리의 《군주론》을 천착하며 당 문제를 다뤘다. 그람시가 보기에 마키아벨리의 중요성은 그가 이탈리아에서 새로운 국가(통일된 부르주아 이탈리아)를 창건하기 위한 국민적 집단 의지를 어떻게 창출할지를 제시한 선구자였다는 점에 있었다. 마키아벨리는 "조숙한 자코뱅"이었으며,[22] '군주'라는 신화의 인물을 통해 이 목적을 달성하는 데 필요한 정치 지도력, 전략, 전술을 설명했다. 새로운 **노동자** 국가를 설립하기 위해서도 그런 정치 지도부('현대 군주')가 필요하다. 그러나 그람시는 다음과 같이 지적했다.

> 현대 군주는 … 실재하는 인간, 구체적 개인일 수 없다. 그것은 유기적 조직체, 복잡한 사회 요소일 수밖에 없는데, 이미 인식됐고 어느 정도는 행동으로 나타난 집단 의지가 바로 그 유기체 속에서 구체적 형태를 띠기 시작한다. 역사는 이미 이런 유기체를 제공했는데 그것은 바로 정당(보편적·전체적으로 되고자 하는 집단 의지의 맹아들이 한데 모인 최초의 세포)이다.[23]

마키아벨리가 훌륭한 군주에게 필요한 특징을 제시했듯이, 그람시도 앞서 살펴본 철학적 견해를 바탕으로 혁명적 정당에 필요한 특징을 논했다. 불행히도 이 논의는 체계적이지 않다. 그러나 다소 일관성은 없지만 매우 풍부하고 복잡한 진술들 속에 마르크스주의 정당이 실행해야 할 정책과 일반 정당에 대한 분석이 뒤섞여 있다. 따라서 이 책처럼 그람시 사상을 비교적 간략히 설명하는 글에서는 핵심 주제를 추려서 원전에는 없는(적어도 명시적으로 나타나지는 않은) 구조를 만들어야 한다. 이것은 어느 정도 자의적이고 썩 내키지는 않지만, 어쩔 수 없는 듯하다.

그람시 이론의 독창성을 이해하는 데 유용한 출발점은 혁명적 정당에게 '이중의 관점'이 있어야 한다는 개념이다. '이중의 관점'이라는 말 자체는 사실 코민테른 5차 세계 대회에서 지노비예프의 주도로 채택된 "진술 테제"의 8절에서 따온 용어다.[24] 그러나 분명히 그람시는 그 말을 처음 사용한 사람의 의도보다 훨씬 더 보편적인 의미와 더 심오한 내용을 담아서 그 용어를 사용했다. 그람시는 다음과 같이 썼다.

> 이중의 관점은 가장 초보적인 수준부터 가장 복잡한 수준까지 다양하게 나타나지만, 모두 이론적으로 두 가지 기본 수준으로 요약할 수 있고, 마키아벨리가 말한 켄타우로스(반은 짐승이고 반은 사람인)의 두 가지 속성과 비슷하다. 즉, 강제와 동의, 권위와 헤게모니, 폭력과 문명, 개별적 계기와 보편적 계기('교회'와 '국가'), 선동과 선전, 전술과 전략 등이다.[25]

그람시는 이 두 수준을 기계적으로 분리하거나 시간만 다른 연속적 단계로 묘사하려는 시도를 모두 거부했다. 언제나 동의의 요소는 강제력을 사용하는 가운데 나타나기 마련이며, 강제력의 요소는 동의를 얻는 가운데 드러나기 마련이라는 것이다. 《옥중 수고 선집》의 영어판 편집자는 이를 두고 다음과 같이 논평한다.

> 여기서 우리는 그람시가 공산당 내에서 한편으로는 보르디가에 맞서, 또 한편으로는 타스카에 맞서 벌였던 투쟁을 이론화하려는 시도를 엿볼 수 있다. 이를 도식적으로 보면 보르디가는 강제와 지배 등의 계기를 비변증법적으로 분리했고, 타스카는 동의와 헤게모니 등의 계기를 비변증법적으로 분리했다고 할 수 있다. 그람시는 두 관점의 통일을 이론화하려 했다.[26]

그러나 그람시는 파괴-건설이라는 혁명의 변증법에서 건설의 측면을 강조한 것과 마찬가지로 결코 강제의 요소를 망각하지 않으면서도 동의의 요소를 강조하고 이 요소에 관한 연구를 발전시켰다. 동의의 요소를 강조한 것은 논쟁(즉, 보르디가 노선에 반대하는 투쟁) 때문이기도 했지만, 무엇보다 제1차세계대전 후 혁명의 물결이 쇠퇴하고 현대 자본주의가 발전함에 따라 혁명적 정당이 직면하게 된 과제를 심층적으로 재평가하려 했기 때문이다.

혁명적 정당이 '이중의 관점'을 추구해야 하는 이유는 지배계급도 동일한 방식(독재와 헤게모니의 결합)으로 지배를 유지하기 때문이다. 독재와 헤게모니는 정치적 국가권력과 시민사회 안에 각각 제도화해 있다. 그러나 억압적 국가권력과 시민사회의 제도들은 시대와 나라에 따라 불균등하게 발전하거나 상호 관계가 달라진다. 혁명적 정당은 이런 관계를 구체적으로 분석해야 하고, 그 분석에 따라서 전략을 수립해야 한다. 특히 그람시는 제1차세계대전 후 서구에서 혁명이 실패한 원인은 러시아와 서구가 이 점에서 근본적으로 다르기 때문이라고 생각했다.

> 러시아에서는 국가가 전부였으며 시민사회는 원시적이고 무정형이었다. 그러나 서구에서는 국가와 시민사회 사이에 적절한 관계가 존재했으며 국가가 위기에 처하자 시민사회의 견고한 구조가 즉시 모습을 드러냈다.[27]
>
> 가장 발전한 나라들에서는 … '시민사회'의 구조가 매우 복잡해졌고, 직접적 경제 요인의 파국적 '엄습'(경제 위기, 불황 등)에 시민사회가 저항할 수 있었다.[28]

따라서 러시아에서는 자본주의 국가가 억압적 기능만 있었고 그래서 재빠른 정면공격에 취약했다. 그러나 자본주의가 더 오래되고 사회에 훨씬 더 깊이 뿌리내린 서구에서는 다른 전략이 필요했다. 그람시는 이것을 군사전략에 비유해서, 종래의 '기동전'과 대비되는 '진지전'이라고 불렀다.[29] 《옥중 수고》에서 그람시는 기동전에서 진지전으로 전환하는 문제를 다른 각도로(러시아와 서구라는 견지에서가 아니라 시기의 차이로) 제기했다. "현 시대에 정치적 기동전은 1917년 3월부터 1921년 3월까지 벌어졌다. 그 후에는 진지전이 벌어졌다."[30]

기동전은 선진 자본주의에서 언제나 부적절했지만 그 점을 인식하기 시작한 것은 1921년의 패배 후(코민테른이 공동전선 정책으로 전환하면서)부터였다는 것이 그람시의 주장이라고 보면, 여기에는 아무런 모순도 없다.

신속한 승리의 전망을 제공하는 기동전과 달리, 진지전은 "쌍방 간의 참호"가 길게 늘어서 있는 상황을 의미하며,[31] 따라서 "헤게모니의 전례 없는 집중"이 필요하다.[32] 이때 지배계급의 권위(수많은 제도적 통로와 온갖 제휴를 통해 확립되고 일상의 '상식'적 사고 속에 깊이 침투한)에 대한 대중의 동의를 약화시키고 자신의 헤게모니를 확립하려 하는 혁명적 정당의 투쟁은 세 가지 상호 연관된 수준에서 이뤄져야 한다. 첫째는 동맹 문제다.

> 프롤레타리아는 자본주의와 부르주아 국가에 맞서 노동 대중의 다수를 동원할 수 있게 해 주는 계급 동맹 체제를 창출하는 데 얼마나 성공하느냐에 따라 지도 계급, 지배 계급이 될 수 있다.[33]

그람시는 그런 동맹에는 불가피하게 타협의 요소가 있기 마련이라고 지적한다. "만약 두 세력의 연합이 제3자를 쳐부수는 데 필요하다면 … 유일한 현실적 가능성은 타협이다."[34] 그는 초좌파가 원칙을 내세워 타협을 거부하고 따라서 동맹을 혐오하는 것은 다음과 같은 숙명론적 '경제주의' 때문이라고 주장했다.

유리한 조건들은 필연적으로 나타날 것이므로 … 이런 조건들을 촉진하고 계획하려는 인위적 노력은 모두 쓸모없을 뿐 아니라 해롭기조차 하다.[35]

이와 반대로 그람시는 동맹 전략을 특별히 중요하게 취급했다. 왜냐하면 이탈리아에서는 북부 지방의 프롤레타리아와 남부 지방 농민의 동맹을 통해서만 혁명이 성공할 수 있었기 때문이다(이 문제에서 이탈리아 사회주의 운동은 별 구실을 하지 못했다). 당내의 갖가지 종파주의 경향을 극복하는 것이 당이 헤게모니를 성취하기 위한 전제 조건이다. 따라서 그람시가 스탈린주의 '제3기' 전술에 완전히 반대한 것은 당시에는 알려지지 않았지만 놀라운 일이 아니다.[36]

헤게모니 투쟁의 두 번째 수준은 자기 세력을 교육하는 것이다. 진지전에서는 당면 요구와 구호로 노동자 대중을 동원하는 것에만 의지할 수 없다. 오히려 기본적 세계관의 수준에서 노동자 대중을 설득해 "상시적으로 조직돼 있고 오랫동안 준비해 온 세력"으로 만들어서 "유리한 순간에 전장에 투입할 수 있어야" 한다.[37] 이를 위해 당이 해야 할 일은 다음과 같다.

자신의 주장을 끊임없이 반복해야 한다(다양한 표현을 사용해서라도). 반복은 대중의 사고에 영향을 미치는 가장 좋은 교육 수단이다.

또, 더 많은 대중의 지적 수준을 끌어올리려고 끊임없이 노력해야 한다.[38]

그러려면 선동과 선전 사이에서 무게중심을 (선전 쪽으로) 옮겨야 한다.[39] 왜냐하면 당은 계급의 표현일 뿐 아니라 "[계급을 — 몰리뉴] 발전시키고 강화하고 보편화하기 위해 [계급에 — 몰리뉴] 강력하게 반작용하기" 때문이다.[40] 이론적으로 보면 종파적 교리주의는 그런 "지적·도덕적 개혁" 작업에 치명적이다. 그래서 그람시는 예컨대 조잡한 반反교권주의 주장을 사회주의 선전물에 싣는 것을 항상 반대했다. 대중의 지적 수준을 끌어올리는 것은 독단적 교리를 주입한다고 해서 되는 일이 아니라, 대중의 '상식' 속에 있는 '양식良識'의 요소를 혼란스런 편견에서 분리해 확대·발전시키는 작업을 통해서 이룰 수 있다. 그러려면 세련된 비非경제주의적 마르크스주의 방법이 필요하다.

세 번째 수준은 앞서 언급한 두 수준의 성공을 결정짓는 조건으로서, '지식인'을 설득하기 위한 투쟁이라고 할 수 있다. 여기에도 두 측면이 있다. 먼저 노동계급과 '유기적' 관계에 있는 지식인층을 만들어 내야 한다. 여기서 그람시가 말하는 지식인이란 문필가나 철학자, 추상적 사상가 등이 아니라, 명확한 세계관과 목표를 갖고 실천 활동에 적극 참여하면서 '일상적으로 설득하는 사람'이자 노동계급 내에서 조직하고 지도하는 구실을 하는 노동자를 일컫는다. 바꿔 말하면, 부르주아지의 유기적 지식인(산업 기술자, 경제학자, 법관, 변호사 등)에 대응하는 프롤레타리아의 유기적 지식인이다.[41]

"대중 속에서 직접 배출되고 대중과 매우 긴밀한 관계를 유지하는 새로운 유형의 지식인 엘리트"가 형성되면 "이 시대의 '이데올로기적 지형'이 정말로 바뀔 것이다."[42]

그러나 이 점에 관해서 그람시는 결코 이상주의자가 아니었다. 그는 경험을 통해 특히 노동자에게 지적 노동과 체계적 탐구가 얼마나 어려운 일인지 잘 알고 있었다. 또한 노동자 지식인의 형성은 노동계급이 국가권력을 장악한 후에야 완료할 수 있는 길고 더딘 과정이라는 점도 알고 있었다.

그러나 비프롤레타리아 지식인과 관련한 활동도 필요하다. 물론 그람시는 이것의 한계도 분명히 인식하고 있었다.

> 지식인은 그 본질과 역사적 구실 때문에 다른 사회집단보다 느리게, 훨씬 더 느리게 성장한다. … 이런 유형의 인간 집단이 새로운 이데올로기를 진심으로 지지하려고 자신의 과거를 모두 청산할 수 있다고 생각하는 것은 가당치도 않다. 그들이 아무리 성심성의껏 노력하고 그러기를 원한다 해도, 지식인이 집단으로 그런다는 것은 터무니없는 일이며, 상당수의 지식인이 개인적으로 그러는 것조차 가능하지 않을 것이다. 우리는 여기서 지식인을 개인으로서뿐 아니라 집단으로서도 고려한다. 일부 지식인이 개인적으로 프롤레타리아의 강령과 원칙을 지지하고 프롤레타리아와 결합해 스스로 일체감을 느낀다면, 그것은 프롤레타리아에게 분명히 중요하고 유익한 일이다. … 그러나 지식인 대중 사이에서 유기적 균열이 일어나는 것(이것은 역사의 특징이기도 하다)도 중요하고 유익한 일이다. 즉, 현대적 의미의 좌파 경향, 다시 말해 혁명적 프롤레타리아를 지향하는 경향이 집단으로 형성되는 것도 중요하고 유익하다.[43]

이것이 필요한 이유는 그것이 부르주아 헤게모니를 대체로 약화시키기 때문만은 아니다. 그람시는 지배계급과 종속 계층의 동맹 체제가 유지되는 데서 지식인들이 핵심 구실을 하며, 따라서 프롤레타리아 정당이 구축해야 할 동맹 체제에서도 지식인들이 비슷한 구실을 할 수 있다고 봤다. 이탈리아와 관련해 그람시는 남부의 농업 블록에서 지식인들이 농민과 대지주를 중재하는 구실을 한다고 분석했다. 따라서 이 농업 블록을 깨뜨리고 농민과 프롤레타리아의 동맹을 가능하게 하려면 우선 지식인들 사이에서 좌파 경향이 형성돼야 한다고 주장했다. 그와 관련해서 그람시는 프롤레타리아의 유기적 지식인층이 발전할수록 다른 지식인들도 혁명적 정당에 더 매력을 느낄 것이고, 저속한 유물론으로 변형된 마르크스주의 이론은 그런 지식인들을 멀어지게 할 것이라고 지적했다.

4. 자발성과 지도

그람시의 당 이론에는 자발성과 의식적 지도의 관계에 대한 견해가 밑바닥에 깔려 있다. 자발성과 의식적 지도의 관계는 적어도 부분적으로는 당과 계급의 관계와 비슷한 것이라 할 수 있으며, 마르크스주의 당 이론의 기본 문제이기도 하다. 이 문제에 관한 그람시의 견해는 로자 룩셈부르크, 초기의 레닌, 루카치보다 훨씬 더 발전된 것이었고 후기 레닌의 견해와 가장 가까운 것이었다. 그람시는 우선 순수한 자발성이라는 개념을 비판하는 데서 시작했다.

역사에서 '순수한' 자발성은 존재하지 않는다는 점부터 강조해야겠다. 그런 것이 있다면 '순수한' 기계적 자동성일 것이다. '가장 자발적인' 운동에서는 '의식적 지도'의 요소가 단지 확인되지 않거나 이렇다 할 기록이 남아 있지 않을 뿐이다. 그러므로 자발성이란 '하위 집단의 역사'에서 나타나는 특징이라고 할 수 있으며 사실상 하위 집단 가운데서도 가장 주변적인 집단의 특징이다. … 따라서 그런 운동에도 다양한 '의식적 지도'의 요소가 존재하지만, 그중에서 특별히 우세하거나 특정 사회계층의 '대중적 과학'('상식'이나 전통적 세계관) 수준을 넘어서는 것이 없을 뿐이다.[44]

그람시는 자발성과 마르크스주의를 대립시키는 견해와 자발성을 정치적 방법으로서 격찬하는 견해를 모두 거부했다. 이런 이론적·실천적 오류는 "실천적 근원(즉, 기존의 지도를 다른 것으로 바꾸려는 직접적 욕망)이 분명히 드러나는 통속적 모순"에서 비롯한다는 것이다.[45] 그러나 그람시는 대중의 자발성을 경멸하는 태도에도 반대했다.

이른바 '자발적' 운동을 무시하거나 심지어 경멸한다면, 즉 자발적 운동을 정치로 끌어들여 더 높은 수준으로 끌어올리거나 자발적 운동을 의식적으로 지도하지 못한다면 흔히 매우 심각한 결과가 발생한다. 하위 집단의 '자발적' 운동이 일어나면 거의 언제나 지배계급 우파도 같은 이유로 반동적 운동을 일으키기 마련이다. 예를 들어, 경제 위기가 닥치면 한편으로 하위 집단의 불만이 커지고 자발적 대중운동이 일어나지만, 다른 한편으로는 반동 집단들이 정부의 객관적 약화를 틈타 쿠데타 기도 음모를 꾸민다. 쿠데타의 실제 원인 중 하나는 책임 있는 집단이 자발적 반란을 의식적으로 지

도하지 못하거나 자발적 운동을 능동적인 정치적 요인으로 만들지 못했기 때문이다.[46]

그람시는 이 이야기에 뒤이어 1282년 '시칠리아의 만종' 봉기˚를 언급하지만(십중팔구 검열을 피하려 한 듯하다), 그가 염두에 둔 것은 분명히 1919~20년에 사회당과 보르디가파가 취한 태도 덕분에 [1922년] 무솔리니가 승리할 수 있었다는 사실이었다. 자발성과 의식적 지도의 올바른 관계를 보여 주는 예로서 그람시는 〈오르디네 누오보〉 그룹의 활동을 언급했다.

토리노의 운동[공장평의회 운동]은 '자발성주의적'이라는 비난과 '주의주의적' 또는 '베르크손주의적'이라는 비난을 동시에 받았다. 잘 분석해 보면 이 모순된 비난은 단지 그 운동을 이끈 지도부가 창조적이며 옳았다는 사실을 증명해 줄 뿐이다. 그들의 지도는 '추상적'이지 않았다. 학술적이거나 이론적인 공식을 기계적으로 답습하지도 않았고, 실제 행동인 정치를 이론적 논문과 혼동하지도 않았다. 그 지도는 현실의 인간들, 즉 특정한 역사적 관계 속에서 형성돼 특정한 감정, 관점, 단편적 세계관 등을 가진 사람들에게 적용됐다. 이런 감정, 관점, 세계관 등은 물질적 생산 조건과 (그 안에 '우연히' 집약된) 다양한 사회 요소들이 '자연 발생적'으로 맞물린 결과였다. 우리는 이 '자발성'이라는 요소를 무시하지 않았고 하물며 경멸하는 일은 더더욱 없었다. 오히려 그것을 **교육**하고 지도하고 외부의 악영향에서 지켜 냈다.

˚ 시칠리아의 팔레르모 시민들이 부활절 저녁기도 종소리를 신호로 프랑스의 지배에 반대해 일으킨 반란.

'자발성'의 요소를 현대 이론[마르크스주의 — 몰리뉴]과 연결하기 위해서였다. 그러나 어디까지나 역사적으로 효과적인 방식, 생동하는 방식으로 둘을 연결하려 했다. 지도자들 자신이 운동의 '자발성'을 얘기했는데, 그것은 올바른 태도였다. 이런 주장은 자극제, 강장제이자 심층적 결속의 요인이었다. 이것은 무엇보다 그 운동이 자의적이거나 조작된 모험이 아니라 역사적 필연임을 여실히 보여 줬다. 이것은 대중에게 자신들이 역사적·제도적 가치를 창조하는 존재이며 국가의 창건자라는 '이론적' 의식을 갖게 해 줬다. '자발성'과 '의식적 지도' 또는 '규율'의 통일이야말로 하위 집단들의 진정한 정치 행동이다. 단, 그 행동이 대중을 대변한다고 자처하는 집단의 모험이 아니라 대중의 정치 행동일 때만 그렇다.[47]

이런 분석에 바탕을 두고 그람시는 스스로 "기본 이론상의 문제"라고 부르는 것을 제기한다. 그것은 사회주의가 노동계급의 외부에서 도입돼야 한다고 본 레닌의 《무엇을 할 것인가?》와는 조금 각도가 다르지만 서로 연결되는 문제였다. 그람시는 다음과 같이 묻는다.

현대 이론[마르크스주의 — 몰리뉴]이 대중의 '자발적' 감정과 어긋날 수 있는가?(여기서 '자발적'이라 함은 이미 의식화한 지도 집단의 체계적 교육 활동의 결과가 아니라, 대중의 전통적 세계관인 '상식'과 마찬가지로 일상 경험을 통해 형성됐음을 의미한다.)[48]

이 질문에 대해 그람시가 내린 답은 다음과 같았다.

현대 이론이 대중의 '자발적' 감정과 어긋나는 것은 아니다. 양자 사이에는 질적 차이가 아니라 '양적' 차이만 있을 뿐이다. 한쪽이 다른 쪽으로 바뀌고 또 그 반대일 수도 있는 이른바 상호 '치환'이 가능하다.[49]

그람시의 견해가 초기 레닌이나 루카치의 견해와 다른 점이 여기서 분명히 드러난다. 그람시는 노동계급의 실제 의식·경험·실천과 잠재적 사회주의 의식을 서로 연결하고 상호 관계를 확립하려 했다(《무엇을 할 것인가?》와 《역사와 계급의식》에서는 이 연관을 부정한다). 그러면서도 자발성주의라는 반대편 오류에 빠지지 않았다.

그러나 그람시는 당의 전략적 과제나 당과 계급 대중의 관계가 어떠해야 하는지만 다룬 것은 아니었다. 《옥중 수고》에는 당이 자신에게 부여된 임무를 수행하는 데 필요한 당 조직, 당내 활동에 관해 언급한 부분이 많다. 실제로 그람시는 당을 전체적으로 평가할 때 "당이 어떤 식으로 운영되는지가 판단 기준"이라고까지 말했다.[50] "진보적인 당은 '민주적으로' 운영되며(민주집중제), 퇴행적인 당은 '관료적으로' 운영된다(관료적 중앙집중제)."[51]

동시에 당과 당원에 대한 그람시의 개념에는 이상추의의 흔적이 전혀 없다. 그는 우선 "실제로 지배자와 피지배자, 지도자와 피지도자가 존재한다는 … 원초적이며 (특정한 일반적 조건[즉, 계급 사회의 존재 — 몰리뉴]에서는) 바뀔 수 없는 사실"[52]과 함께 이런 분화는 계급 분화에서 비롯했지만, 당처럼 사회적으로 동질적인 집단 내에서도 일어날 수 있다는 점을 강조했다. 이런 전제에 따라 그람시는 당원의 구성을 다음 세 가지 요소로 분석했다.

(1) 대중적 요소. 평범한 보통 사람들로 구성된다. 그들은 창조적 정신이나 조직 능력을 통해 당에 참여한다기보다는 규율과 충성의 형태로 참여한다. 그들이 없으면 당 자체가 존재할 수 없는 것이 사실이지만, 그들만으로는 당이 존재할 수 없는 것도 사실이다. 그들이 하나의 세력이 되려면 그들을 집중시키고 조직하며 훈련하는 누군가가 있어야 한다. …
(2) 중요한 응집적 요소. 그대로 놓아 두면 아무런 의미도 없을 복잡한 여러 세력을 전국적으로 집중시키고 효율성과 강력한 힘을 주는 요소다. 강력한 응집력·집중력·규율이 있고, 또 (사실, 이것이 다른 것들의 바탕일 텐데) 혁신 능력도 있다. …
(3) 매개적 요소. 첫째 요소와 둘째 요소를 연결하고 둘 사이의 물리적·도덕적·지적 접촉을 유지한다.[53]

그람시는 이 세 요소 가운데 둘째 요소, 즉 지도력을 가장 중요한 것으로 꼽기를 서슴지 않았다.

물론 이 요소만으로 당을 이룰 수 없다는 것도 사실이다. 그러나 첫째 요소보다 더 중요하다는 것만은 분명하다. 대중은 없고 지도부만 있다면 군대 없는 장군과 같은 꼴이겠지만, 실제로는 장군을 만드는 것보다 군대를 만드는 것이 더 쉽다.[54]

그러나 이런 '현실론'은 마찬가지로 기본적인 또 하나의 전제와 균형을 이루고 있다.

지도부를 구성할 때 … 지배자와 피지배자가 반드시 있어야 한다고 생각할 것인가, 아니면 이런 분화가 더는 필요하지 않은 여건을 조성하는 데 목적을 둘 것인가?[55]

그람시의 목표는 분명히 후자였으므로, 지도부와 규율의 권위는 다음과 같은 바탕 위에 확립돼야 한다고 주장했다.

수동적으로 무기력하게 명령을 받아들이거나 임무를 기계적으로 수행하는 것이 아니라(물론 특별한 경우에는 이것도 여전히 필요할 것이다) 지시의 내용을 의식적으로 분명하게 이해하고 소화한 후에 실행해야 한다.[56]

그러므로 당내에서 이룩해야 할 것은 '운동 속의 중앙집중주의'다. 즉, 현실 운동에 적합하도록 당 조직을 끊임없이 혁신하고, 아래에서 올라오는 압력과 위에서 내려오는 지시를 조화시키며, 기층에서 떠오르는 당원들을 지도 기구의 견고한 틀 속에 끊임없이 끌어들여야 한다.[57] "정당과 관련해 가장 중요한 문제 하나는 … 그 당이 타성에 저항할 능력이 있는가 하는 점이다."[58] 당은 위기 상황에 대처하고 역사적 전환점이 닥쳤을 때 행동할 수 있기 위해 만들어지는 것이지만, 타성에 젖어 새로운 과업에 부응하지 못할 때가 흔히 있다. 이 점에서 당의 주적은 관료주의다.

관료는 가장 위험한 완고하고 보수적인 세력이다. 관료들이 탄탄한 조직을 구축하고 대다수 평당원과 분리돼 독자적 세력이라고 스스로 느끼게 되면,

당은 결국 시대에 뒤처질 것이고 첨예한 위기의 순간에 그 사회적 내용을 상실한 채 허공에 붕 뜨게 될 것이다.[59]

그러나 이 문제도 일면적으로 봐서는 안 된다. 왜냐하면 틀에 박히거나 타성에 빠질 위험은 경계해야 하겠지만, 연속성을 유지하고 전통을 확립하는 것도 중요하기 때문이다.

유기적 연속성은 모두 '관료화'의 위험이 있다는 점은 사실이며, 따라서 경계해야 한다. 그렇지만 불연속성과 임시변통의 위험이 더 크다.[60]

따라서 그람시는 '이중의 관점'이나 당과 계급의 관계를 논할 때와 마찬가지로 당의 내부 운영을 논하면서도 지도와 피지도, 규율과 진취적 주도력, 연속성과 변화 사이에 변증법적 통일을 이뤄야 한다고 주장했다.

5. 잠정적 평가

그람시를 '서구 혁명의 이론가'라고 부르면 어떨까? 레닌주의는 러시아에서 실현됐고, 그 과정에서 보편적 의의가 있는 새로운 기틀을 마련했다. 그러나 그람시는 시민사회의 발전 과정과 부르주아 헤게모니의 깊은 뿌리를 분석해 선진 자본주의와 러시아의 기본적 차이를 어느 누구보다 극명하게 간파했고, 그래서 레닌주의의 틀을 더욱 확장했다. 그람시도 잘 알고 있었듯이, 레닌과 트로츠키는 1921년에 이미 그 문제를 깨닫기 시작했다. 그러나 레닌은 러시아 혁명을 완수하는 일에 전념할 수밖에 없었고 곧 세상을 떠났다. 트로츠키도 여러 역경 속에서 자신의 통찰을 전술 수준 이상으로 발전시킬 수 없었다.[61] 그러나 그람시는 갇혀 있는 감옥의 벽만큼이나 철저하고 견고하게 사색하며 자신의 분석을 발전시켰다. 더구나 이 점과 관련해서는 역사가 '그람시 편'을 들어줬다. 서구 자본주의는 코민테른 초기의 마르크스주의자들이 예상한 것보다 훨씬 더 탄력적이었는데, "미국주의와 포드주의"라는 글에서 부르주아 사회 통제의 확장 과정을 분석한 그람시는 자본주의의 새로운 경향을 멀리 내다본 예언자가 된 셈이다.

그람시는 철학적으로도 옳았음이 드러났다. 마르크스의 초기 저술들과 《정치경제학 비판 요강》이 출판되고 마르크스주의 철학에 관한 새로운 연구가 많이 이뤄진 덕분이었다. 오늘날 진지한 마르크스주의자라면 아무도 숙명론과 경제결정론이 혁명운동에 미치는 악영향을 부인할 수 없을 것이다. 그 밖에도 자본주의 사회의 구조나 마르크스 철학에 대한 통찰 면에서 그람시와 똑같지는 않더라도 그의 견해에 가까운 마르크스주의자들이 후세에 많이 등장했다. 그러나 당 이론의 발전을 바탕으로 그런 철학적 통찰을 일관된 혁명 전략으로 벼릴 수 있었던 사람은 그람시뿐이었다. 따라서 그람시는 레닌의 당 이론에 근본으로 새로운 면모를 추가한 유일한 마르크스주의자라고 할 수 있다.

그렇지만 그람시의 공헌에는 여전히 의문점이 남아 있는 것도 사실이다. 그의 개념들은 현실에 적용돼 본 적이 전혀 없다. 마키아벨리와 마찬가지로 그람시도 현실을 바꿀 수 있는 위치에 있지 못했다. "그저 역사적 세력들이 제대로 효과를 발휘하려면 어떻게 행동해야 하는지를 구체적으로 보여 주는 구실"에 그쳤을 뿐이다.[62]

또, 그람시의 사상을 받아들여 현실에 적용하겠다고 나선 사람들도 없었고, 설령 있었다 할지라도 실제로 그럴 수는 없었을 것이다. 그람시 전략의 출발점은 레닌주의 당의 존재다. 그러나 전후 장기 호황과 스탈린주의의 폐해 때문에 그런 당은 사실 존재하지 않았다. 볼셰비즘의 기본 원칙들은, 일정한 제약은 있겠지만(꽤 큰 제약이다), 작은 조직이나 심지어 아주 작은 그룹의 활동에도 길잡이 구실을 할 수 있다. 그러나 그람시의 사상은 다르다. 기동전은 게릴라전과 마찬가지로 비교적 적은 병력만으로도 수행할 수 있지만, 진지전에는 대군大軍이 필요하다. 대중정당이 없으면 동맹은 역사적 블록 내의 계급 간 동맹이 되지 못하고 그저 여러 단체의 일시적 협력에 불과할 것이다. 이런 동맹은 흔히 이론과 강령의 차이를 흐리기만 할 뿐이다. 노동자 대중이라는 기반 없이 유기적 지식인을 형성하고 전통적 지식인들을 설득하려 애쓴다면, 프롤레타리아 헤게모니를 강화하려는 본래의 의도를 달성하기는커녕 오히려 현학적 주지주의와 아카데미즘으로 변질되고 말 것이다. 그람시는 사회주의의 기본 사상이 노동계급에게 널리 퍼지고 이탈리아 공산당이 약 4만 명의 당원(그중 98퍼센트가 노동자였고, 지식인은 모두 합쳐 245명으로 0.5퍼센트도 안 됐다)으로 창설되던 시대에 글을 썼다는 점을 기억해야 한다.[63] 혁명운동이 주로 학생과 프티부르주아로 이뤄져 있고 노동계급 기반이 거의 없는 상황에서 그람시의 사상을 단순 적용할 수 있다는 생각은 매우 비역사적인 생각이다.

우리는 진지전이 실제로 어떻게 벌어질지 자세히 알지 못한다. 따라서 그람시의 당 이론에 대한 평가는 잠정적일 수밖에 없다. 그람시 사상의 일관성과 깊이, 정교함, 명확성에 대한 검증은 장차 서구 자본주의에 혁명적인 노동자 대중정당이 다시 등장할 때에나 가능할 것이다.

07

오늘날의 혁명적 정당

1. 제2차세계대전 종전 후의 당 이론

지금까지 마르크스주의 당 이론의 발전을 살펴봤다. 마르크스가 처음 확립한 노동계급 정당 사상, 레닌의 전위당 개념, 대중의 창의성을 강조한 로자 룩셈부르크, 레닌주의를 지키려고 고군분투한 트로츠키, 헤게모니 투쟁을 분석한 그람시 등 기본적 설명은 이제 끝났다. 트로츠키와 그람시 이후 마르크스주의 당 이론에 중요한 기여를 한 사람은 없었기 때문이다.

마르크스주의 당 이론이 이렇게 정체하게 된 원인을 찾기는 별로 어렵지 않다. 제2차세계대전 뒤 자본주의는 역사상 가장 오랫동안 호황을 누렸고, 그래서 노동계급은 대체로 개혁주의를 받아들였기 때문이다. 진정한 마르크스주의는 노동계급의 상대적 수동성과 스탈린주의 '정설' 사이에서 짓눌려, 말하자면 지하로 들어갈 수밖에 없었다. 여전히 국제 프롤레타리아 혁명이라는 목표에 충실하려는 극소수 사회주의자들은 마르크스주의의 기본 원칙들(노동계급의 구실, 노동가치설, 자본주의의 모순)을 옹호하고, 세계에서 일어나는 주요 변화(국가자본주의의 대두, 상시 군비 경제, 제국주의의 변모)를 파악하는 데 전념할 수밖에 없었다. 마르크스주의 당 이론의 새로운 발전은 실제 혁명 투쟁의 경험을 바탕으로 해야 가능하며 그래야만 긴급한 과제가 된다. 그러나 그들에게는 이런 경험이 없었다.

반면에, 자본주의를 전복하기 위한 수단으로서 혁명적 노동자 정당을 대체하려는 비非마르크스주의적 대안들이 많이 등장했다. 제2차세계대전 후에는 주의주의, 자발성주의, 민중전선 노선이 다양한 형태로 부흥했지만, 모두 실천의 검증을 통과하지 못했다. 주의주의는 주로 다음과 같은 이론에서 가장 극명하게 드러난다. 즉, 객관적 조건의 성숙을 기다릴 필요 없이, 또 노동계급 대중을 결집하지 않고도, 소수 정예의 농촌 게릴라 집단으로 혁명을 일으킬 수 있다는 이론이다.[1] 그러나 게릴라 거점 전략은 쿠바[2]에서 처음으로 극적인 승리를 거둔 뒤로는 더는 라틴아메리카에서 진전을 보지 못했으며, 결국 1967년 체 게바라의 죽음과 함께 볼리비아 정글 속에서 무너지고 말았다. 우루과이의 투파마로스가 방식은 그대로 유지하되 장소만 도시로 옮겨 게릴라 전략을 시도해 봤지만 이것도 기껏해야 일시적 성공만을 거뒀을 뿐이다.[3] 자발성주의(조직과 권위, 무엇보다 정당을 거부한다)는 주로 1960년대 세계 도처에서 일어난 학생 반란의 산물이었다. 그러나 이 운동이 가장 크게 성공한 1968년 프랑스 5월 사태는 자발성주의의 약점도 가장 극명하게 보여 줬다. 혁명적 노동자 대중정당이 없다 보니 프랑스 공산당이 거대한 총파업 투쟁의 김을 빼고 허무하게 드골과 타협하는 책략을 부릴 수 있었다. 그래서 엄청나게 첨예했던 사회적 위기가 그 위기가 시작될 때만큼이나 빠르게 가라앉아 버렸다.[4] 마지막으로, 평화롭게 사회주의로 이행한다는 민중전선 전략은 칠레에서 살바도르 아옌데의 민중연합 정부를 통해 다시 한 번 시험대에 올려졌다. 그러나 그 결과가 얼마나 비참했는지는 너무나 잘 알려진 사실이다.[5]

이처럼 여러 대안이 모두 좌절(바로 위에서 언급한 사건들은 많은 사례 중에서 가장 분명한 것들만 예로 든 것이다)되는 동시에 세계 자본주의의 위기가 급속히 심화됐고 이에 따라 지난 10년 동안 노동계급의 투쟁이 성장하면서 마르크스주의 당 이론이 다시 주목받게 됐다. 그 결과, 한편으로 마르크스주의 당 이론의 전통을 복원해서 현재의 전망을 제시하려는 연구가 많아졌고,[6] 다른 한편으로는 여러 나라에서 혁명적 정당 건설을 지향하는 제법 큰 단체들(대중정당은 아니지만 초창기치고는 만만찮은 규모의)이 등장하게 됐다. 이 책도 마르크스주의 당 이론의 전통을 복원하고 체계화해서 혁명적 정당 건설에 일조하려는 노력의 일환이다. 따라서 여기서는 지금까지 살펴본 것을 바탕으로 마르크스주의 당 이론의 주요 원칙들을 요약하고 그것들을 오늘날 현실에 적용할 때 주의할 점을 지적하려 한다.

2. 혁명적 정당의 주요 특징과 임무

당의 구실과 임무와 조직 형태가 언제 어디서나 똑같은 것은 물론 아니다. 이 모든 것은 반드시 그 당이 활동하는 구체적 상황에서 이끌어

내야 하며, 또 그런 상황에 맞게 조정해야 한다. 그렇지만 125년이 넘는 투쟁을 바탕으로 다음과 같이 일반화할 수는 있을 것이다.

당의 계급적 성격. 혁명적 정당은 **노동계급**의 당이어야 한다. 마르크스가 정립한 이 근본 원칙은 오늘날 너무 자주 망각되거나 무시되기 때문에 다시 한 번 되풀이해서 강조할 필요가 있다. 당은 프롤레타리아적이어야 한다. 이것은 단지 당 강령이 노동계급의 사회주의적 염원을 표현해야 한다는 뜻일 뿐 아니라 당의 사회적 구성과 일상 활동 무대도 그래야 한다는 뜻이다. 게릴라 집단, 농민운동, 학생운동, 지식인 집단은 제아무리 훌륭한 강령을 갖고 있더라도 산업 프롤레타리아에 뿌리내린 당을 대신할 수 없다. 흔히 신생 조직은 주로 프티부르주아로 이뤄지기 십상인데 그럴수록 노동자 당으로 탈바꿈하기 위해 끊임없이 자기 비판하고 자기 변혁 노력을 기울여야 한다.

전위인 당. 당의 필요성은 노동계급의 발전이 불균등하다는 데서 비롯한다. 또한 당은 전체 노동계급('평상시'에는 부르주아 이데올로기에 지배받는다)을 포괄하는 데 목표를 두는 것이 아니라 계급의식이 있는 전위를 포괄하는 데 목표를 둔다. 레닌이 세운 이 원칙은 너무 자주 오해되고 왜곡됐으므로 좀 더 분명한 설명이 필요하다. 즉, 당은 전위이지만, 여기서 말하는 전위란 노동계급이라는 본체와 분리돼 존재하는 소수의 엘리트를 지칭하는 것이 아니다. 전위란 공장, 광산, 사무실, 지역사회, 거리의 일상 투쟁에서 노동계급을 실제로 지도하는 수십만 명의 노동자를 가리킨다. 당은 계급을 지도하지 그 꽁무니를 따르지 않는다. 그러나 계급의 외부가 아니라 내부에서 지도한다.

당은 전투 조직이다. 여기에는 두 측면이 있다. 첫째, 당은 노동계급의 지도부 구실을 권리로서 주장하는 것이 아니라 작업장 조건 같은 조그만 문제부터 국제정치 같은 커다란 문제까지 노동계급이 직면하는 모든 문제에 대해 구체적 행동 지침을 제시해서 지도력을 쟁취해야 한다. 당은 자신이 노동계급과 모든 피착취자의 이익을 가장 잘 옹호한다는 것을 실천에서, 즉 투쟁 속에서 증명해야 한다. 둘째, 당은 결국 계급투쟁의 가장 첨예한 형태, 즉 무장봉기를 준비해야 한다. 그렇다고 해서 섣불리 준군사적 태도를 취해서 당의 합법적 지위를 희생시키고 그 결과 일상 투쟁에서 기본 임무를 수행하지 못하게 돼서는 안 된다. 그러면서도 어느 시점에 이르면 군사적 편제로 신속하게 전환할 수 있는 조직이 돼야 하며, 이를 위해 세심하게 준비해야 한다. 이런 의미에서 당은 전투 조직이다. 따라서 당에는 명부상으로만 당원인 수동적인 사람들이나 특권 관료들이 있을 여지가 없다. 당원은 적극적이고 헌신적이어야 하며, 따라서 자연히 청년층이 대부분을 차지하게 된다.

민주집중제. 특정한 조직 구조를 일반적으로 적용하는 것은 전혀 쓸모없는 짓이지만(조직 구조는 매우 융통성 있고 탄력적이어야 한다), 당이 민주주의와 중앙집중주의를 결합해야 한다는 것은 단순히 조직상의 공식이 아니라 당의 임무와 계급투쟁의 본질에서 직접 도출되는 결론이다. 민주주의가 필수적인 이유는 당이 노동계급의 전지전능한 지도자가 아니라 노동계급의 자기 해방을 위한 수단이기 때문이다. 민주주의와 자유로운 토론이 없이는 당이 실제로 노동계급의 요구에 부응하고 구체적 상황에 적합한 정책을 수립할 방법이 없다. 중앙집중주의가 필수적인 이유는 당이 매우 중앙집중적인 적, 즉 자본주의 국가를 상대로 격렬하게 투쟁해야 하기 때문이다. 노동조합 활동가라면 누구나 알겠지만, 행동 통일을 하지 않으면 패배하기 마련이다.

그러나 민주집중제에는 두 가지 함정이 도사리고 있다. 특히 오늘날 대다수 혁명적 좌파에서 볼 수 있듯이 소규모 신생 조직들이 이런 함정에 빠질 가능성이 크다. 첫째, 대중정당에나 어울리는 운영 구조를 갖추려고 애쓰다가 우스꽝스러운 가분수 꼴이 되고 말 위험이다. 둘째, 특히 선전에서 선동으로 전환해야 할 때 지나치게 민주주의를 추구해 모든 문제를 끝없이 토론하기만 하는 위험이다. 당은 토론 서클이 아니다. 당은 결정을 내리려고 토론하며, 결정하고 나면 일치단결해서 그 결정을 실행해야 한다.

당의 독립성. 당은 마르크스주의 원칙들이 노동계급의 역사적 이해관계를 표현한다고 주장한다. 따라서 공공연히 부르주아적인 정치 세력이나 개혁주의적이거나 중간주의적인 정치 세력에 예속돼서는 안 된다. 그렇다고 해서 다른 조직들과의 동맹, 타협, 일시적 협정 등의 가능성을 모두 배제한다는 뜻은 결코 아니다. 그러나 자유롭게 비판할 권리와 독립적 정치 노선, 독립적 조직은 결코 포기해서는 안 된다. 이 점은 심지어 더 큰 정당(예컨대 영국 노동당)에 입당하거나 가맹加盟하는 극단적 경우에도 적용된다. 공식 합의나 제한이 있어야만 종속되는 것은 아니라는 점을 기억해야 한다. 예를 들면, 영국 공산당*은 형식상으로는 독립된 조직이지만 정치적으로는 '좌파' 노동조합 지도자들이나 노동당 '좌파' 국회의원들에게 매여 있다. 마르크스주의 정당은 결코 포퓰리스트 정치인이나 저명한 좌파 개혁주의자를 무비판적으로 추종해서는 안 된다. 그

---

* CPGB, 1991년에 소련이 붕괴하자 해산했다.

가 아무리 급진적이어도 말이다.

  노동계급의 단결과 당. 당은 노동계급의 전위이고 독립성을 유지해야 하지만, 당의 목표는 노동계급의 단결이다. 이를 위해서는 다음의 세 가지가 중요하다. 첫째, 당은 노동계급 내부의 모든 분열(인종·국적·성별에 따른 분열, 숙련 노동자와 미숙련 노동자, 취업자와 실업자 사이의 분열, 연령에 따른 분열 등)에 반대하는 원칙을 엄격히 고수하고자 가차없이 투쟁해야 한다. 지배계급이 자신들의 권력을 유지하려고 노동자들의 분열을 끊임없이 조장하기 때문이다. 둘째, 당이 독자적 조직으로 존재한다고 해서, 노동계급이 사용자와 국가에 맞서 일상 투쟁을 전개하는 데 필요한 단결을 깨뜨리는 일은 없어야 한다. 이런 원칙에서 개혁주의 조직들과의 공동전선 전술들이 도출된다. 그러나 이 전술들(많은 경우에 구사할 수 있지만, 항상 그럴 수 있는 것은 아니다)은 당이 노동계급 속에 존재하는 다양한 정치 경향과 맺는 관계를 규정하는 일반 원칙 가운데 단지 한 측면(따로따로 행진해서 함께 타격한다)일 뿐이다. 셋째, 당은 후진적 노동자들의 압력 때문에 당 강령과 정책이 희석되지 않도록 경계해야 하지만, 이 노동자들을 등한시해서는 결코 안 되고, 이들과 소통하고자 최선을 다해야 한다. 따라서 대다수 노동자가 반동적 노동조합에 남아 있는 한, 그 지도부가 아무리 신뢰할 수 없고 부패한 자들이라도 당은 그 노동조합에서 활동해야 한다. 또, 노동자 대중이 사회민주주의 정당에 환상을 갖고 있는 한, 당은 공공연히 부르주아적인 정당들에 맞서 사회민주주의 정당을 지지하자고 호소해야 한다. 그래야만 노동자들이 경험을 통해 그런 환상을 떨쳐 버릴 수 있다. 노동계급이 대부분 의회민주주의를 신뢰하는 한, 당은 선거에 참여해 혁명적 선전을 수행하고 선거를 이용해 의회 제도를 그 내부에서 약화시키려고 노력해야 한다.

당의 교육 임무. 당은 다양한 교육 활동을 끊임없이 해야 한다. 당은 혁명적 지도자들이 마르크스주의 전통에 충실하면서도 구체적 분석과 독자적 판단을 할 수 있도록 훈련해야 한다. 당은 투쟁의 전반적 성격과 구체적 투쟁 방법을 명확하게 이해하는 광범한 노동자층(그람시의 용어로는 '유기적 지식인')을 배출해야 한다. 당은 언론과 출판 등 모든 선전 활동을 통해 당의 이론을 쉽게 이해할 수 있는 시사 쟁점과 폭로 등으로 끊임없이 재해석해서, 노동자들에게 마르크스주의와 사회주의의 기본 원칙들을 최대한 널리 유포해야 한다. 교육 문제에서는 두 가지를 명심해야 한다. 즉, 교육 과정은 학술적 성격보다는 실천적 성격이 주가 돼야 한다(학술적 성격이 강하면 프티부르주아적 인자들이 득세할 수밖에 없다). 그리고 로자 룩셈부르크가 지적했듯이 당은 노동자들을 가르치기만 하는 것이 아니라 그들한테서 배울 줄도 알아야 한다. 당은 노동계급의 집단적 기억이자 두뇌이지만, 끊임없는 쇄신과 업데이트가 필요한 두뇌다.

헤게모니 투쟁. 당은 노동계급의 지도 아래 모든 차별받는 세력을 자본주의에 대항하는 공동의 투쟁으로 결집하려고 노력해야 한다. 역사적으로 그리고 세계 수준에서 이것은 주로 프롤레타리아와 농민의 동맹을 실현하는 문제였다. 노동자 당이라면 강령에서 반드시 빈농의 이익을 방어해야 한다. 이와 더불어, 지난 10년 동안 엄청난 혁명적 잠재력이 있는 세력들(흑인운동, 여성운동, 학생운동이 가장 중요하다)이 새로 등장했는데, 이 때문에 특정한 전략적 문제들이 제기됐다. 한편으로 당이 이런 운동에 무비판적으로 몰두하다가, 이런 운동의 필연적 특징인 파편성에 굴복하고 산업 노동계급 내에서 수행해야 할 기본 활동을 망각할 위험이 있다. 특히 프롤레타리아 기반이 확고하지 못한 소규모 조직이 이런 함정에 빠질 위험이 크다. 다른 한편으로 당이 차별받는 계층의 특별한 문제와 주장을 교리적 태도로 묵살하고 그 운동들더러 먼저 프롤레타리아 당의 지도부터 받아들이라고 요구하는 최후통첩식 태도를 보일 위험이 있다. 이런 태도는 단결이 아니라 분열을 초래할 것이다. 그러므로 당은 차별받는 계층의 정당한 요구를 무조건 지지하면서, 공동의 적에 맞서 단결 투쟁할 필요성, 투쟁의 계급적 성격, 노동계급의 지도적 구실을 원칙적이면서도 끈기 있게 주장해야 한다. 무엇보다 사회생활의 모든 영역에서 혁명적 문화가 우세해지도록 하는 등 헤게모니 투쟁을 효과적으로 전개하려면, 당이 상당한 노동계급 기반을 이미 확보하고 있어야 한다.

인터내셔널. 프롤레타리아는 국제적 계급이며 사회주의 혁명도 국제적 과정이다. 따라서 여기서 열거한 혁명적 정당의 특징들은 모두 결국은 국제 수준에서 단일한 세계 당으로 실현돼야 한다. 그러나 지금은 그런 인터내셔널이 존재하지도 않고 하루아침에 건설할 수 있는 것도 아니다. 제4인터내셔널처럼 그저 마음이 맞는 일부 종파들끼리 모이는 '세계 당'은 실질적 권위를 가지고 국제적 지도력을 발휘할 수 없는 허구일 뿐이다. 다른 한편으로 제1인터내셔널처럼 근본으로 이질적인 단체들의 연합은 결정적 순간에 분열하고 말 것이다. 제3인터내셔널은 승리한 러시아 혁명의 권위를 바탕으로 건설됐다. 그러나 그런 상황이 되풀이되기를 수동적으로 기다리고 있을 수만은 없다. 그렇다면, 어떻게 인터내셔널을 건설할 수 있는가? 지금으로서는 현실적으로 가능한 길은 하나뿐이다. 즉, 기존의 혁명적 노동자 조직들이 가능하다면 모든 곳에서 실천적으로 협력하고 꾸준히 이론적 토론을 벌여서, 이런 공동 활동을 기반으로 사태 진전의 영향을 받아 점차 더욱 긴밀한 연계와 정치적 동질성을 높여 나가는 것이다. 그러나 새로운 혁명적 노동자 인터내셔널을 세우는 것이 목표라는 분명한 시각으로 이런 작업을 수행해야 한다. 왜냐하면 혁명적 정당의 건설과 국제적 결집이야말로 지금 전 세계 혁명가들이 당면한 가장 중요하고 시급한 전략적 과제이기 때문이다. 이 과제가 달성되지 못하면, 노동계급은 갈수록 첨예해지는 자본주의의 위기를 자신들에게 유리한 방향으로 해결할 수 없을 것이다.

끝으로, 당에 관한 모든 것을 관통하면서 당의 핵심 특징과 과제를 모두 연결해 주는 고리가 있다면, 그것은 바로 이론과 실천을 통일하려는 노력이다. 당은 사회주의의 일반적 목표들을 구체적 실천 활동으로 옮기고 모든 당면 투쟁을 사회주의라는 최종 목표로 연결하기 위해 존재한다. 당을 통해서 이론(역사유물론, 자본주의와 그 모순에 대한 분석, 노동계급의 역사적 구실에 대한 이해)은 실천에 영향을 미치고, 당을 통해서 실천(세계를 변화시키기 위한 투쟁)은 이론을 자극하고 나아갈 방향을 알려 주고 검증하고 결국 실현한다.

자본주의가 안정되고 노동계급이 체제에 정면으로 도전하지 않을 때는 이론과 실천이 유리될 수밖에 없다. 그런 상황에서는 혁명적 정당을 준비할 수는 있지만 실제로 건설할 수는 없다. 따라서 혁명적 정당은 추상적 필요로 남아 있을 것이다. 그러나 체제가 지금처럼 위기에 빠졌을 때는 이론과 실천이 결합되고, 당 건설이 더는 추상적 염원이 아니라 실천적 필요이자 현실적 가능성이 된다.

2013년 한국어판 머리말

1. 이 문제를 논의한 것으로는 John Molyneux, 'On Party Democracy', *International Socialism*, 124, (2009) 참조.
2. John Molyneux, 'In Defence of Leninism', *Irish Marxist Review*, 3, p 43, www.irishmarxistreview.net.
3. http://www.marxist.com/classics-old/trotsky/lessonsoct.html#7.

1장

1. Marx and Engels, *The German Ideology*[국역: 《독일 이데올로기 1》, 청년사, 2007], in R Dahrendorf, *Class and Class Conflict in Industrial Society*, London, 1959, p 14에서 재인용.
2. Marx and Engels, *The Communist Manifesto*, Moscow, 1957, p 48.
3. Marx, *Capital*, vol 3, R Dahrendorf, 앞의 책, p 13에서 재인용.
4. Marx and Engels, *The Communist Manifesto*, p 66.
5. 같은 책, p 58.
6. Hal Draper, 'The Principle of Self-Emancipation in Marx and Engels', *Socialist Register*, 1972 참조.
7. Marx, *The Eighteenth Brumaire of Louis Bonaparte*, New York, 1963, pp 123~124[국역: 《루이 보나파르트의 브뤼메르 18일》, 비르투, 2012].

8   Marx, *The Poverty of Philosophy*, Moscow, 1966, p 150[국역: 《철학의 빈곤》, 아침, 1989] 참조.

9   Marx and Engels, *The German Ideology*, London, 1965, p 78fn.

10 같은 책, p 61.

11 Marx and Engels, *The Communist Manifesto*, p 64.

12 D McLellan, *The Thought of Karl Marx*, London, 1971, p 177[국역: 《칼 마르크스의 사상》, 민음사, 1982]에서 재인용.

13 'Provisional Rules of the First International', D Fernbach(ed), *Karl Marx: The First International and After*, London, 1974, p 82.

14 Marx and Engels, *The Communist Manifesto*, p 72.

15 트로츠키는 독일에서 반파시즘 공동전선을 건설해야 한다고 주장할 때 이 구절을 인용했다. 이 책의 5장 참조.

16 Monty Johnstone, 'Marx and Engels and the Concept of the Party', *Socialist Register*, 1967, p 122.

17 Marx to Freiligrath(1860), D McLellan, 앞의 책, p 169에서 재인용.

18 Marx and Engels, *Selected Correspondence*(이하 SC로 약칭), Moscow, 1965, p 263.

19 대체로 이것이 가장 바람직한 방법인 듯하다. 설사 그렇지 않더라도 마르크스에 관한 한 흔히 그렇듯이 이것이 유일한 방법일 것이다.

20 Engels, 'On the History of the Communist League', Marx and Engels, *Selected Works*(이하 SW로 약칭), vol 2, Moscow, 1962, p 348.

21 이 숫자는 Monty Johnstone, 앞의 책에서 인용했다.

22 Engels, 'Marx and the Neue Rheinische Zeitung', *SW*, vol 2, p 330.

23 Franz Mehring, *Karl Marx*, London, 1966, p 155에서 재인용.

24 같은 책, pp 185~186에서 재인용.

25 Marx, 'The March Address', *SW*, vol 1, pp 106~107.

26 같은 책, p 112.

27 Franz Mehring, 앞의 책, pp 207~208에서 재인용.

28 Marx to Engels, 11 February 1851, Bertram D Wolfe, *Marxism: 100 Years in the Life of a Doctrine*, London, 1967, p 196에서 재인용.

29 Engels to Marx, 13 February 1851, 같은 책, p 196에서 재인용.

30 Franz Mehring, 앞의 책, p 209.

31 Bertram D Wolfe, 앞의 책, p 209.

32 Shlomo Avineri, *The Social and Political Thought of Karl Marx*, Cambridge, 1969, p 255[국역:《칼 마르크스의 사회사상과 정치사상》, 까치, 1983].

33 마르크스와 엥겔스가 주고받은 편지를 대충만 봐도 깊은 우정과 상호 이해 때문에 공식 진술에서는 결코 쓰지 않을 온갖 거친 표현을 쓰고 있음을 알 수 있다.

34 Marx to Engels, 25 November 1857, *SC*, p 99.

35 Bertram D Wolfe, 앞의 책, p 200에서 재인용.

36 Marx to Engels, 4 November 1864, *SC*, p 146.

37 마르크스는 바로 이 웨스턴에게 응수하고자 유명한 소책자《임금, 가격, 이윤》을 썼다.

38 Boris I Nicolaevsky, 'Secret Societies and the First International', in Milorad Drachovitch(ed), *The Revolutionary Internationals 1863~1943*, London, 1966 참조.

39 Marx to Engels, 4 November 1864, *SC*, p 148.

40 같은 글, p 149.

41 Hal Draper, 앞의 글 참조.

42 'Provisional Rules of the First International', in D Fernbach(ed), 앞의 책, p 82.

43 같은 책, p 269에서 재인용.

44 같은 책.

45 *SW*, vol 1, p 388.

46 Monty Johnstone, 앞의 글, p 131에서 재인용.

47 Marx, Engels, Lenin, *Anarchism and Anarcho-Syndicalism*, Moscow, 1972, p 56.

48 Bakunin to Richard, 1 April 1870, Monty Johnstone, 앞의 글, p 134에서 재인용.

49 같은 글, p 134.

50 마르크스는 정치적 근거로 바쿠닌의 제명을 이끌어 낸 것이 아니라 바쿠닌이 망상에 빠진 러시아 음모가 네차예프의 활동과 연루돼 있음을 입증하고 《자본론》 번역료 300루블과 관련해 자신에게 사기를 쳤다고 비난해서 그렇게 했다.

51 D McLellan, 앞의 책, pp 175~176에서 재인용.

52 Marx to Bolte, 23 November 1871, SC, pp 270~271.

53 Engels to Bloch, 21~22 September 1890, SC, p 418.

54 Engels to Bernstein, 27 February~1 March 1883, SC, p 358.

55 Engels to Bebel, 21 June 1873, SC, pp 283~285.

56 Engels to Sorge, 12~17 September 1874, SC, p 289.

57 Engels, 'Trades Unions Ⅱ', The Labour Standard, 4 June 1881, W O Henderson(ed), Engels' Selected Writings, London, 1967, p 109에서 재인용.

58 Engels to F K Wischnewstzky, 28 December 1886, SC, pp 398~399.

59 Engels to Bernstein, 20 October 1882, SC, p 352.

60 같은 글, p 353.

61 Engels to Bebel, 12 October 1875, SC, p 298.

62 'Critique of the Gotha Programme', D Fernbach(ed), 앞의 책.

63 같은 글, p 355.

64 Marx and Engels to Bebel, Liebknecht, Bracke and others, 17~18 September 1879, SC, p 327.

65 Engels to Becker, 1 July 1879, SC, p 328.

66 Marx to Sorge, 19 September 1879, SC, p 328.

67 Marx and Engels to Bebel, Liebknecht, Bracke and others, 17~18 September 1879, SC, p 327.

68 James Joll, The Second International, London, 1968, p 94에서 재인용.

69 Chris Harman, 'Party and Class', in Duncan Hallas et al, Party and Class,

London(nd), p 50[국역: 《당과 계급》, 책갈피, 2012].

70 Engels to Sorge, 9 August 1890, Monty Johnstone, 앞의 글, p 157에서 재인용.

2장

1 Tony Cliff, 'Trotsky on Substitutionism', Duncan Hallas et al, *Party and Class*, London(nd), p 28. 클리프가 말하는 '대리주의'는 대중행동을 대리하려는 개인이나 당의 경향을 가리킨다.

2 Lenin, *What Is To Be Done?*, Moscow, 1969, p 29[국역: 《무엇을 할 것인가?》, 박종철출판사, 1999].

3 Leonard Schapiro, *The Communist Party of the Soviet Union*, London, 1970, pp 2, 5[국역: 《소련 공산당사》, 문학예술사, 1982] 참조.

4 Lenin, 앞의 책, p 117.

5 같은 책, p 121.

6 Leonard Schapiro, 앞의 책, p 40.

7 Lenin, 앞의 책, p 121.

8 Lenin, *One Step Forward, Two Steps Back*, Moscow, 1969, p 58.

9 Lenin, *Collected Works*(이하 *CW*로 약칭), vol 8, Moscow, 1962, p 196.

10 Lenin, *What Is To Be Done?*, p 17.

11 같은 책, p 17.

12 이것은 1889년 제2인터내셔널 제1차 대회에서 플레하노프가 한 말이다.

13 러시아 역사와 관련해서 이 이론과 이 이론의 사회경제적 기초를 가장 잘 설명한 것은 L Trotsky, *The History of the Russian Revolution*, London, 1977[국역: 《레온 트로츠키의 러시아 혁명사》, 상-중-하, 풀무질 2003~04] 1장이다.

14 사실, 경제주의가 처음 나타난 것은 1897년이었다. Lenin, *What Is To Be Done?*, p 46 참조.

15 Lenin, *CW*, vol 4, p 174.

16 그렇다고 해서 레닌의 비판을 앞뒤 맥락에서 떼어 내 언제 어디에나 무비판적으

로 적용해도 좋다는 말은 아니다. 그런 식으로 레닌주의 문구를 이용해 레닌주의의 정신을 거스르는 일이 흔하기는 하지만, 그것은 결코 옳지 않다.

17 Lenin, *What Is To Be Done?*, p 46에서 재인용.

18 같은 책, p 46.

19 숙명론은 그 논리적 귀결로서, 혁명적 정당의 필요성은 물론 심지어 어떤 혁명적 행동의 필요성도 배제한다. 그러나 마르크스주의 운동에서 숙명론이 문제가 되는 이유는, 그것이 공개적으로 드러나지는 않은 채 반쯤 발전된 상태로 계속 존재하다가 결정적 순간에 혁명적 개입을 마비시키면서 그 파산과 불합리성을 드러내기 때문이다.

20 Lenin, *What Is To Be Done?*, p 23.

21 같은 책, p 131.

22 Georg Lukacs, *Lenin*, London, 1970, p 24[국역: "레닌", 《레닌》, 녹두, 1985].

23 Lenin, *What Is To Be Done?*, p 69.

24 같은 책, p 78.

25 같은 책, p 79.

26 같은 책, p 80.

27 같은 책, p 88.

28 같은 책, p 86. 이 시기를 탁월하게 설명하고 분석한 것은 Tony Cliff, 'From a Marxist Circle to Agitation', *International Socialism*, 52 참조.

29 Lenin, *What Is To Be Done?*, pp 31~32.

30 같은 책, p 40.

31 Trotsky, *Stalin*, London, 1968, p 58.

32 Lucio Magri, 'Problems of the Marxist Theory of the Revolutionary Party', *New Left Review*, 60, p 104.

33 Nigel Harris, *Beliefs in Society*, London, 1971, p 156.

34 Marx, *Selected Writings on Sociology and Social Philosophy*, T B Bottomore and M Rubel(eds), London, 1963, pp 80~81.

35 Raya Dunayevskaya, *Marxism and Freedom*, London, 1972, p 81.

36 Paul Frölich, *Rosa Luxemburg*, London, 1972, pp 82~83[국역: 《로자 룩셈부르크 생애와 사상》, 책갈피, 2001].

37 Lenin, *One Step Forward, Two Steps Back*, p 66.

38 Raya Dunayevskaya, 앞의 책, pp 180~181.

39 Lenin, *One Step Forward, Two Steps Back*, p 199.

40 같은 책, pp 121~123.

41 같은 책, p 57.

42 같은 책, p 58.

43 같은 책, p 71.

3장

1 Lenin, *CW*, vol 17, Moscow, 1962, pp 74~75 참조.

2 *CW*, vol 19, p 301.

3 같은 책, p 298.

4 Trotsky, *The Permanent Revolution and Results and Prospects*, New York, 1969, p 114[국역: 《연속혁명 평가와 전망》, 책갈피, 2003].

5 이런 점에서 과오를 저지른 최악의 예는 물론 레닌을 마치 무오류의 교황처럼 만들어 놓은 소련의 공식 역사가들과 이론가들이다. 그러나 루카치의 《레닌》 같은 책에도 이런 경향이 있다.

6 Trotsky, 'Hands off Rosa Luxemburg', Mary Alice Waters(ed), *Rosa Luxemburg Speaks*, New York, 1970, p 444.

7 레닌의 주장은 *Two Tactics of Social Democracy in the Democratic Revolution*(이하 *Two Tactics*로 약칭), Peking, 1965[국역: 《민주주의 혁명에서의 사회민주주의당의 두 가지 전술》, 박종철출판사, 2003]에 요약돼 있다.

8 1905년 멘셰비키 캅카스 협의회 결의문, *Two Tactics*, p 102에서 재인용.

9 레닌은 이 발언을 강력히 비판하고 1905년 혁명에 대한 플레하노프의 태도를 파리코뮌에 대한 마르크스의 태도와 비교했다. 이것에 관해서는 *CW*, vol 12, pp 104~112 참조.

10 *CW*, vol 16, p 380.

11 *Two Tactics*, pp 2~3.

12 *CW*, vol 10, p 32.

13 *Two Tactics*, p 155.

14 *CW*, vol 13, p 108.

15 *Two Tactics*, p 155.

16 같은 책, p 2.

17 N Krupskaya, *Memories of Lenin*, London, 1970, pp 115~116[국역: 《레닌을 회상하며》, 박종철출판사, 2011].

18 Trotsky, *Stalin*, London, 1968, pp 64~65.

19 *CW*, vol 10, p 19.

20 같은 책, p 23.

21 같은 책, p 23.

22 *CW*, vol 8, p 219.

23 *CW*, vol 10, p 36.

24 같은 책, p 32.

25 *CW*, vol 15, p 355.

26 레닌은 [1920년에] 볼셰비키당의 경험을 요약해서 《좌익 공산주의 유치증》을 썼는데, 초좌파주의에 반대하는 주장의 근거로서 특별히 반동기의 경험을 강조했다.

27 Lenin, *Left Wing Communism — An Infantile Disorder*(이하 *Left Wing*으로 약칭), Moscow, 1960, p 12.

28 같은 책, p 13.

29 Trotsky, 'Our Differences', *1905*, New York, 1971, pp 299~318 참조.

30 검열 때문에 이솝우화 투의 언어를 써야 했다. 그래서 볼셰비키 강령을 언급할 때는 "축소되지 않은 1905년의 요구"라고 표현했다.

31 Tony Cliff, 'Lenin's Pravda', *International Socialism*, 67, p 12 참조.

32 CW, vol 20, p 363 참조.

33 같은 책, p 366.

34 D Lane, *The Roots of Russian Communism*, Assen, 1969, p 26.

35 같은 책, p 50.

36 CW, vol 20, p 369.

37 O Piatnitsky, *The Bolshevisation of the Communist Parties by Eradicating the Social-Democratic Traditions*, Communist International Publication, 1934, printed by London Alliance in Defence of Workers' Rights(nd), p 5.

38 같은 책, p 6.

39 D Lane, 앞의 책, p 37에서 계산한 수치.

40 Trotsky, *The Revolution Betrayed*, London, 1967, p 159[국역: 《배반당한 혁명》, 갈무리, 1995].

41 D Lane, 앞의 책, p 37.

42 레너드 샤피로는 다음과 같이 지적했다. "돌이켜 보면 러시아에서 이 말[민주집중제]을 처음 사용한 것은 멘셰비키였다. 역사적으로 보면, 이 용어 자체는 원래 독일 사회민주주의 운동에서 유래한 것으로, 라살레의 주요 지지자 중 한 사람인 J B 슈바이처가 1865년에 처음 사용했다"(Leonard Schapiro, *The Communist Party of the Soviet Union*, London, 1970, p 75fn).

43 CW, vol 11, p 320.

44 같은 책, pp 320~321.

45 O Piatnitsky, 앞의 책, p 13.

46 Trotsky, *Stalin*, p 168.

47 CW, vol 21, p 16.

48 같은 책, p 16.

49 같은 책, p 16~17.

50 같은 책, p 17.

51 같은 책, p 31.

52 같은 책, p 34.

53 같은 책, p 93.

54 같은 책, p 162.

55 같은 책, p 110.

56 Lenin, *Marxism on the State*, Moscow, 1972, p 78[국역: 《국가론 노트》, 두레, 1990]에서 인용한 카우츠키의 말.

57 같은 책, p 78.

58 Lenin, 'Materialism and Empirio-Criticism', *CW*, vol 14[국역: 《유물론과 경험비판론》, 아침, 1988].

59 Lenin, 'Philosophical Notebook', *CW*, vol 38[국역: 《철학노트》, 논장, 1989].

60 이 주제는 6장에서 그람시를 다룰 때 좀 더 깊이 다루겠다.

61 Engels to Marx, 7 October 1858, *SC*, p 110과 Engels to Kautsky, 12 September 1882, 같은 책, p 351 참조.

62 *CW*, vol 23, p 115.

63 같은 책, p 116.

64 같은 책, p 116~117.

65 같은 책, p 116.

66 레닌이 《국가와 혁명》을 쓴 것은 1917년 8~9월이었다. 그래서인지 이런 이론적 진전의 영감이 러시아 혁명의 경험에서 나왔다는 주장들이 제법 많다. 사실 레닌이 처음으로 국가를 이론적으로 연구할 필요성을 언급한 것은 부하린의 논문에 대한 회답에서였다(*CW*, vol 23, pp 165~166 참조). 그리고 1917년 2월까지 레닌은 그 준비를 완전히 마쳤다. 이때 레닌이 작성한 노트가 《마르크스주의 국가론: "국가와 혁명"의 예비 자료》(*Marxism on the State: Preparatory Material for the Book: The State and Revolution*, Moscow, 1972)라는 제목으로 출판됐다(이것은 몇 가지 이유로 영어판 《전집》에는 실려 있지 않다). 이 자료를 살펴보면 《국가와 혁명》의 기본 사상이 모두 포함돼 있음을 알 수 있다.

67 Karl Kautsky, *The Road to Power*, Chicago, 1910, p 95, Chris Harman, 'Party and Class', Duncan Hallas et al, 앞의 책, p 50에서 재인용.

68 Karl Kautsky, *The Erfurt Programme*, Chicago, 1910, p 188[국역: 《에르푸르트 강령》, 범우사, 2003], C Harman, 앞의 글 p 49에서 재인용.

69 Marx, *The Civil War in France*, Peking, 1966, p 64[국역: 《프랑스 내전》, 박종철 출판사, 2003].

70 Lenin, *Marxism on the State: Preparatory Material for the Book: The State and Revolution*, pp 50~51.

71 그렇다고 해서 혁명이 반드시 대규모 유혈 사태를 수반한다는 뜻은 아니다. 이것은 세력균형과 지배계급의 반동에 달려 있다. 그러나 혁명은 기존의 합법성, 기존 헌법, 그에 따른 권력 구조를 전복하는 것이므로 반드시 '비합법적'이고 '초헌법적'인 물리력 사용을 수반한다.

72 Lenin, *The State and Revolution*, Peking, 1965, pp 139~140[국역: 《국가와 혁명》, 돌베개, 1992].

73 Chris Harman, 'Party and Class', Duncan Hallas et al, 앞의 책, p 63.

74 물론 러시아 혁명(10월의 실제 권력 장악과 관련지어 다시 한 번 살펴보겠다) 후의 현실은 이런 계획과 전혀 맞지 않았다. 당과 국가는 처음에는 천천히, 나중에는 점점 더 빠르게 융합하기 시작했고 오래잖아 사실상 일치하게 됐다. 그러나 이것은 이론을 점진적으로 실천에 옮긴 결과가 아니었다. 오히려 혁명이 전체적으로 변질된 한 측면이었다. 그것은 러시아의 고립, 후진성, 경제 파탄과 함께 러시아 노동계급이 대거 사망하고 사기 저하하면서 생겨난 결과였다.

75 8월의 수치는 당 사무국장인 스베르들로프의 추정이다. 1월과 4월의 수치는 당의 공식 발표 수치지만, 역시 근사치일 뿐이다.

76 Leonard Schapiro, 앞의 책, p 173.

77 Martov to Axelrod, 19 November 1917, I Getzler, *Martov*, Cambridge, 1967, p 172에서 재인용.

78 E H Carr, *A History of Russia*, Vol 1, *The Bolshevik Revolution*, London, 1951, p 81.

79 Trotsky, *The History of the Russian Revolution*, London, 1977, p 236.

80 트로츠키는 다음과 같이 썼다. "1919년 1월 베를린의 스파르타쿠스 봉기도 페트로그라드의 '7월 사태'처럼 어중간한 반(半)혁명이었다. … 독일에 없었던 것은 바

로 볼셰비키당[같은 혁명적 정당]이었다"(같은 책, p 591).

81   E H Carr, 앞의 책, p 109.

82   10월 10일(러시아 율리우스력. 서유럽의 그레고리력으로는 10월 23일)에 레닌이 제출한 결의안이 10 대 2로 통과됨으로써 결정이 내려졌다. 토론 내용은 *The Bolsheviks and the October Revolution: Minutes of the Central Commitee of the Russian Social-Democratic Labour Party(Bolsheviks) August 1917~February 1918*, London, 1974, pp 85~89 참조.

83   그래서 레너드 샤피로도 다음과 같이 썼다. "이것은 1917년 러시아에서 일군의 정예분자들이 스스로 권력을 장악하고 독점하게 된 과정을 다룬 이야기다"(Leonard Schapiro, *The Origin of the Communist Autocracy*, London, 1966, p 5.

84   *CW*, vol 26, p 144.

85   *CW*, vol 24, p 48.

86   같은 책, p 49.

87   *CW*, vol 25, p 189.

88   같은 책, p 189.

89   *CW*, vol 26, p 303.

90   *CW*, vol 24, p 45.

91   같은 책, p 44.

92   이 그룹의 주장에 관해서는 카메네프와 지노비예프가 쓴 기록 "The Current Situation", *The Bolsheviks and the October Revolution*, pp 89~95 참조.

93   *CW*, vol 26, p 84 참조.

94   같은 책, p 282.

95   물론 여기서 언급하는 것은 코민테른 초기, 특히 1~4차 대회 시기를 일컫는다.

96   Jane Degras(ed), *The Communist International 1919~1943*, Documents, vol 1, p 164.

97   같은 책, p 165.

98   Trotsky, *On Lenin*, London, 1971, p 143.

99   Georg Lukacs, 앞의 책, p 59.

100 중간주의는 독일 사회민주당의 카우츠키 '중간파'를 비롯해 다른 나라의 유사한 조류, 즉 러시아의 마르토프, 이탈리아의 세라티, 영국의 맥도널드 등을 가리키는 레닌주의 용어다.

101 *CW*, vol 31, pp 206~207.

102 같은 책, p 207.

103 같은 책, p 208.

104 Jane Degras(ed), 앞의 책, vol 1, p 167.

105 *CW*, vol 31, p 250~251.

106 이 문제에 관한 레닌의 연설은 *CW*, vol 31, pp 235~239 참조. 트로츠키의 연설은 *The First Five Years of the Communist International*, vol 1, New York, 1973, pp 97~101 참조.

107 Jane Degras(ed), 앞의 책, vol 1, p 131.

108 Lenin, *Left Wing*, p 25.

109 같은 책, p 38.

110 같은 책, p 42.

111 같은 책, p 38.

112 같은 책, p 42.

113 같은 책, p 50에 인용된 엥겔스의 말.

114 같은 책, p 52.

115 같은 책, p 52.

116 '3월 행동'의 참패에 관한 좀 더 자세한 설명은 Franz Borkenau, *World Communism*, Ann Arbor, 1971, pp 214~220 참조.

117 *CW*, vol 32, p 469.

118 Jane Degras(ed), 앞의 책, vol 1, p 243.

119 같은 책, p 259.

120 공동전선에 관한 더 자세한 논의는 이 책의 5장 참조.

121　*CW*, vol 29, p 310.

122　4차 대회는 이 점에 관해 아주 명백했다. 만장일치로 채택한 결의문은 다음과 같은 내용을 담고 있다. "4차 대회는 모든 나라의 프롤레타리아에게 프롤레타리아 혁명은 결코 일국에서는 완전히 승리할 수 없으며, 국제적으로, 즉 세계혁명으로서 승리해야 함을 일깨우고자 한다"(Jane Degras(ed), vol 1, p 444). 이 문제도 5장에서 더 완전하게 다룰 것이다.

123　*CW*, vol 33, pp 430~432.

124　Trotsky, *The First Five Years of the Communist International*, vol 1, p 5.

125　*CW*, vol 22, p 286.

4장

1　로자 룩셈부르크가 폴란드 사회민주당SDKPL에 계속 관여한 것을 봐도 그녀가 러시아에 특별한 관심이 있었음을 알 수 있다. 당시 폴란드는 제정 러시아의 일부였기 때문이다.

2　이 책의 영어판은 《레닌주의인가 마르크스주의인가》라는 잘못된 제목으로 출판됐다. Rosa Luxemburg, *The Russian Revolution and Leninism or Marxism?*(이하 RRLM으로 약칭), edited and introduced by Bertram D Wolfe, Ann Arbor, 1971[국역: 《러시아 혁명 레닌주의냐 마르크스주의냐》, 두레, 1989].

3　*RRLM*, pp 82~83.

4　같은 책, p 83.

5　같은 책, p 83.

6　같은 책, p 85.

7　같은 책, p 86.

8　같은 책, p 88.

9　같은 책, p 88.

10　같은 책, p 89.

11　같은 책, p 91.

12　같은 책, p 94.

13 같은 책, p 94.

14 같은 책, p 104.

15 같은 책, p 103.

16 같은 책, p 103.

17 같은 책, p 108.

18 같은 책, p 185.

19 같은 책, p 188.

20 같은 책, pp 69~71.

21 같은 책, p 85.

22 Rosa Luxemburg, 'The Mass Strike, the Political Party and the Trade Unions' [국역: 《대중파업론》, 풀무질, 1995], Mary Alice Waters(ed), *Rosa Luxemburg Speaks*, New York, 1970, pp 207~208.

23 Rosa Luxemburg, 'The Junius Pamphlet', Mary Alice Waters(ed), 앞의 책, p 331.

24 Rosa Luxemburg, 'The Mass Strike, the Political Party and the Trade Unions', 앞의 책, p 189.

25 J P Nettl, *Rosa Luxemburg*, vol 1, London, 1966, p 265.

26 Bertram D Wolfe, 'Introduction' to *RRLM*, p 1. 이런 견해의 몇몇 색다르고 이질적인 지지자들 가운데는 스탈린주의자들도 포함돼 있다. 그들이 보기에는 레닌에 대한 비판은 죄다 이단과 똑같은 것이며 룩셈부르크가 노동계급의 자발성을 강조한 것은 잘못된 편향일 뿐 아니라 위험한 것이기 때문이다(룩셈부르크에 대한 소련과 동유럽 역사가들의 설명은 J P Nettl, 앞의 책, vol 2, ch 18과 Trotsky, 'Hands off Rosa Luxemburg', Mary Alice Waters(ed), 앞의 책, pp 441~450 참조). 또한 그중에는 다양한 아나키스트, 아나코-신디컬리스트, 그리고 스탈린주의나 트로츠키주의와 무관한 집단이나 운동을 형성하려고 한 '룩셈부르크주의자'도 있다(Trotsky, 'Rosa Luxemburg and the Fourth International', Mary Alice Waters(ed), 앞의 책, pp 451~454 참조).

27 이 책은 러시아 혁명에서 볼셰비키가 취한 정책의 몇몇 측면을 비판한 것으로

1918년 룩셈부르크가 감옥에서 쓴 것이다. 룩셈부르크 생전에는 출판되지 못하다가 1921년 국제공산당에서 제명된 파울 레비가 출판했다.

28 *RRLM*, p 80.

29 룩셈부르크가 제3인터내셔널 결성을 반대했다는 울프의 주장은 시기 문제에 대한 전술적 견해차를 원칙의 문제로까지 억지로 끌어올린 전형적 사례다.

30 Paul Frölich, *Rosa Luxemburg*, London, 1972, p 140에서 재인용.

31 *RRLM*, p 93 참조.

32 이 수치는 *Sozialgeschichtliches Arbeitsbuch, Materialien zur Statistik des Kaiserreichs 1870~1914*, Munich, 1975, p 132의 파업 통계에서 산출했다.

33 Trotsky, *The History of the Russian Revolution*, London, 1977, p 59에서 인용한 수치.

34 Tony Cliff, *Rosa Luxemburg*, London, 1959, p 52에서 재인용[국역: 《로자 룩셈부르크》, 북막스, 2003].

35 Duncan Hallas, 'The Way Forward', John Palmer and Nigel Harris(eds), *World Crisis*, London, 1971, p 266.

36 비슷한 견해를 보이는 마르크스주의자로는 Tony Cliff, 앞의 책, p 45 참조.

37 1910년 독일 노동계급이 평등선거권을 요구하는 투쟁을 시작했을 때 룩셈부르크 자신이 "당 집행부가 행동 계획을 마련할 것을 요구했다"는 점을 주목해야 한다(Paul Frölich, 앞의 책, p 171).

38 J P Nettl, 앞의 책, vol 2, p 747 참조.

39 같은 책, p 752.

40 Paul Frölich, 앞의 책, p 279.

41 같은 책, p 270.

42 J P Nettl, 앞의 책, vol 2, p 724.

43 Paul Frölich, 앞의 책, p 143에서 재인용.

44 일단 이런 근본 약점을 파악하고 나면 로자 룩셈부르크의 다른 오류들(예컨대, 민족자결권을 반대한 것과 '토지를 농민에게'라는 볼셰비키의 정책을 반대한 것)을 쉽게 이해할 수 있다. 이 둘 다 볼셰비키 전술을 좌우한 것은 대중의 사회주의

의식이 불균등하게 발전한다는 사실이었으며 두 경우 모두 룩셈부르크는 이 점을 파악하지 못했다.

45　Tony Cliff, 앞의 책, p 43.

46　Rosa Luxemburg, 'The Mass Strike, the Political Party and the Trade Unions', p 202.

47　이 소책자를 발췌해 논의한 것으로는 Paul Frölich, 앞의 책, pp 102~108 참조. 유감스럽게도 프뢸리히는 무장봉기에 대한 룩셈부르크의 견해가 레닌의 견해와 같았다고 설명하는데, 이것은 설득력 없는 주장이다.

5장

1　러시아 혁명이 변질된 기본 이유는 Chris Harman, 'How the Revolution was Lost', *International Socialism*, 30 참조.

2　Trotsky, *The Revolution Betrayed*, London, 1967, p 292.

3　Marx and Engels, *The Communist Manifesto*, p 76.

4　이 규정은 당원들의 소득 상한선(대략 숙련 노동자의 임금과 비슷한 액수였다)을 정해 놓았는데, 나중에 스탈린이 몰래 폐지해 버렸다.

5　Trotsky, *The New Course*, Ann Arbor, 1965.

6　같은 책, p 12.

7　같은 책, p 12.

8　같은 책, p 21.

9　같은 책, p 25.

10　같은 책, p 51.

11　같은 책, p 29.

12　같은 책, p 28.

13　같은 책, p 27.

14　Max Shachtman, 'Introduction' to Trotsky, *The New Course*, p 3.

15　*The Platform of the Joint Opposition 1927*, London, 1973, pp 62~63.

16 같은 책, p 113.

17 Trotsky, *The Revolution Betrayed*, pp 94~95.

18 같은 책, p 96.

19 같은 책, p 267.

20 Trotsky, *The Death Agony of Capitalism and the Tasks of the Fourth International*, London, 1972, p 51[국역: "이행기 강령 — 자본주의의 단말마적 고통과 제4인터내셔널의 임무", 《사회혁명을 위한 이행기 강령》, 풀무질, 2003].

21 국제공산당의 정책(1924~39년)에 대한 트로츠키의 비판은 특히 *The Third International After Lenin*, New York, 1970[국역: 《레닌 이후의 제3인터내셔널》, 풀무질, 2009]과 *Problems of the Chinese Revolution*, Ann Arbor, 1967, *The Struggle Against Fascism in Germany*, New York, 1971[국역: 《트로츠키의 반파시즘 투쟁》, 풀무질, 2001], *The Spanish Revolution(1931~39)*, New York, 1973[국역: 《레온 트로츠키의 스페인 혁명》, 풀무질, 2008] 참조.

22 Trotsky, Introduction to *Terrorism and Communism*, Ann Arbor, 1961[국역: 《트로츠키: 테러리즘과 공산주의》, 프레시안북, 2009] 참조.

23 Trotsky, *The Struggle Against Fascism in Germany*, New York, 1971, p 420.

24 Trotsky, 'Fighting Against the Stream', Duncan Hallas, 'Against the Stream', *International Socialism*, 53, p 36에서 재인용.

25 James P Cannon, *History of American Trotskyism*, D Hallas, 앞의 글 p 32에서 재인용.

26 치머발트란 1915년에 국제주의적 사회민주주의자들이 재결집한 유명한 국제 회의(장소)를 일컫는다.

27 이 전술은 프랑스 사회당에 입당하면서 시작됐기 때문에 '프랑스의 전환'이라고 불렸다. 이것은 후대 트로츠키주의 그룹들이 널리 이용한 입당 전술에 영향을 미쳤다.

28 Trotsky, *In Defence of Marxism*, London, 1966, pp 136, 140 참조.

29 Duncan Hallas, 앞의 글에서 재인용.

30 Trotsky, *The Death Agony of Capitalism and the Tasks of the Fourth*

International, pp 12~13.

31 같은 책, p 43.

32 같은 책, p 15.

33 Trotsky, *The Revolution Betrayed*, p 231.

34 같은 책, p 227.

35 Trotsky, *The Death Agony of Capitalism and the Tasks of the Fourth International*, p 43.

36 Trotsky, Introduction to the 1936 French edition of *Terrorism and Communism*. *Terrorism and Communism*, Ann Arbor, 1961, p 35 참조.

37 스탈린 체제가 전쟁 중에 붕괴하리라는 트로츠키의 전망은 소련 관료가 충분히 발전한 사회 계급이 아니라 러시아 사회에 깊이 뿌리내리지 못한 기생적 카스트에 불과하다고 보는 견해에서 비롯했다. 트로츠키는 관료가 "분배 영역의 경찰관"일 뿐(*The Revolution Betrayed*, p 112 참조) "경제체제에 필수적인 지배계급"은 아니라고 봤다(*In Defence of Marxism*, p 29 참조). 트로츠키는 소련을 변질된 노동자 국가로 분석했는데, 관료에 대한 규정도 이에 근거한 것이다. 스탈린주의 관료제가 예상과 달리 안정적으로 지속된 것은 트로츠키의 분석이 틀렸고 관료가 사실은 국가자본주의 경제체제를 관장하는 사회 계급임을 증명해 준다(Tony Cliff, *State Capitalism in Russia*, London, 1974, 특히 pp 166~168, pp 275~277 참조[국역: 《소련은 과연 사회주의였는가》, 책갈피, 2011]).

38 Duncan Hallas, 앞의 글, p 37에서 재인용.

39 메즈라욘치(통합파)는 페트로그라드에서만도 제4인터내셔널의 대다수 지부보다 회원이 많았다. 그러나 1917년 당시 메즈라욘치가 실제로 사태에 영향을 끼치기에는 누가 봐도 너무 작았다. 트로츠키는 자신의 조직[메즈라욘치]을 볼셰비키와 통합한 덕분에 역사를 만드는 과업에 효과적으로 참여할 수 있었다.

40 Trotsky, *The Death Agony of Capitalism and the Tasks of the Fourth International*, pp 14~15.

41 Trotsky, *The Third International After Lenin*, New York, 1970, p 140.

42 Trotsky, *The Death Agony of Capitalism and the Tasks of the Fourth International*, p 58.

43 James P Cannon, *The Militant*, 17 November 1945, Duncan Hallas, 'The Fourth International in Decline', *International Socialism*, 60, p 17에서 재인용.

44 같은 글, p 19에서 재인용.

45 이런 관점을 택한 것이 바로 트로츠키의 부인 나탈랴 세도바였다. 그녀는 1951년에 제4인터내셔널을 탈퇴하면서 다음과 같이 썼다. "당신들은 여전히 케케묵고 낡아 빠진 고정관념에 사로잡혀서 스탈린주의 국가를 노동자 국가로 여기고 있다. 나는 이 점에서 당신들을 따르지 못하겠고 따르고 싶지도 않다. … 트로츠키는 스탈린주의 관료 체제에 대항해서 투쟁을 시작한 이래 거의 해마다 스탈린주의 체제가 우경화하고 있다고 거듭거듭 경고했다. … 이런 추세가 계속되면 혁명은 종언을 고할 것이고 자본주의가 부활할 것이라고도 말했다. … 비록 전례 없고 예상하지 못했던 형태로 일어나긴 했지만 불행하게도 이런 일이 실제로 일어나고 말았다. … 이제 당신들은 전쟁을 거치며 스탈린주의가 장악한 동유럽 국가들도 마찬가지로 노동자 국가라고 주장한다. 이것은 스탈린주의가 혁명적 사회주의 구실을 했다는 말과 같다. 이 점에서 나는 당신들을 따르지 못하겠고 따르고 싶지도 않다"(*Natalia Trotsky and the Fourth International*, London, 1972, pp 9~10). 이런 견해를 택한 또 한 사람은 토니 클리프였다. 그는 1947년에 처음으로 소련 국가자본주의를 철저하게 분석했다(*State Capitalism in Russia* 참조).

6장

1 그람시는 감옥 검열관이 눈치채지 못하게 하려고 마르크스주의자들이 전통적으로 써 온 용어나 잘 알려진 혁명가의 이름을 직접 언급하는 일을 피했다. 그래서 '계급'은 '기본 사회집단'으로, '피억압 계급'은 '하위 집단'으로, 트로츠키는 레프 다비도비치로, 레닌은 일리치 또는 '현대의 위대한 이론가'로, 마르크스주의는 '실천철학'으로 표현했다.

2 Antonio Gramsci, *Selections from the Prison Notebooks*(이하 *SPN*으로 약칭), London, 1971, p 387[국역: 《그람시의 옥중수고》 1~2, 거름, 1999].

3 *SPN*, p 465.

4 같은 책, p 336.

5 같은 책, pp 336~337.

6   같은 책, p 438.
7   같은 책, p 407
8   같은 책, p 160.
9   같은 책, p 160.
10 같은 책, p 233.
11 같은 책, p 104.
12 같은 책, pp 180~181.
13 같은 책, p 183.
14 같은 책, p 325.
15 같은 책, p 323.
16 같은 책, p 192 참조.
17 이 점은 루카치의 사례가 잘 보여 준다. 루카치도 기계적 유물론을 비판하는 데서 출발해 당 문제에 접근했지만, 결코 철학적 영역을 벗어나지 못했다. 루카치는 당을 프롤레타리아 계급의식의 담지자이자 구현체로 인식했다. 그러나 계급의식을 비역사적·합리주의적으로 규정했기 때문에, 관념적이고 엘리트주의적인 당 개념으로 빠졌고, 결국 레닌의 견해를 보완하기는커녕 레닌에 한참 못 미쳤다.
18 John Merrington, 'Theory and practice in Gramsci's marxism', *Socialist Register*, 1968, p 165에서 재인용.
19 Antonio Gramsci, *Soviets in Italy*, London, 1969, pp 22~23.
20 같은 책에 수록[국역: "사회당의 혁신을 위하여", 《안토니오 그람시 옥중수고 이전》, 갈무리, 2001].
21 같은 책, p 35.
22 *SPN*, p 123.
23 같은 책, p 129.
24 이것의 배경은 같은 책, p 169 참조.
25 같은 책, pp 169~170.
26 같은 책, p 124.

27 같은 책, p 238.

28 같은 책, p 235.

29 같은 책, pp 229~239.

30 같은 책, p 120.

31 같은 책, p 239.

32 같은 책, p 238.

33 Antonio Gramsci, 'The Southern Question'[국역: 《남부 문제에 대한 몇 가지 주제들 외》, 책세상, 2004], *The Modern Prince and Other Writings*, New York, 1972, pp 30~31.

34 *SPN*, p 168.

35 같은 책, p 168.

36 그람시의 형 젠나로는 '제3기' 정책에 대한 그람시의 태도를 확인하려고 감옥에 면회를 갔다. 그러나 그람시가 '제3기' 정책에 반대한다는 것을 알고는 동생이 [당에서] 제명될 것을 염려해 비밀에 부쳤다(Giuseppe Fiori, *Antonio Gramsci: Life of a Revolutionary*, London, 1970, pp 252~253[국역:《안또니오 그람쉬》, 이매진, 2004] 참조).

37 *SPN*, p 185.

38 같은 책, p 340

39 그람시는 이탈리아 정당 '일반'을 분석해서 내린 결론인 것처럼 주장하지만, 그람시의 '추상적' 논의가 흔히 그렇듯이 거기에는 혁명적 정당의 실천을 위한 분명한 함의가 있다.

40 *SPN*, p 227.

41 그람시가 '지식인'을 분석한 것은 같은 책, pp 5~23 참조.

42 같은 책, p 340.

43 Antonio Gramsci, *The Modern Price and Other Writings*, pp 50~51.

44 *SPN*, pp 196~197.

45 같은 책, p 197.

46 같은 책, p 199.

47 같은 책, p 198.

48 같은 책, pp 198~199.

49 같은 책, p 199.

50 같은 책, p 155.

51 같은 책, p 155.

52 같은 책, p 144.

53 같은 책, pp 152~153.

54 같은 책, pp 152~153.

55 같은 책, p 144.

56 A Pozzolini, *Antonio Gramsci: An Introduction to his Thought*, London, 1970, p 65에서 재인용.

57 SPN, p 188.

58 같은 책, p 211.

59 같은 책, p 211.

60 같은 책, p 195.

61 같은 책, pp 236~238 참조. 그람시는 트로츠키가 코민테른 4차 대회에서 이런 노선에 따라 "현재의 전술 방법을 수정"하기 시작했다고 썼다. 그러나 모순되게도 트로츠키를 "정면공격이 패배할 수밖에 없는 시기에 정면공격을 주장하는 정치 이론가"라고 비난했는데(같은 책, p 238), 그 이유는 추측만 할 수 있을 뿐 정확히 알 수 없다.

62 SPN, p 173.

63 같은 책, p liii.

7장

1 체 게바라는 게릴라전의 본질을 다음과 같이 요약했다.

   (1) 민중 세력이 군대에 맞선 전쟁에서 이길 수 있다.

   (2) 혁명을 위한 조건이 모두 마련될 때까지 기다릴 필요 없다. 무장봉기로 그런

조건을 만들어 낼 수 있다.

(3) 아메리카 대륙의 저발전국에서는 농촌이 무장투쟁의 근거지다.

(*Guerilla Warfare*, New York, 1961, p 15)

2 쿠바의 상황은 다음 두 가지 점에서 예외였다고 할 수 있다. 첫째, 바티스타 정권이 워낙 부패해 거의 와해 상태였기 때문에 거의 충돌 없이 무너져 버렸다. 둘째, 미국은 반군을 자신에게 유리하게 이용할 수 있으리라는 생각으로 처음에는 적대하지 않았다(나중에는 이런 실수를 되풀이하지 않았다). 또 쿠바가 '성공한 사례'라고 해서 곧 사회주의 혁명이 성공한 것으로 생각해서는 안 된다. 당시 쿠바 혁명가들도 그렇게 주장하지는 않았다. 쿠바가 1961년에 공산주의 진영에 가담한 뒤에야 비로소 쿠바 혁명도 사회주의 혁명으로 사후 규정됐다. 사실 노동계급의 자기 해방을 위한 투쟁이 성공하지 못했으므로 쿠바의 경제구조는 국가자본주의가 될 수밖에 없었다.

3 Frank Roberts, 'The Tupamaros', *International Socialism*, 66 참조.

4 Tony Cliff and Ian Birchall, *France: The Struggle Goes On*, London, 1968 참조.

5 실제 투쟁 참가자가 민중연합 전략을 분석하고 비판한 것으로는 Helios Prieto, *Chile: The Gorillas are Amongst Us*, London, 1974 참조.

6 예를 들면, Lucio Magri, 'Problems of the Marxist Theory of the Revolutionary Party', *New Left Review*, 60, Rossana Rossanda, 'Class and Party', *Socialist Register*, 1970, Jean-Paul Sartre, 'Masses, Spontaneity, Party', *Socialist Register*, 1970, Ernest Mandel, *The Leninist Theory of Organisation*, London(nd), Monty Johnstone, 'Marx and Engels and the Concept of the Party', *Socialist Register*, 1967, Chris Harman, 'Party and Class' and Tony Cliff, 'Trotsky on Substitutionism', in Duncan Hallas et al, *Party and Class*, London(nd).

찾아보기

ㄱ

개혁주의(자) 45, 46, 48~51, 62, 67, 95, 99, 106, 109, 122, 151, 156, 158, 160, 205, 226, 231, 232

게바라(Che Guevara) 184, 227

경제결정론 44, 52, 197, 200, 222

경제주의(자) 61~63, 65, 67, 68, 75, 86, 87, 123, 200, 201, 211

경제투쟁 38, 43, 44, 61~66, 68, 70, 97, 140, 141, 152, 153

공동전선 28, 126, 127, 176, 210, 232

공산당
    독일(KPD) 124~126, 128, 147, 155, 176, 178
    이탈리아(PCI) 206, 208, 223
    소련(CPSU) 165, 166, 172, 173, 174

관료제(주의) 149, 165, 166, 220

국제주의(자) 39, 43, 49, 107, 109, 121

그람시, 안토니오(Gramsci, Antonio) 54, 233
    실천철학 197~203
    크로체와 라브리올라 197~198
    결정론 199~200
    예견 199~200
    경제주의 200~201, 211
    철학의 중요성 202
    이탈리아 혁명 203~206
    공산주의 혁명 204
    이탈리아 사회당(PSI) 204~205
    이중의 관점 206~214
    마키아벨리 206~208, 222
    힘과 헤게모니 208~211
    국가와 시민사회 209
    기동전 210, 223
    헤게모니 투쟁 210~211
    지식인 212~214
    자발성과 지도 214~221
    민주집중제와 관료적 중앙집중제 218
    당의 세 가지 요소 219
    관료주의의 위험성 220~221
    서구 혁명의 이론가 221~224

기계적 유물론 104

기동전 210, 223

기회주의(자) 49, 55, 78~80, 85, 91, 95, 101~103, 106, 122, 123, 125, 130, 138, 157, 158, 189, 192, 193, 206

ㄴ

나로드니키(나로드주의) 56, 57

노동당(영국) 21, 231

노동조합운동(가) 28, 38, 40, 73, 86

농민 24, 25, 60, 84, 85, 113, 117, 174, 211, 214, 233

ㄷ

당내 민주주의 31, 42, 50, 98, 99, 131, 166~175, 218, 230, 231
당원 자격 51, 57, 74~78, 107
대리주의 55
독립사회주의당(ISP) 151
독일 봉기(1919년) 113, 155, 160
독일 사회민주당(SPD) 48~50, 64, 67, 82, 83, 93, 95, 99, 101, 145, 148~151, 155, 181

ㄹ

라브리올라, 안토니오(Labriola, Antonio) 197, 198
라살레, 페르디난트(Lassalle, Ferdinand) 48
러시아 사회민주노동당(RSDLP) 74, 82, 84, 93, 135, 140
러시아 혁명 34, 60, 77, 85, 91, 111, 112, 116, 119, 128, 160, 175, 178, 188, 198, 222, 234
   1905년 73, 84, 86, 91, 92, 132, 140
   1917년 2월 73, 111, 112
   1917년 10월 112, 114, 116, 119, 132, 159, 167, 184, 185
레닌(Lenin, V I)
   숙명론과 결별하다 54
   볼셰비즘의 근원 55~60
   나로드니키 56
   직업혁명가 57, 63, 87
   프롤레타리아의 헤게모니 60
   '경제주의' 비판 61~67
   자발성과 의식 63~66
   '외부에서 도입되는 사회주의' 68~73
   볼셰비키와 멘셰비키의 분열 74~80
   당원 자격 문제 74~78
   당과 계급의 구분 78~79
   카우츠키와 베벨에 대한 착각 82~83
   1905년 혁명의 영향 84~92
   '외부에서 도입되는 사회주의'에 대한 견해가 바뀌다 86~87
   위원파에 맞선 투쟁 87~88
   당의 문호 개방 89~91
   반동기에 당을 고수하다 92
   멘셰비키와 최종 분열 93~95
   민주집중제 98~100
   1914년에 사회민주주의와 결별하다 101
   제2인터내셔널 비판 102~103
   새로운 당 이론의 발전 103~111
   철학과 당 104~105
   제국주의와 당 105~107
   국가와 당 이론 107~110
   ~과 1917년의 볼셰비키 115~119
   코민테른 창립 119~121
   중간주의 비판 122~123
   신디컬리즘 논쟁 123
   초좌파주의 비판 123~127
   코민테른에서 러시아의 지도력 128~129
   ~주의의 정수 130~132
   독자적 전위당 130~131
   당은 대중과 밀접한 관계를 유지해야 한다 130~131
레인, 데이비드(Lane, David) 96, 98
롤랑, 로맹(Rolland, Romain) 179
루카치, 게오르크(Lukács, Georg) 65, 121, 197, 214, 218
룩셈부르크, 로자(Luxemburg, Rosa) 73, 83, 93, 214, 226, 233
   레닌의 초중앙집중주의 비판 135~139
   러시아 대중 파업 139~142
   순수한 자발성주의자가 아니었다 143
   선전주의적 당 개념 144~145
   레닌과 근본적 공통점 145~147
   역사적 상황의 차이 148~150
   빠져 있는 요인인 자발성을 강조하다 150
   SPD의 분열에 반대하다 150~151
   ~ 이론의 장점 152~154

독일 혁명에서 드러난 약점 154~156
개혁주의를 과소평가하다 156
의식의 불균등성을 보지 못하다 157~158
무장봉기에 소홀하다 159~160
리프크네히트, 빌헬름(Liebknecht, Wilhelm) 49
리프크네히트, 카를(Liebknecht, Karl) 156

ㅁ

마그리, 루초(Magri, Lucio) 70
마르크스, 카를(Marx, Karl)
　당의 계급 기반 20~23
　혁명적 계급 프롤레타리아 23~24
　농민에 대해 24~25
　당 건설의 필요성 25~26
　당과 계급의 관계 26~28
　당이라는 용어의 모호함 28~29
　공산주의자동맹 30~35
　1848년 혁명 31~33
　재충전의 시기 35~38
　제1인터내셔널 38~46
　사회민주주의 46~52
　독일 사회민주당 비판 48~49
마르토프(Martov, L) 74~79, .112
마키아벨리, N(Machiavelli, N) 206~208, 222
만델, 에르네스트(Mandel, Ernest) 191
말로, 앙드레(Malraux, André) 179
메링, 프란츠(Mehring, Franz) 36, 40, 148
메즈라욘치 187
멘셰비키(멘셰비즘) 62, 74, 75, 78, 79, 82~86, 90, 93, 94, 96, 98, 103, 104, 112, 118, 165
모험주의 35, 115, 126
민중전선 176, 177, 179, 227

ㅂ

바쿠닌, M(Bukunin, M) 41, 42

베른슈타인, 에두아르트(Bernstein, Eduard) 50, 62, 65, 78, 82, 93, 134, 147, 151, 156
베벨, A(Bebel, A) 46, 82, 83, 102, 150, 151
보르디가, 아마데오(Bordiga, Amadeo) 124, 206, 208, 209, 216
보른, 슈테펜(Born, Stephen) 31
볼셰비키(볼셰비즘)
　배경 55~60
　멘셰비키와 분열 74~80
　1905년 혁명 84~92
　반동기 92~95
　독자 정당으로 창립되다 93~94
　비관료주의적 성격 95~96
　당의 구성에서 프롤레타리아의 비중 96~97
　청년 당원의 비중 97~8
　규율과 단결 그리고 러시아 혁명 111~119
　코민테른의 '볼셰비키화' 127
　조직적 특징 131
　민주집중제 172~173
　'선임 볼셰비크들' 117, 167
부르주아 이데올로기 26, 106, 229
분파주의 168, 169, 181
블랑, 루이(Blanc, Louis) 31
블랑키주의(자) 42, 115, 136, 137

ㅅ

사회파시즘 176
샤트먼, 맥스(Shachtman, Max) 170, 183
샤피로, 레너드(Schapiro, Leonard) 57, 111
선동 67, 76, 97, 118, 122, 127, 208, 212, 231
선전 28, 31, 77, 122, 144, 145, 208, 212, 231~233
선전주의 144, 160
소비에트 56, 88, 89, 109~117, 152, 166, 173, 174, 189, 203, 205

소환파 93
수정주의 50, 62, 82, 93
수평파 72
숙명론 45, 54, 64, 79, 86, 87, 90, 103, 104, 198~200, 211, 222
스탈린(Stalin, I V) 130, 164~166, 170, 171, 175~177, 179, 185, 186, 189, 192
스탈린주의(자) 55, 162, 165, 172, 176, 177, 179, 183, 191, 192, 211, 226
스톨리핀(Stolypin) 182
스트루베, 표트르(Struve, Pyotr) 59
스파르타쿠스단 155, 156, 160, 187
신디컬리즘 123, 200
실증주의 71, 197

ㅇ

아나키즘 41, 175
아비네리, 슐로모(Avineri, Shlomo) 36
아옌데, 살바도르(Allende, Salvador) 228
엘리트주의 37, 56, 70, 87
엥겔스, 프리드리히(Engels, Friedrich) 26, 30, 31, 34, 36, 38, 45~50, 69, 106, 148
영국 노총(TUC) 154, 176
영·소 노동조합위원회 176, 189
요기헤스, 레오(Jogiches, Leo) 143
위원파(볼셰비키) 87~90
의회주의 49, 148
이중의 관점 208~210
이탈리아 사회당(PSI) 122, 123, 204, 205, 216
인터내셔널
　제1인터내셔널(국제노동자협회) 26, 30, 31, 38~46, 234
　제2인터내셔널 67, 79, 95, 96, 100~103, 106, 107, 110, 120~122, 143, 178, 180, 181, 186, 198, 199
　제3인터내셔널(공산주의 인터내셔널, 코민테른) 56, 84, 102~103, 119~122, 124~130, 132, 164, 172, 173, 175, 177, 178, 180, 181, 186, 198, 205, 208, 210, 222, 234
　제4인터내셔널 164, 174, 177, 178, 180~194, 234
일국사회주의 165, 175

ㅈ

자발성 38, 63~65, 68, 86, 134, 139, 140, 149, 150, 152, 154, 157, 158, 214~218, 227
자코뱅(주의) 37, 136, 137, 207
전위당 33, 46, 54, 58, 76, 78, 91, 115, 156, 175, 226
전환적(이행기) 요구(1938년) 187~190
정치투쟁 28, 61, 70, 97, 140, 141, 152, 153, 173
제1차세계대전 17, 82, 100, 165, 178, 185, 198, 206, 209
제2차세계대전 226, 227
제국주의 103~107, 185, 186, 227
존스, 어니스트(Jones, Ernest) 31, 36
종파주의 54, 88, 161, 181, 193, 211
좌익반대파 164
주관주의 138, 139, 141
주의주의 131, 139, 154, 202, 216, 227
중간주의 122, 123, 125, 181, 231
중국 혁명(1925~27년) 176
중앙집중주의 136, 144, 160, 172, 173, 218, 220, 230
지노비예프(Zinoviev, G Y) 118, 120, 122, 123, 171, 208
직업혁명가 57, 63, 87

직장위원회 운동 123
진지전 210, 223

ㅊ

청산주의 93, 193
초좌파주의 93, 123, 125, 155, 200, 206, 211
총파업(1926년) 154
치머발트 181
칠레 177, 228

ㅋ

카메네프(Kamenev, L B) 118
카우츠키, 카를(Kautsky, Karl) 69, 70, 78, 82, 83, 93, 102, 103, 108, 134, 147, 150, 151, 198
캐넌, 제임스(Cannon, James) 181, 191
코르닐로프(Kornilov) 113
쿠스코바, Y D(Kuskova, Y D) 61
크로체, 베네데토(Croce, Benedetto) 197
크룹스카야, N(Krupskaya, N) 87
클리프, 토니(Cliff, Tony) 55, 158

ㅌ

타스카, 안젤로(Tasca, Angelo) 206, 208
테러(리즘) 55, 56, 59
트로츠키, 레온(Trotsky, Leon) 34, 70, 74, 79, 80, 83, 88, 93, 98, 100, 120, 121, 123, 128, 130, 138, 142, 146, 148, 196, 199, 200, 222, 226
　두 가지 공헌 164
　스탈린에 맞서 싸우다 164~165
　당내 민주주의 166~175
　볼셰비키의 민주집중제 172~173
　일당독재 국가 반대 173~174
　중국 혁명 176

영국 총파업 176
파시즘 176
민중전선 176~177
제4인터내셔널을 위한 투쟁 178~182
지도부의 위기 이론 183~185
예측이 빗나가다 184~190
전환적(이행기) 요구들 187~188
~의 이론이 제4인터내셔널에 미친 영향 190~194

ㅍ

파리코뮌 29, 42, 73, 113, 152
파블로, 미셸(Pablo, Michel) 192, 193
퍄트니츠키, 오시프(Piatnitsky, Osip) 97, 100
프랑스 노동자당 48
프뢸리히, 파울(Frölich, Paul) 75, 155
프루동(주의자) 39~41
플레하노프, 게오르기(Plekhanov, Georgi) 59, 60, 74, 75, 85, 150, 198

ㅎ

합법 마르크스주의 59
해외 러시아사회민주주의자연맹 61
헝가리 혁명(1956년) 73
헤게모니 60, 61, 67, 208~211, 214, 221, 223, 226, 233~234
헤겔, G(Hegel, G) 104, 197
현대 군주 206, 207
화해주의 93
히틀러, 아돌프(Hitler, Adolf) 172, 178, 179